BIENVENUE AU 21E SIÈCLE

JEAN-GUY BLAIS, JEAN-LUC GILLES &
AGUSTIN TRISTAN-LOPEZ (ÉD.)

BIENVENUE AU 21E SIÈCLE

ÉVALUATION DES APPRENTISSAGES ET TECHNOLOGIES DE L'INFORMATION ET DE LA COMMUNICATION

PETER LANG
Bern · Berlin · Bruxelles · Frankfurt am Main · New York · Oxford · Wien

Information bibliographique publiée par «Die Deutsche Nationalbibliothek»
«Die Deutsche Nationalbibliothek» répertorie cette publication dans la «Deutsche Nationalbibliografie»; les données bibliographiques détaillées sont disponibles sur Internet sous ‹http://dnb.d-nb.de›.

Cette publication a été rendue possible grâce à une subvention équipe du Fonds de recherche du Québec – Société et culture.

ISBN 978-3-0343-1613-2 br. ISBN 978-3-0352-0303-5 eBook

Cette publication a fait l'objet d'une évaluation par les pairs.

Hochfeldstrasse 32, CH-3012 Berne, Suisse
info@peterlang.com, www.peterlang.com

Sommaire

Section 3 : L'analyse de séquences filmées

Section 4 : La modélisation au service de l'analyse des données pour l'évaluation

Introduction

Jean-Guy Blais
Jean-Luc Gilles
Agustin Tristan-Lopez

Dans un monde près de chez vous : l'évaluation des apprentissages à l'ère du *Big Data*, du *Data Mining* et de l'intelligence artificielle

Chaque jour, chaque semaine, chaque année, des données reliées à l'évaluation des apprentissages sont récoltées par des enseignants, des écoles et des ministères. Ces données prennent différentes formes et elles peuvent être très structurées comme lors d'une épreuve standardisée ministérielle avec des questions à choix de réponse, ou beaucoup moins structurées comme lors d'ajout de pièces individuelles dans un portfolio d'apprentissage. Cependant, à l'heure actuelle l'exploitation de ces données est plutôt limitée. Elle est locale, très circonscrite et non uniforme d'un enseignant à l'autre lorsque les données sont récoltées dans le cadre des activités quotidiennes de la salle de classe. Elle répond à des impératifs d'urgence de retour des résultats lorsque les données sont récoltées dans le cadre d'une épreuve standardisée certificative sous la responsabilité d'autorités ministérielles. Entre ces deux extrêmes, plusieurs situations pourraient être évoquées comme autant d'exemples où le potentiel des données récoltées n'est pas exploité à sa juste mesure faute de temps, d'énergie, de ressources ou d'outils appropriés. Pour envisager une exploitation adéquate il faut qu'au moins trois conditions essentielles soient réunies. D'abord, il faut que les données soient produites et que les outils utilisés à cette fin soient répertoriés, ensuite il faut que les données soient accessibles et stockées sur un support sécuritaire, finalement il faut des outils efficaces pour les analyser et fournir la rétroaction aux personnes concernées (élèves, parents, enseignants, autorités ministérielles, etc.).

Le support traditionnel pour récolter des données en vue d'évaluer les apprentissages qu'est la modalité papier-crayon se prête assez mal à une exploitation optimale. Prenons, par exemple, le cas d'une épreuve uniforme d'écriture où plusieurs milliers d'élèves produisent un texte sur un thème imposé. Les seules données qui subsisteront après la correction des copies des élèves seront les notes attribuées par les correcteurs aux différentes copies (ou aux différents critères). Toute la richesse de l'information contenue dans les textes eux-mêmes est tributaire d'une improbable analyse future en profondeur, ce qui n'arrive jamais ou presque faute de moyens, et les textes restent stockés sur des tablettes pendant le temps légal de conservation des copies. Après cette période, ils sont tout simplement détruits. Le même constat pourrait être fait au sujet des données récoltées par les enseignants car ceux-ci disposent d'encore moins de ressources et de temps pour les exploiter dans un environnement où la rapidité du retour aux élèves est essentielle. Et que dire de tout le bénéfice d'un regard longitudinal et transversal qui n'est que très peu possible car difficile à documenter faute de données pertinentes. Cependant, le support traditionnel papier-crayon pour la récolte des données en évaluation des apprentissages est tranquillement supplanté par le support écran-clavier. Il s'agit d'un constat inéluctable et ce nouveau support ouvre la porte à une exploitation des données qu'il était difficile d'imaginer il y a dix ans à peine, transformant radicalement l'évaluation des apprentissages (et les apprentissages eux-mêmes). À ce sujet, Blais (2011) écrivait « [...] il est aussi fort possible que la contribution humaine au processus d'évaluation soit tout autre que celle que les étudiants du XXe siècle ont connue ». En effet, imaginons un instant une situation qui illustrerait ce que la technologie pourrait permettre dans le rayon des opérations d'évaluation d'envergure avec plusieurs milliers de candidats. Un élève est assis dans une classe traditionnelle et il s'active à rédiger un texte dans le cadre d'une épreuve standardisée uniforme et certificative pour la fin des études secondaires. Il écrit avec le clavier qui accompagne sa tablette d'une marque bien connue et disponible à un prix raisonnable. Il exécute ce travail sur une plateforme informatique accessible en ligne, dédiée et protégée contre les intrusions extérieures. Évidemment, il n'a pas accès à Internet et à aucun autre outil que ceux disponibles sur la plateforme. Après environ deux heures de travail et après une révision minutieuse de son texte, l'élève décide qu'il a terminé, sélectionne à l'écran le bouton *J'ai terminé* et confirme une autre fois que c'est bien le cas. Il quitte la classe où l'épreuve a lieu et se dirige vers la sortie. Il n'a pas fait une dizaine de pas dans le corridor lorsqu'il reçoit un courriel sur son téléphone portable intelligent qui annonce *Votre résultat à l'épreuve d'écriture du 12 juin*. Il est soulagé et nullement surpris car il croyait qu'il aurait ce message plus rapidement, il ouvre le courriel et prend connaissance de sa note globale et de la note attribuée pour chacun des trois critères de correction. Il a obtenu une note de 74 % avec des notes respectives pour chacun des critères de 68 %, 72 % et 80 %. Il n'est pas surpris car depuis maintenant plus de dix ans les textes produits dans le cadre de cette épreuve d'écriture certificative sont corrigés automatiquement par un moteur de correction, et sans intervention humaine. Les élèves qui réussissent reçoivent leur résultat rapidement, c'est pourquoi il est soulagé, et ceux qui échouent le reçoivent quelques jours plus tard après une révision où le jugement humain est partiellement mis à contribution.

En quelle année pouvons-nous imaginer cette scène qui semble tenir d'une utopie futuriste un peu trop enthousiaste ? Probablement entre 2025 et 2027. Donc, si cette pratique a cours depuis dix ans, cela veut dire que la correction automatisée avec un moteur de correction a été implantée entre 2015 et 2017. À toute fin pratique, 2015 c'est demain ! Utopie, enthousiasme délirant, « technotopie » ou « technovangélisme » ?[1] Aucune de ces réponses, car c'est bien de la réalité qu'il s'agit, une réalité qu'on pourra voir en action à grande échelle dès 2015 dans un grand nombre d'États aux États-Unis.

En 2010 le gouvernement des États-Unis lançait le programme *Race to the Top* et débloquait des fonds de 350 millions de dollars pour financer des projets de développement de systèmes technologiques pour l'évaluation des apprentissages. À la suite de cette annonce, deux consortiums se sont formés pour relever le défi. Le *Smarter Balanced Assessment Consortium* (SBAC) regroupant vingt-quatre États et le *Partnership for Assessment of Readiness for College and Careers* (PARCC) regroupant dix-huit États et deux territoires[2]. Le calendrier d'implantation prévoit que des épreuves sommatives en ligne intégrant des tâches complexes et innovantes en mathématique et en langue seront opérationnelles au printemps 2015 pour plusieurs années du primaire et du secondaire. Un des objectifs de ces opérations d'évaluation est de faire en sorte que les élèves soient confrontés à des tâches où ils doivent écrire leur réponse et la justifier. Évidemment, si les élèves écrivent plus cela implique beaucoup plus de travail de correction lorsque celle-ci est réalisée par des humains. Donc, *de facto*, plus de temps et plus de ressources à consacrer à la correction. Dans la foulée du développement de ces tâches innovantes où les élèves doivent écrire plus, la fondation William and Flora Hewlett, en partenariat

---

1 Expressions inspirées par Oppenheimer (2004) et résultant des contractions de technologie et utopie d'une part et de technologie et évangélisme d'autre part.

2 <http://www.smarterbalanced.org> ; <http://www.parcconline.org>.

avec les deux consortiums mentionnés ci-dessus, a subventionné une compétition en trois phases, le *Automated Student Assessment Prize* (ASAP) où des équipes du monde entier (certaines provenant des principaux leaders commerciaux dans le domaine du testing en éducation) rivalisent pour démontrer l'efficacité de systèmes technologiques pour la correction automatisée de textes longs (des essais), de réponses courtes et de réponses à des problèmes en mathématiques.

Au moment de l'écriture de ce texte, les deux premières phases de la compétition sont terminées et les résultats pourraient en surprendre plusieurs à tout le moins en ce qui concerne les textes longs (1re phase). Ce concours a ainsi été l'occasion d'une étude détaillée pour vérifier les prétentions de neuf moteurs de correction disponibles commercialement (Shermis & Hamner, 2013). L'étude a permis de comparer la correction automatisée de ces neuf moteurs à celle de correcteurs humains à partir d'un échantillon d'environ 22 000 textes variés provenant de six États des États-Unis. Les résultats de l'étude seraient trop longs à présenter en détail dans cette introduction mais le lecteur intéressé peut consulter l'étude de Shermis et Hamner[3]. On peut résumer le tout en disant que les résultats de la correction automatisée étaient statistiquement identiques à la correction humaine. Pour les réponses courtes (2e phase), le succès de la correction automatisée a été plus mitigé, les moteurs de correction offrant une bonne performance mais avec moins de précision que celle des humains[4]. Naturellement, ces moteurs de correction devraient s'améliorer dans les années à venir et être encore plus performants, sans jamais se fatiguer et en corrigeant toujours de la même manière.

Bienvenue dans l'ère du *Big Data* et du *Data Mining*, avec une bonne dose d'intelligence artificielle. En effet, ces moteurs de correction, qui pour certains ont une longue histoire et ne datent pas d'hier (voir Page, 1966), ont tous la particularité de pouvoir apprendre à partir d'un échantillon de textes qui sert à les entraîner. Il s'agit de ce qu'en intelligence artificielle on nomme *Machine learning*, l'apprentissage automatisé, qui se réalise à partir d'un corpus de données existantes. L'existence d'immenses bases de données (le *Big Data*) récoltées par les plateformes Web les plus diverses (réseaux sociaux, fureteurs, téléphones intelligents, etc.) est à l'origine

3 Aussi disponible à l'adresse URL <http://www.scoreright.org/NCME_2012_Paper3_29_12.pdf>.

4 <http://gettingsmart.com/wp-content/uploads/2013/02/ASAP-Case-Study-FINAL.pdf>.

d'un développement important d'outils d'analyse et de croisement de données (le *Data Mining*) des plus diverses (textes, sons, images, vidéos, localisations géographiques, pour ne nommer que les plus évidentes). Les trois conditions essentielles pour l'exploitation de ces données sont donc réunies : elles existent en très grand nombre ; elles sont stockées sur des supports accessibles ; de puissants outils sont disponibles pour les analyser.

L'évaluation des apprentissages, lors d'opérations à grande échelle ou dans la salle de classe par les enseignants, pourrait être un grand bénéficiaire de ces développements technologiques de récolte, stockage et analyse des données. Dans les années à venir il y aura sans l'ombre d'un doute de plus en plus d'épreuves passées en ligne par les élèves et de travaux transmis directement aux enseignants. Donc, beaucoup, beaucoup de données disponibles pour suivre les élèves, suivre l'état du système d'éducation, faire des diagnostics individuels et collectifs… Et ces données ne seront exploitables qu'à la condition de bien comprendre les mécanismes qui prévalent à leur production et à leur validité dans les systèmes technologiques mis en place.

Dans la lignée de deux ouvrages précédents sur le même thème (Blais, 2009 ; Blais & Gilles, 2011), le présent ouvrage expose différentes facettes propres à l'évaluation des apprentissages à l'aide des technologies de l'information et de la communication. Il est divisé en quatre parties qui abordent la complexité sous-jacente à de nouvelles approches pour récolter des données pour l'évaluation, des dispositifs numériques en ligne, des outils pour l'analyse de séquences filmées et, finalement, la modélisation de données pour l'évaluation.

Dans la première partie, Morin et Blais présentent en détail la carte conceptuelle (aussi réseau de concepts ou schéma sémantique), un outil d'apprentissage qui permet aux étudiants de déterminer les notions importantes en lien avec un thème ou un contenu de cours, et de les organiser sous une forme graphique. Leur texte s'attarde à tracer un portrait des différentes caractéristiques des tâches d'évaluation faisant appel aux principes de la cartographie conceptuelle, mais aussi à établir un bilan de la cohérence entre les divers aspects de ces tâches, notamment en ce qui concerne leur correction et leur notation, en précisant au passage les apports des technologies de l'information et de la communication. Ensuite, Diarra et Laurier s'interrogent sur la comparabilité entre une modalité d'évaluation où l'élève utilise le traitement de texte (modalité informatisée écran-clavier) et une autre où il utilise le papier-crayon (modalité manuscrite). Dans un contexte où on demandera aux élèves d'écrire plus et où la transition d'une modalité à l'autre ne sera pas uniforme pour tous les milieux, il est possible que les deux modalités subsistent en même temps et il sera important de s'assurer que les élèves bénéficient tous d'un traitement juste et équitable peu importe la modalité de passation.

Les trois chapitres de la deuxième partie présentent des dispositifs numériques d'évaluation en ligne. D'abord, Deruaz s'intéresse à l'évaluation de savoirs mathématiques au début, pendant et à la fin d'un module d'apprentissage dans le cadre de la formation initiale des futurs maîtres du primaire à la Haute école pédagogique du canton de Vaud à Lausanne en Suisse. L'utilisation de questions à choix multiples lors d'un examen ne fait pas encore partie de la culture docimologique locale et elle souffre d'*a priori* négatifs tant du côté des étudiants que de celui des enseignants. Pour pallier ces difficultés, un support informatique a été utilisé pour un pré-test et un post-test avec des items QCM qui intègrent la technique des degrés de certitude (voir le chapitre 11), pour des exercices d'entraînement, pour des forums de discussion et pour des votes électroniques. Ensuite, Durand, Loye, Stasse et Dupuis font état de l'expérimentation d'un dispositif de formation numérique auprès de groupes d'étudiants de 1er cycle et de 2e cycle universitaire. Des modules de formation en ligne asynchrones ont été proposés à l'intérieur d'un cours hybride et ces modules prenaient la forme d'une situation de compétences intégrant l'évaluation à l'apprentissage. Cette expérimentation a permis de constater les défis technologiques liés à la mise en application d'un dispositif de formation numérique et les enjeux pédagogiques liés à la combinaison des approches en présentiel et en ligne. Finalement, Riopel, Potvin et Boucher-Genesse présentent le jeu Mécanika qui a été développé pour intervenir spécifiquement sur les conceptions identifiées par le test du *Force Concept Inventory*, un questionnaire standardisé sur l'application des lois de Newton en physique. Le jeu vidéo éducatif Mécanika est le résultat d'une collaboration entre le Laboratoire mobile pour l'étude des cheminements d'apprentissage en sciences (LabMÉCAS) et la compagnie CRÉO. Une expérimentation à laquelle 205 élèves ont participé a mis en évidence un apprentissage significativement plus grand pour ceux qui ont utilisé le jeu dans leurs cours et avec le support de leur enseignant. La taille de cet effet sur l'apprentissage des élèves est importante et comparable à d'autres méthodes beaucoup plus exigeantes pour les enseignants.

La troisième partie de l'ouvrage propose deux textes sur l'analyse de contenu de séquences filmées. Dans le premier chapitre Derobertmasure et Demeuse s'intéressent à une compétence que doivent développer les futurs enseignants de la Communauté française de Belgique. Cette compétence consiste à amener les futurs enseignants à porter un regard réflexif sur leur pratique et constitue un défi permanent pour les formateurs et les chercheurs (Comment la développer ? Comment l'évaluer ?). La réponse à ces deux questions est primordiale si on souhaite accorder à la notion de réflexivité un statut différent de celui de « slogan » de formation. Après une brève description du contexte dans lequel la recherche présentée a été menée, les fondements théoriques sur lesquels reposent les analyses de contenu sont détaillés et les logiciels d'analyse de contenu Nvivo® et QDA Miner® sont présentés. Le chapitre se focalise ensuite sur une fonctionnalité du logiciel QDA Miner® : le calcul de séquences de codages. Les résultats saillants obtenus suite à l'utilisation du logiciel sont discutés et une réflexion quant à la notion d'outil d'analyse de contenu est proposée. Dans le deuxième chapitre de la section, Dehon et Canzittu posent la question du choix technique pour l'observation des classes et des interactions élèves-enseignants. Ainsi, parmi les choix disponibles sur le marché, quels outils peuvent être une aide à l'évaluation des pratiques ? Selon le statut occupé par un utilisateur – formateur, enseignant ou chercheur – quelle solution est la plus adaptée ? Le but du chapitre étant de faire état d'outils technologiques disponibles permettant d'approcher l'évaluation des pratiques de classes en dépassant la subjectivité d'une observation uniquement basée sur des perceptions que l'on pourrait étiqueter comme étant « individualistes ».

Finalement la quatrième et dernière section propose trois textes dont les préoccupations sont en lien avec l'analyse et la modélisation des données. Au premier chapitre, Malaise propose l'application de l'analyse statistique implicative avec le logiciel CHIC pour mettre en évidence les liens existant entre la maîtrise de différentes compétences et pour déterminer, parmi un ensemble de situations de compétences, lesquelles peuvent être considérées comme étant d'un même niveau de complexité. La comparaison de l'utilisation du logiciel CHIC avec une méthode davantage « classique » – reposant, d'une part, sur l'échelle de Guttman et, d'autre part, sur les probabilités conditionnelles – met en évidence que les analyses implicatives permettent d'approcher les liens existant entre la maîtrise de différentes compétences de manière plus précise et plus fiable. Pour sa part, l'analyse des similarités révèle dans quelle mesure différents items sont ou non semblables et permet ainsi de vérifier que les divers exercices d'un test correspondent bien au niveau de complexité identifié *a priori*. Au deuxième chapitre de la section, Béland, Magis et Raîche s'intéressent au fonctionnement différentiel d'items d'une épreuve passée selon deux modes différents, soit papier-crayon et clavier-écran. La comparaison entre les deux modalités est faite en quatre étapes : une première estimation des paramètres d'items selon le modèle logistique à trois paramètres de la théorie des réponses à l'item pour la version papier-crayon administrée en 2009 et pour la version informatisée administrée en 2011 ; la détection des patrons de réponses inappropriés à l'aide de l'indice l_z ; une nouvelle estimation de la difficulté des items à la suite du retrait des patrons de réponses inappropriés ; une analyse du fonctionnement différentiel des items permettant de vérifier si les items sont équivalents, indépendamment de la version administrée. Les résultats des diverses analyses permettent de faire émerger un constat général : l'existence d'une différence notable entre les deux modes de passation du test de classement en anglais, langue seconde. Par contre, un manque d'informations ne permet pas de bien expliquer la nature de ces différences. Le dernier chapitre de la section et du livre, celui de Prosperi, Gilles et Blais, aborde la technique des degrés de certitude de la réponse à un item de type QCM, une technique qui permet de dépasser le caractère dichotomique de la cotation des performances des candidats (la proposition choisie est soit correcte, soit incorrecte) à condition de veiller à respecter une série de règles méthodologiques appelées *admissible probability measurement procedures*. Un nouvel indice spectral de difficulté subjective *DS90* est proposé faisant appel à la théorie des réponses aux items, et ce dans le but d'y intégrer la dimension des degrés de certitude. L'intention n'étant pas de remplacer ce qui fonctionne déjà, mais d'intégrer les degrés de certitude dans ce champ de la recherche en édumétrie, notamment en vue d'améliorer la calibration des items et des tests. Le calcul du *DS90* fait appel au principe de l'analyse turbo (Gilles, 2002) qui permet de calculer des indices spectraux à partir des données des candidats dont le score en réalisme est élevé ($Rs \geq 90$), ce qui offre l'avantage de calculer des indices spectraux à partir de données très fiables comportant peu d'erreurs de sur ou sous-estimation, mais qui peut aussi conduire à une forte réduction des effectifs.

Ainsi qu'il a été souligné ci-dessus, la question de la saisie des données pour l'évaluation des apprentissages avec un support technologique contemporain est une solution qui devrait à moyen terme être acceptée et utilisée dans nombre de juridictions éducatives à travers le monde. Les

États-Unis font évidemment figure de leader en la matière en investissant massivement dans le développement de plateformes génériques (et certaines ouvertes) pour les opérations de récolte de données à grande échelle. Pour l'instant, on s'attend à ce que les enseignants et les autorités locales bénéficient aussi de ces développements et utilisent les ressources disponibles pour adapter à leurs besoins ce qui leur sera proposé. Cela reste à voir. Géré de façon centralisée, le stockage des données ne pose pas de problème, tant au niveau de la quantité que de l'accès sécurisé. Mais pour ce qui est des données récoltées par des enseignants en salle de classe par exemple, et malgré la présence d'un système technologique adéquat, l'isolement de chacun pourrait contribuer à une dissolution de l'information et limiterait l'apport complémentaire de la comparaison entre différents contextes. Une mise en réseau et des ressources d'analyse seraient nécessaires pour une meilleure exploitation des données et devraient régler le problème du stockage et de la sécurité. Donc, si les problèmes reliés à la capture des données avec un support technologique adéquat et ceux reliés au stockage des données sont pratiquement résolus, que reste-t-il à régler pour que l'évaluation des apprentissages à l'aide des technologies de l'information et de la communication remplisse des promesses maintes fois réitérées depuis une cinquantaine d'années ? Il manque en fait les outils d'analyse des données. Et qui dit *Big Data*, dit aussi potentiellement données peu structurées et difficiles à analyser sans programmation dédiée à cette tâche. Heureusement, le développement de ces outils est déjà en branle, comme mentionné ci-dessus, et beaucoup d'efforts sont déployés pour l'analyse des données récoltées par les plateformes Web les plus diverses (réseaux sociaux, fureteurs, téléphones intelligents, etc.). Il faudra cependant les adapter, les rendre accessibles à coûts modiques (un autre grand défi) et former des individus qui seront à même de les utiliser et de les disséminer au bénéfice du plus grand nombre.

Références

Blais, J.-G. (dir.) (2009). *Évaluation des apprentissages et technologies de l'information et de la communication : enjeux, applications et modèles de mesure.* Québec : Les Presses de l'Université Laval.

Blais, J.-G. & Gilles, J.-L. (dir.) (2011). *Évaluation des apprentissages et technologies de l'information et de la communication : le futur est à notre porte*. Québec : Les Presses de l'Université Laval.

Blais, J.-G. (2011). L'évaluation des apprentissages intégrée à l'enseignement avec les technologies de l'information et de la communication. Le défi du passage à l'acte. Dans J.-G. Blais & J.-L. Gilles (dir.), *Évaluation des apprentissages et technologies de l'information et de la communication : le futur est à notre porte*. Québec : Les Presses de l'Université Laval.

Gilles, J.-L. (2010). *Qualité spectrale des tests standardisés universitaires*. Sarrebruck : Éditions universitaires européennes.

Page, E. B. (1966). The imminence of grading essays by computer. *Phi Delta Kappan, 48*, 238–243.

Shermis, M. D. & Hamner, B. (2013). Contrasting state-of-the-art automated scoring of essays. Dans M. D. Shermis & J. Burstein (dir.), *Hanbook of automated essay evaluation : Current applications and new directions*. New York : Routledge.

Section 1 :
La complexité sous-jacente à de nouvelles approches

Maxim Morin
Jean-Guy Blais

L'utilisation de la cartographie conceptuelle pour évaluer les apprentissages : un panorama des modalités de passation, de correction et de notation

1. Introduction

Depuis un certain nombre d'années, les systèmes éducatifs de plusieurs pays préconisent des curriculums qui mettent davantage l'accent sur les apprentissages signifiants et sur les activités d'enseignement qui amènent les apprenants à acquérir et à mobiliser de façon intégrative des connaissances multiples, et ce dans une diversité de contextes. Dans le domaine des sciences et technologies, ces transformations se sont traduites dans plusieurs programmes en centrant les apprentissages autour de concepts clés (American Association for the Advancement of Science, 1993 ; National Assessment Governing Board, 2010), dans le but de mener les apprenants à une compréhension profonde de notions utiles pour leur culture scientifique et technologique. Ces changements ne se font pas sans heurts et l'objet de ce chapitre est de décrire une technologie pour l'évaluation des apprentissages, à savoir la cartographie conceptuelle, susceptible de s'harmoniser avec ces orientations des curriculums scolaires.

La carte conceptuelle qui est parfois nommée « réseau de concepts » ou « schéma sémantique » est un outil d'apprentissage qui permet aux étudiants de déterminer les notions importantes en lien avec un thème ou le contenu d'un cours, et de les organiser sous une forme graphique. Les débuts de la cartographie conceptuelle remontent aux travaux de recherche dirigés par Joseph Novak qui s'en est servi pour représenter l'évolution des conceptions des élèves dans le domaine de l'apprentissage en sciences. À la suite de quelques années d'exploration, Novak et Gowin (1984) ont cristallisé leurs observations et réflexions dans l'ouvrage *Learning how to learn* dans lequel ils mettent en relief diverses utilisations de cette stratégie.

Conformément à la proposition de Novak et Gowin, les recensions des écrits sur les utilisations de la carte conceptuelle (par exemple, Canas *et al.*, 2003 ; Marchand & d'Ivernois, 2004) présentent avant tout cet outil comme une stratégie pédagogique permettant aux apprenants de révéler et d'organiser leurs connaissances et, de ce point de vue, il est réputé s'inscrire dans une approche qui aide et favorise l'apprentissage signifiant et la compréhension profonde de concepts dans une discipline. Ces réseaux peuvent être utilisés comme une stratégie de révision en vue d'un examen écrit (Farrand, Hussain & Hennessy, 2002) ou encore comme une stratégie de médiation dans un contexte de travail coopératif (Kinchin, De-Leij & Hay, 2005) ou dans un contexte de résolution de problèmes (O'Neil, Chuang & Baker, 2010). Pour ce qui est de l'évaluation, la cartographie des connaissances aurait le mérite d'être un outil permettant d'évaluer des dimensions de l'apprentissage différentes des connaissances factuelles telles que la structuration des connaissances (Jonassen, Beissner & Yacci, 1993), la compréhension conceptuelle (Edmondson, 2005) ou le changement conceptuel (Liu, 2004).

L'objectif de ce chapitre consiste à tracer un portrait des différentes caractéristiques des tâches d'évaluation faisant appel aux principes de la cartographie conceptuelle, mais aussi à établir un bilan de la cohérence entre les divers aspects de ces tâches. Dans cet esprit, le *Committee on the Foundations of Assessment* a produit en 2001 un rapport commandé par le National Research Council intitulé *Knowing what students know : The science and design of educational assessment* qui défend spécialement l'idée que l'évaluation des apprentissages repose sur un système cohérent à l'intersection d'un modèle cognitif de l'apprentissage, d'un modèle d'observations et d'un modèle d'interprétations. Voici comment les auteurs de ce rapport décrivent ces trois modèles (Pellegrino, Chudowsky & Glaser, 2001, p. 2) :

> [Toute] évaluation, quelle que soit sa fonction, repose sur trois piliers : un modèle expliquant comment les apprenants représentent les connaissances et développent leurs compétences dans un domaine disciplinaire ; des tâches ou des situations qui permettent d'observer les performances des apprenants ; une méthode d'interprétations pour dégager des inférences à partir des observations récoltées.

Dans cet ordre d'idées, il apparaît tout à fait pertinent de vérifier dans quelle mesure la cartographie conceptuelle, sous toutes ses facettes, s'inscrit dans une telle démarche d'évaluation. Pour ce faire, le chapitre exposera les définitions de la cartographie conceptuelle, puis il clarifiera les objectifs de l'évaluation des apprentissages lorsqu'elle intègre ces outils schématiques. Ensuite, le texte tracera un panorama des modalités de passation, de correction et de notation, en précisant au passage les apports des technologies de l'information et de la communication. Enfin, le chapitre traitera en conclusion des défis relatifs à l'utilisation de la carte conceptuelle et des retombées potentielles de cette stratégie.

2. Le modèle cognitif

La cartographie conceptuelle tire d'abord ses origines de la psychologie cognitive et plus particulièrement de la théorie de l'apprentissage signifiant d'Ausubel (Ausubel, 1968 et 2000 ; Ausubel, Novak & Hanesian, 1978). Cette théorie insiste sur l'importance d'assimiler efficacement de nouvelles informations à la structure cognitive existante par le biais de mécanismes d'apprentissage propositionnel et d'organisation hiérarchique des connaissances, en structurant les concepts assimilés des plus généraux aux plus spécifiques. Cette forme d'apprentissage s'oppose à l'apprentissage machinal, pour lequel les élèves ne réussissent pas à remplacer leurs connaissances erronées et à accroître significativement leur structure cognitive.

Quoiqu'on fasse souvent allusion à la théorie cognitive d'Ausubel dans les écrits de la cartographie conceptuelle, on y a pourtant porté peu d'attention en psychologie cognitive, du fait qu'elle a été éclipsée par les modèles de traitement de l'information et la théorie des schémas. Selon ces deux approches, la proposition, qui forme l'union de deux arguments (de concepts) et d'une relation, est un matériau fort important de la connaissance déclarative (Anderson & Bower, 1973 ; Gagné, 1985). La mémoire, dans laquelle ne serait encodée qu'une partie des informations saisies par les sens, serait organisée sous forme de paquets de propositions, qui sont appelés des schémas. Ces réseaux de connaissances constitueraient le matériau brut qui explique les processus d'accumulation, d'ajustement ou de restructuration des connaissances (Rumelhart & Norman, 1978).

3. La définition de la cartographie conceptuelle

Quel que soit le domaine, il existe plusieurs formes d'organisateurs schématiques des connaissances tels que la carte conceptuelle, le réseau sémantique, la carte mentale, le réseau de concepts, etc. Au premier coup d'œil, ces outils graphiques apparaissent très semblables à un point tel que certains pédagogues recourent à ces appellations de façon interchangeable. Dans ce sens, une première définition de la carte conceptuelle se dévoile : « la carte conceptuelle est un outil graphique permettant d'organiser et de se représenter les connaissances ». Il s'agit d'une définition ouverte parce qu'elle inclut plusieurs formes d'organisateurs et qu'elle ne contraint pas les modalités d'élaboration d'un schéma de connaissances.

D'autres auteurs proposent une définition un peu plus restrictive, baptisée dans ce texte la définition souple. Cette définition se démarque de la précédente parce qu'elle précise la nature des composantes de ces outils graphiques telles qu'illustrées à la figure 1 ci-dessous. Dans ces conditions, la carte conceptuelle est une représentation bidimensionnelle de connaissances qui est composée de concepts (les nœuds) unis entre eux par des relations étiquetées et unidirectionnelles (Jonassen, 2006 ; Ruiz-Primo & Shavelson, 1996). Le concept traduit une construction abstraite de la « régularité perçue » d'un objet, d'un phénomène ou d'un évènement (Novak, 1990 ; Novak & Gowin, 1984). Un concept seul n'ayant pas une signification clairement définie, c'est l'association entre deux concepts qui permet de construire des unités de sens, nommées les propositions. Par exemple, le concept de Terre est confus, tant et aussi longtemps qu'on ne forme pas une proposition telle la « Terre → tourne autour du → Soleil ». On découvre alors que le concept représente une planète, et non la matière composant le sol. On s'aperçoit également que la direction de la flèche indique la justesse de la proposition. La « Terre → tourne autour du → Soleil » représente une vision héliocentrique, tandis que la proposition inverse, le « Soleil → tourne autour de la → Terre », est associée à une vision géocentrique prégaliléenne qui constitue une conception erronée du système solaire. Bref, le mot de liaison et la flèche sont essentiels pour définir les propositions qui, elles-mêmes, donnent un sens aux connaissances de l'apprenant.

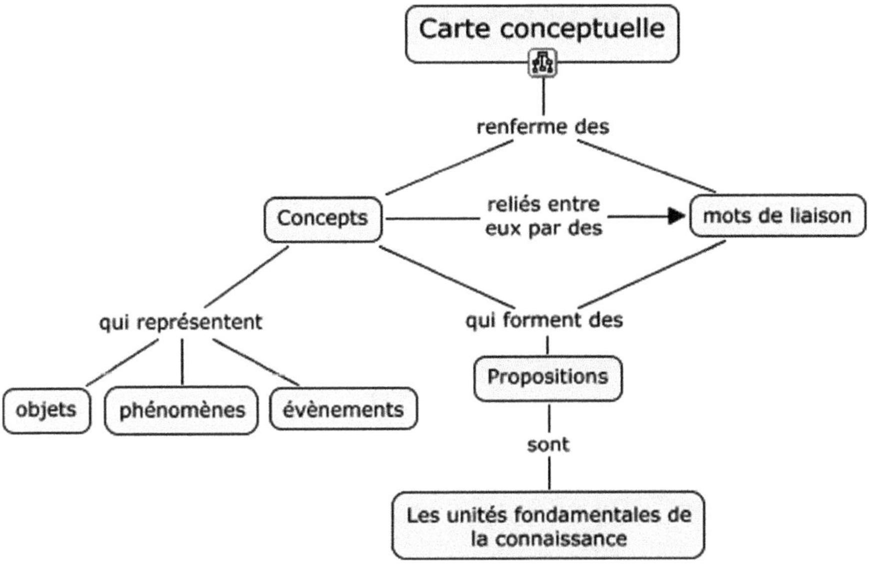

Figure 1. Les composantes d'une carte conceptuelle.

En suivant les traces de Novak et Gowin, Canas et ses collaborateurs (2003) ont diffusé une recension des écrits au sujet de la cartographie conceptuelle, dans laquelle ils proposent une définition stricte qui dicte quelques principes de construction d'une carte conceptuelle en conformité avec les fondements de la théorie cognitive d'Ausubel et les principes de la psychologie constructiviste :

- les nœuds doivent être des mots ou de courtes expressions désignant des concepts ;
- le « cartographe » doit énoncer lui-même les mots ou les expressions de liaison entre les concepts ;
- la carte conceptuelle doit être élaborée autour d'une question centrale (*focus question*)[1] ;
- l'organisation des concepts doit être semi-hiérarchique ;

1 Les chercheurs adhérant à la définition stricte ne font pas toujours ressortir l'idée de la question centrale qui a été introduite après les travaux de Novak et Gowin (1984).

- la carte devrait généralement comporter entre quinze et vingt-cinq concepts ;
- la carte devrait être composée d'exemples et de relations transversales.

La figure 2 ci-dessous est un exemple simplifié d'un schéma qui vise à répondre à la question « Quels sont les états de la matière ? » On y retrouve une organisation contenant deux niveaux hiérarchiques, ainsi que des relations transversales entre les concepts d'un même niveau et des exemples qui illustrent les concepts.

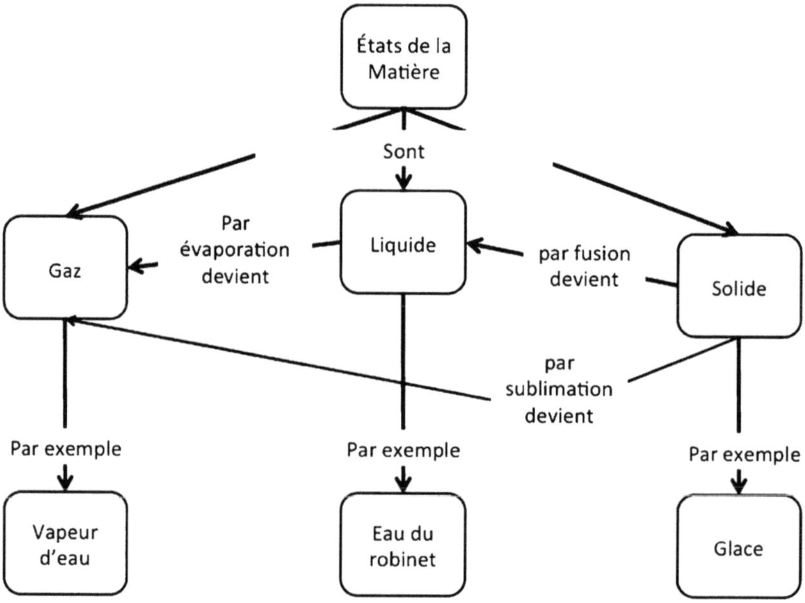

Figure 2. Carte conceptuelle selon la définition stricte.

Ces trois définitions de la carte conceptuelle font ressortir des divergences par rapport à d'autres formes d'organisateurs graphiques des connaissances. Ainsi, le réseau sémantique (Fisher, 1990 et 2005) propose une représentation multidimensionnelle qui est composée de plusieurs centaines de concepts et de relations généralement bidirectionnelles. Pour sa part, la carte mentale (Buzan & Buzan, 1995) sert davantage à représenter des idées ou des contenus (et non des concepts) dans une structure arborescente. Finalement, la carte cognitive (Eden, 1988 et 1992) décrit des processus dans une démarche de prise de décision ou de résolution de problèmes.

4. Les objets d'évaluation

Il a été souligné que la cartographie conceptuelle permettrait d'évaluer d'autres aspects de la connaissance. Mais il n'y a tout simplement pas de consensus à propos de la nature des aspects cognitifs que peuvent capter ces outils de représentation des connaissances. Néanmoins, l'objectif de recourir à ces organisateurs n'est pas d'extraire la structure cognitive réelle des apprenants, qui est certainement complexe et multidimensionnelle, mais plutôt d'amener les apprenants à expliciter les relations entre certains concepts et à les structurer (Jonassen, Reeves, Hong, Harvey & Peters, 1997).

D'une part, les diverses formes de réseaux de concepts permettraient d'évaluer les connaissances déclaratives (Rice, Ryan & Samson, 1998), les connaissances conceptuelles (Schaal, Bogner & Girwidz, 2010) ou encore la compréhension conceptuelle (Edmondson, 2005). Mais, même si les chercheurs emploient souvent ces trois dénominations de façon interchangeable, il faut se demander si elles représentent forcément les mêmes aspects cognitifs. Il peut tout simplement y avoir un désaccord quant aux références aux taxonomies des apprentissages. D'autre part, la cartographie conceptuelle serait un outil permettant de révéler la complexité organisationnelle des connaissances. Il est possible dans cette voie de chercher à déterminer la structure cognitive réelle des apprenants, ce qui est souvent tenté au moyen d'approches indirectes de quantification du degré d'association entre des concepts (Acton, Johnson & Goldsmith, 1994 ; Goldsmith, Johnson & Acton, 1991).

D'autres chercheurs adoptent une position plus souple, en stipulant que les organisateurs graphiques offrent des représentations raisonnables des connaissances des apprenants et de leur organisation (Jonassen *et al.*, 1997). Dans cette optique, la carte conceptuelle serait une manifestation directe de la complexité de certaines connaissances d'un individu et elle serait spécifique à la tâche d'évaluation proposée. Elle aurait avant tout l'avantage d'engager l'apprenant dans une tâche d'explicitation et de structuration de ses connaissances, et le tout de façon concomitante.

Force est de constater que l'évaluation de la complexité de l'organisation ne peut s'affranchir de l'évaluation des connaissances en elle-même. Dans cette perspective, en réunissant l'idée de l'évaluation de la connaissance et l'idée de l'évaluation de la complexité des connaissances, certains auteurs préfèrent parler de « compréhension connectée » (Schau, Mattern, Zeilik, Teague & Weber, 2001) ou de « connaissance structurelle » (Jonassen *et al.*, 1993 ; Jonassen *et al.*, 1997). Ces deux expressions ont le bénéfice de désigner l'interdépendance entre les connaissances et leur organisation.

Il s'ajoute à cela quelques travaux qui ont proposé de faire appel aux diverses représentations schématiques pour évaluer le changement conceptuel (Liu, 2004 ; Markham, Mintzes & Jones, 1994 ; Novak & Musonda, 1991) ou la restructuration des connaissances (Pearsall, Skipper & Mintzes, 1997). Dans ces études, les apprenants sont appelés à tracer deux ou plusieurs cartes conceptuelles durant leur parcours d'apprentissage dans le but de suivre leur progression des connaissances et de leur organisation.

5. Des modèles d'observation

La phase d'observations des réponses des apprenants requiert d'élaborer une tâche d'évaluation afin d'activer les apprentissages visés, mais aussi de les extérioriser et de les recueillir sur un support matériel. Cette récolte de données ne peut être réalisée sans d'abord déterminer les modalités de passation de la tâche de cartographie conceptuelle. Il faut en conséquence choisir le type de tâche et prévoir la formation des apprenants.

5.1 Les types de tâches

Au moment de la réalisation d'une tâche sollicitant la carte conceptuelle, l'apprenant est plus ou moins contraint d'utiliser des informations fournies à l'avance ou de produire lui-même les contenus de la carte. Il est possible de concevoir une variété de tâches en optant pour des combinaisons différentes des contraintes de la tâche.

Le tableau 1 ci-dessous décrit cinq types de tâches fréquemment exploitées dans les études recensées dans ce chapitre. On y précise les rôles de l'apprenant et de l'évaluateur pour ce qui est de la production des concepts, des mots de liaison, des tracés des lignes et de la structure de la carte.

Dans la première partie du tableau (tâches A et B), on retrouve une famille de tâches, couramment nommée « remplir les trous », pour laquelle l'apprenant est amené à compléter les informations manquantes d'une carte maîtresse tracée par l'évaluateur (ou l'enseignant). Ces tâches prennent la forme d'un scénario du type « remplir les nœuds » lorsque l'apprenant doit déterminer les concepts à insérer dans les bulles vides ou la forme d'un scénario du type « remplir les étiquettes » lorsque l'apprenant doit choisir les mots de liaison. Dans ces deux activités, l'évaluateur peut augmenter le degré de difficulté de la tâche en mettant à la disposition des élèves une liste d'éléments comportant des concepts ou des mots de liaison superflus, ou en s'abstenant de fournir les informations à associer aux espaces vides.

Dans la seconde partie du tableau (tâches C, D et E), on retrouve des tâches plus complexes d'élaboration d'une carte conceptuelle. Dans ces tâches, l'évaluateur peut fournir une liste de concepts, une liste de mots de liaison ou les deux simultanément. À d'autres occasions, l'évaluateur peut éviter de donner ces listes ou il peut demander à l'élève de les compléter. Il est également possible de contraindre les apprenants à organiser leurs diagrammes selon une structure préétablie (par exemple, une structure hiérarchique).

Tableau 1. Description des types de tâches de cartographie conceptuelle.

Types de tâches	*Description*	*Illustration*	*Références à des études empiriques*
A. Remplir les nœuds	L'apprenant doit remplir les bulles vides de la carte conceptuelle. L'évaluateur peut fournir ou non une liste de concepts. **Concepts** : Évaluateur ou apprenant **Mots de liaison** : Évaluateur **Traits des relations** : Évaluateur **Structure** : Évaluateur	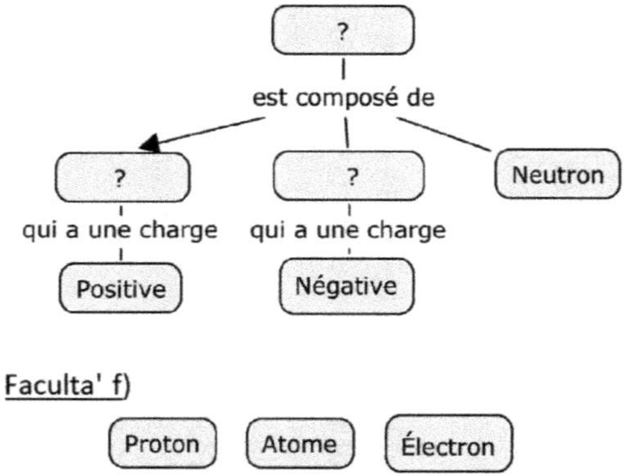	(Ruiz-Primo, Schultz, Li & Shavelson, 2001 ; Schau *et al.*, 2001)
B. Remplir les relations	L'apprenant doit remplir les relations vides de la carte conceptuelle. L'évaluateur peut fournir ou non une liste d'expressions de liaison. **Concepts** : Évaluateur **Mots de liaison** : Évaluateur ou apprenant **Traits des relations** : Évaluateur **Structure** : Évaluateur	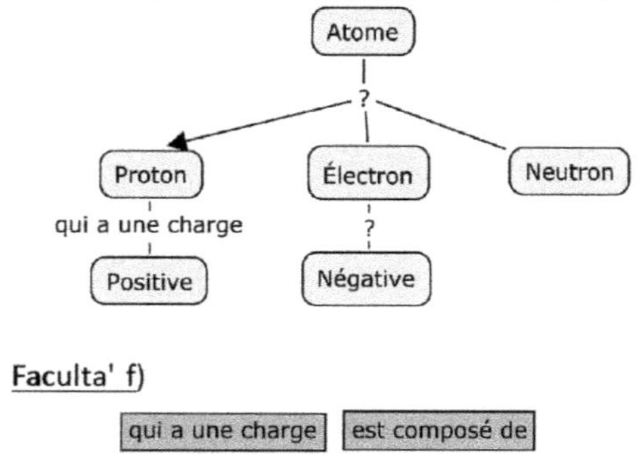	(Ruiz-Primo, Schultz *et al.*, 2001)

Types de tâches	*Description*	*Illustration*	*Références à des études empiriques*
C. Élaborer une carte en utilisant les concepts préétablis	L'apprenant doit élaborer une carte conceptuelle en utilisant les concepts inclus dans la liste suivante. Il doit formuler les relations entre les concepts. **Concepts** : Évaluateur **Mots de liaison** : Apprenant **Traits des relations** : Apprenant **Structure** : Apprenant	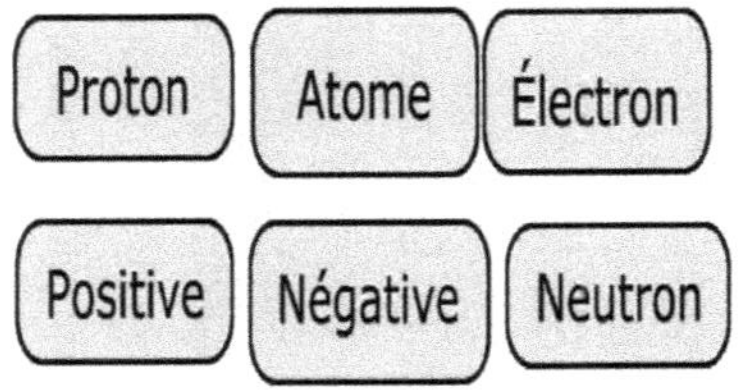	(McClure, Sonak & Suen, 1999 ; Rice *et al.*, 1998 ; Taricani & Clariana, 2006 ; Yin, Vanidez, Ruiz-Primo, Ayala & Shavelson, 2005)
D. Élaborer une carte en utilisant les concepts et les étiquettes préétablis	L'apprenant doit élaborer une carte conceptuelle en utilisant les concepts et les expressions de liaison dans les listes suivantes. **Concepts** : Évaluateur **Mots de liaison** : Évaluateur **Traits des relations** : Apprenant **Structure** : Apprenant	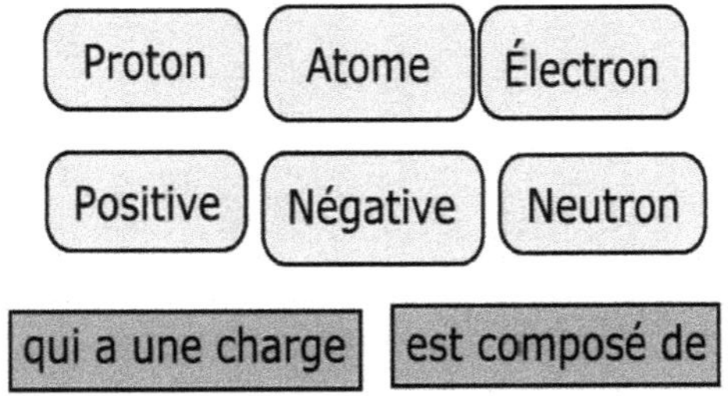	(Herl, O'Neil, Chung & Schacter, 1999 ; Schaal *et al.*, 2010 ; Yin *et al.*, 2005)
E. Élaborer une carte sur une page blanche	L'apprenant doit élaborer une carte conceptuelle en déterminant les concepts à y inclure. **Concepts** : Apprenant **Mots de liaison** : Apprenant **Traits des relations** : Apprenant **Structure** : Apprenant		(Novak & Gowin, 1984 ; Stoddart, Abrams, Gasper & Canaday, 2000)

5.2 Comparaison de types de tâches

Classiquement, les recherches sur la cartographie conceptuelle ont tenté de déterminer dans quelle mesure cet outil permet d'évaluer les mêmes apprentissages que les méthodes d'évaluation traditionnelle. Pour y arriver, les spécialistes ont cherché à établir le degré de concordance entre les approches en calculant la corrélation entre les résultats à des tâches de cartographie conceptuelle et les résultats à des épreuves de mesure du rendement. D'après les études recensées, les valeurs des coefficients de corrélation fluctuent entre 0,37 et 0,85 pour les tâches « remplir les trous » (Ruiz-Primo, Schultz *et al.*, 2001 ; Schau & Mattern, 1997 ; Schau *et al.*, 2001) alors qu'elles varient entre 0,34 et 0,87 pour les tâches « élaborer une carte » (Anderson & Huang, 1989 ; Novak, Gowin & Johansen, 1983 ; Rice *et al.*, 1998 ; Ruiz-Primo, Schultz *et al.*, 2001). Les chercheurs interprètent généralement ces valeurs comme un indice que la cartographie conceptuelle révèle des aspects différents des connaissances des outils traditionnels tels que les examens composés de questions à réponses choisies. Il faut néanmoins être prudent avec ces interprétations, car les études mentionnées ci-dessus n'ont pas suivi des démarches méthodologiques similaires. Les types de tâches, leurs caractéristiques, les critères d'évaluation ainsi que les méthodes de correction diffèrent grandement d'une étude à l'autre.

Malgré la multiplicité des variantes de tâches de cartographie conceptuelle, peu d'études ont été consacrées à la comparabilité des modalités de passation des tâches, à l'exception d'une série de travaux coordonnés par le *Center of Research on Evaluation, Standards and Student Testing*. Dans une première étude, Ruiz-Primo, Schultz et leurs collaborateurs (2001) ont révélé que les tâches « remplir les nœuds » et « remplir les relations » ne sont pas équivalentes entre elles, les premières menant généralement à des scores plus élevés que les secondes. Les résultats de cette recherche ont également montré que les tâches d'élaboration de carte conceptuelle conduisent à des scores[2] proportionnellement plus faibles que les tâches « remplir les trous », mais ces tâches ouvertes discriminent mieux les apprenants entre eux. Dans la continuité de l'étude précédente, Ruiz-Primo, Shavelson et leurs collaborateurs (2001) ont constaté eux aussi,

2 Les auteurs ont privilégié le score de convergence pour des raisons pratiques (c'est-à-dire le temps de correction) et des raisons techniques (c'est-à-dire la stabilité des scores).

par le biais d'entretiens de verbalisation de la pensée à haute voix, que les tâches « remplir les trous » et « élaborer une carte à partir d'une liste de concepts » ne sollicitent pas les mêmes processus cognitifs. Ils ont entre autres remarqué que la modalité « remplir les trous » encourage les apprenants à vérifier plus systématiquement la justesse de leurs réponses, mais qu'elle les pousse à adopter des stratégies d'élimination ou de réponses au hasard. Quant à eux, les scénarios « élaborer une carte » incitent les individus à accorder plus de temps à identifier et à définir les concepts ainsi qu'ils amènent les élèves novices à expliciter leurs erreurs conceptuelles et à procéder par une démarche d'essais et erreurs. D'après ces chercheurs, cette seconde modalité semble moins contraignante et conséquemment plus appropriée pour révéler l'état de connaissances des individus.

Une troisième étude réalisée par Yin et ses collaborateurs (2005) a été dédiée à l'analyse des similitudes et des différences entre les tâches d'élaboration de carte conceptuelle comportant une liste préétablie de concepts seulement (C) ou les tâches comportant une liste préétablie de concepts et de mots de liaison (C+ML). Le tableau 2 ci-dessous renferme les six indicateurs qui ont servi à comparer ces modalités et les principales observations qui y sont associées. Les auteurs de cette étude en concluent que les modalités ne sont pas équivalentes, tant au niveau des indicateurs de produits des tâches qu'au niveau des indicateurs de processus. Ils nuancent toutefois leurs conclusions, car ils reconnaissent que leur tâche d'élaboration C+ML était constituée d'un nombre limité de mots de liaison, ce qui restreint potentiellement la justesse et la variété des propositions. Ils suggèrent alors d'accroître les banques de concepts et de mots de liaison afin de réduire les risques d'une tâche trop restrictive, qui ne permet pas de révéler les degrés de compréhension partielle.

Tableau 2. Observations de l'étude de Yin et ses collaborateurs (2005).

Indicateurs	*Observations*
Score total des propositions	Les scores totaux ne sont pas équivalents pour les deux types de tâches
Le score individuel de chaque proposition	Moins de propositions partiellement correctes dans la tâche C+ML
Le choix des propositions	Moins grande diversité de propositions dans la tâche C+ML

Indicateurs	*Observations*
La complexité de la structure	Des structures moins complexes pour la tâche C+ML
Le taux de création de propositions	Une production de propositions plus lente dans la tâche C+ML
Les stratégies d'élaboration de propositions	Des processus cognitifs différents dans les deux types de tâches

En définitive, le choix des contraintes de la tâche de cartographie conceptuelle peut entraîner des effets non négligeables sur les productions des élèves et les inférences qu'on en tire. Les tâches « remplir les trous » partagent des propriétés similaires aux items à choix multiples, mais elles ne semblent pas offrir autant d'occasions à l'apprenant de révéler ses connaissances et leur structuration. Pour le reste, il est peut-être trop restrictif d'imposer une hiérarchisation des concepts dans les tâches d'élaboration d'une carte conceptuelle. Cela empêche les apprenants d'organiser spontanément les concepts, ce qui peut réduire la portée de l'appréciation de la complexité structurelle des connaissances. La hiérarchisation d'une carte conceptuelle devrait reposer avant tout sur l'adéquation entre les contenus du domaine disciplinaire de la carte et les théories cognitives qui sous-tendent le format à privilégier (Ruiz-Primo, Schultz *et al.*, 2001 ; Ruiz-Primo & Shavelson, 1996). De même, circonscrire la liste de concepts ou de mots de liaison a l'avantage de réduire le fardeau de la tâche de correction et de maintenir une certaine homogénéité dans les productions des élèves. Par contre, cela leur donne potentiellement moins de marge de manœuvre pour dévoiler l'état réel de leurs connaissances. En définitive, les choix concernant les caractéristiques de la tâche doivent satisfaire à des exigences d'ordre éducatif, à savoir qu'ils doivent s'inscrire dans une logique de cohérence telle que représentée par les trois piliers, mais ils doivent aussi répondre à des préoccupations d'ordre pratique, c'est-à-dire qu'on doit être conscient de la faisabilité et de l'utilité de la mise en œuvre d'une tâche.

6. La formation des élèves

Pour des raisons de validité, il est important que les productions des élèves reflètent leur compréhension du contenu et qu'elles ne soient pas altérées par des obstacles relatifs à la démarche générale de conception d'un schéma de connaissances. Dans ces circonstances, les élèves doivent recevoir préalablement une formation adéquate et suffisante avant de leur demander d'élaborer une carte pour des fins d'évaluation des apprentissages. À cet égard, les écrits scientifiques sont assez optimistes. Une période de formation et d'entraînement de quarante-cinq à soixante minutes suffirait pour rendre les élèves aptes à tracer convenablement une carte (Ruiz-Primo, Schultz *et al.*, 2001 ; Yin & Shavelson, 2008 ; Yin *et al.*, 2005). Pourtant, la démarche de formation s'étire généralement sur quelques périodes d'enseignement étant donné que la cartographie conceptuelle est d'abord présentée aux élèves comme une activité d'apprentissage individuel ou collaboratif (Liu, 1994 ; Liu & Hinchey, 1996 ; Novak & Gowin, 1984 ; Rice *et al.*, 1998). Malgré les efforts pour entraîner efficacement les élèves, il ne semble pas y avoir de données permettant de se prononcer sur l'impact de la formation sur la démarche d'élaboration d'une carte conceptuelle.

7. Le modèle d'interprétations

D'après McClure et ses collaborateurs (1999), les tâches d'évaluation employant les cartes conceptuelles forment un bon compromis entre les items d'examens objectifs (par exemple, des questions à réponses choisies) et les tâches de performance (par exemple, rédiger un texte) parce qu'elles possèdent l'objectivité des premières et la sensibilité des tâches plus complexes. Les recherches recensées révèlent une diversité parfois déconcertante d'approches et de critères pour traiter l'information contenue dans les cartes conceptuelles. La plupart d'entre elles ont proposé des modèles de traitement quantitatif, mais cette démarche ne fait pas l'unanimité, certains évoquant que cette approche dénature l'apport potentiel de ces outils pour l'évaluation (Edmondson, 2005 ; Kinchin, 2000 et 2001 ; Tardif, 2006). Malgré ces objections, les démarches concourent souvent à des objets et des critères d'évaluation analogues. Que ce soit pour un traitement quantitatif ou un traitement qualitatif, il est possible de distinguer trois approches dans la notation de cartes conceptuelles : la notation du contenu de la carte, la comparaison d'une carte à une carte de référence ou une combinaison des stratégies précédentes. Ces approches sont discutées distinctement ci-dessous.

8. La notation du contenu de la carte

Une carte conceptuelle renferme plusieurs éléments qui méritent l'attention de l'évaluateur. On distingue généralement la notation qui porte sur les composantes de la carte et celle qui a trait aux aspects structuraux du schéma. Malgré cette caractérisation des modalités de notation, les chercheurs proposent souvent des systèmes de notation qui combinent plusieurs de ces critères.

8.1 La notation de Novak et Gowin

Le premier système de notation connu, celui élaboré par Novak et Gowin (1984), recoupe à la fois la notation des composantes et la notation de la qualité de l'organisation hiérarchique du contenu. Il accorde différents pointages au contenu d'une carte : 1 point à toute proposition valide, 5 points à chacun des niveaux hiérarchiques valides, 10 points à chacune des relations transversales valides et pertinentes et 1 point à chaque exemple pertinent. Il faut pourtant signaler que le pointage de chacune des composantes est arbitraire et qu'il ne permet que d'établir une valeur relative de la connaissance de l'élève. Novak et Gowin conseillent eux-mêmes de modifier au besoin la pondération des indicateurs et ils recommandent de réserver son utilisation pour apprécier la progression des apprentissages, et non pour proposer une mesure absolue de la compréhension structurée. Aussi, plusieurs chercheurs ont eu recours à des versions modifiées de ce système de notation (par exemple, Andrews, Tressler & Mintzes, 2008 ; Markham *et al.*, 1994 ; McClure *et al.*, 1999 ; Wallace & Mintzes, 1990). Notamment, quelques recherches ont souligné que les scores construits selon l'approche de Novak et Gowin attestent significativement de la progression des conceptions des apprenants (Markham *et al.*, 1994 ; Wallace & Mintzes, 1990 ; West, Park, Pomeroy & Sandoval, 2002).

Encore qu'on y recourt fréquemment (Ruiz-Primo & Shavelson, 1996), certains sont réticents à interpréter les scores selon la notation précédente parce qu'elle ne semble pas avoir une cohérence interne acceptable (Liu & Hinchey, 1996) ou encore parce qu'il n'y a pas toujours lieu d'imposer une organisation hiérarchique des concepts. En effet, Liu et Hinchey ont observé que les quatre indicateurs de ce système de notation ne contribuent pas tous positivement à une mesure commune des apprentissages. Il faut toutefois être prudent avec leurs conclusions étant donné que les groupes d'élèves sollicités dans leur étude n'ont pas tous eu la même expérience d'élaboration d'une carte conceptuelle et il est fort probable que la spécificité du système de notation de Novak et Gowin exige une certaine uniformité en ce qui a trait à la formation préalable.

8.2 La notation des propositions

Quelques auteurs, n'adoptant pas nécessairement la théorie de l'apprentissage d'Ausubel, se sont penchés sur l'utilisation de systèmes de notation qui n'exigent pas d'organiser hiérarchiquement les concepts dans une carte. Dans cette voie, l'une des approches les plus exploitées consiste à attribuer des cotes numériques à chacune des propositions contenues dans la carte et à sommer ces points pour en calculer le score total d'exactitude des propositions (Ruiz-Primo, Schultz *et al.*, 2001). Pour construire ce score, les chercheurs conseillent d'employer une grille d'appréciation de la justesse des propositions (voir le tableau 3) qui sert à décerner des points partiels à chaque proposition selon qu'elle est entièrement incorrecte, partiellement ou totalement correcte. Cette gradation du pointage traduit naturellement l'idée que la compréhension conceptuelle n'est jamais définitivement acquise, mais qu'elle évolue.

Au moment de la correction, cette approche exige bien entendu que le correcteur note chaque proposition contenue dans la carte. Il est alors possible de réduire le fardeau de la tâche de correction en construisant préalablement une banque de propositions (*proposition inventory*), qui comprend l'ensemble des propositions uniques produites par les élèves. Cette stratégie permet surtout d'éviter la correction répétitive. Sous un autre angle, la recherche a tenté de vérifier si les évaluateurs s'accordent sur l'utilisation de la grille d'appréciation dans les situations où plusieurs évaluateurs corrigent les travaux des étudiants. Généralement, les chercheurs ayant eu recours à cet indicateur ont fait état d'indices de fidélité interjuges assez élevés, au-dessus de 0,90 (Shavelson, Ruiz-Primo & Wiley, 2005). Au reste, McClure et ses collaborateurs (1999) ont observé que cette approche, comparativement au système de notation de Novak et Gowin ou à une approche de notation globale (c'est-à-dire attribuer une note de 1 à 10), serait la plus simple à utiliser, ainsi qu'elle serait la plus fidèle étant donné qu'elle produit le meilleur accord interjuges. Ils soutiennent alors que cette méthode est la moins exigeante pour le correcteur, et par le fait même serait la plus pertinente pour un enseignant en salle de classe.

Tableau 3. Exemple d'une grille d'appréciation de la justesse des propositions.

Score	*Description*	*Exemple*
0	Proposition insignifiante ou incorrecte scientifiquement	La TERRE est loin du SOLEIL Ou Le SOLEIL tourne autour de la TERRE
1	Proposition partiellement incorrecte	La TERRE est une planète comme le SOLEIL
2	Proposition correcte, mais pauvre	La TERRE tourne autour du SOLEIL
3	Proposition correcte et parfaitement formulée	La TERRE décrit un mouvement elliptique autour du SOLEIL

8.3 La notation de la complexité structurelle

Comme il a été souligné ci-dessus, Novak et Gowin ont proposé un système de notation quantitatif qui accorde plusieurs points aux aspects structuraux, et ce dans le but d'apprécier l'organisation hiérarchique des cartes. Sans abandonner les principes de la théorie cognitive d'Ausubel, Kinchin et ses collaborateurs (2000) ont adopté un modèle d'interprétation qualitatif qui caractérise trois types d'organisation des cartes conceptuelles : la structure rayonnante, la structure linéaire et la structure en réseau (voir la figure 3 ci-dessous). La structure rayonnante contient un seul niveau hiérarchique et l'on peut y réorganiser aisément les concepts sans en altérer l'organisation générale vu qu'ils ne sont pas en interrelation. La structure linéaire contient plusieurs niveaux hiérarchiques. Les concepts sont souvent présentés selon une séquence temporelle et l'ajout ou le retrait d'un concept modifie certainement l'intégrité de la carte. La structure en réseau contient généralement plusieurs niveaux hiérarchiques et elle décrit des interactions complexes entre les nombreux concepts. Selon eux, ces structures traduisent l'évolution des conceptions des apprenants, d'une structure éparse à une structure plus intégrée. Certaines adaptations de cette catégorisation des types de structures intègrent la structure en chaînes multiples (Hay, Tan & Whaites, 2010) ou des structures circulaires et en arbres (Yin *et al.*, 2005).

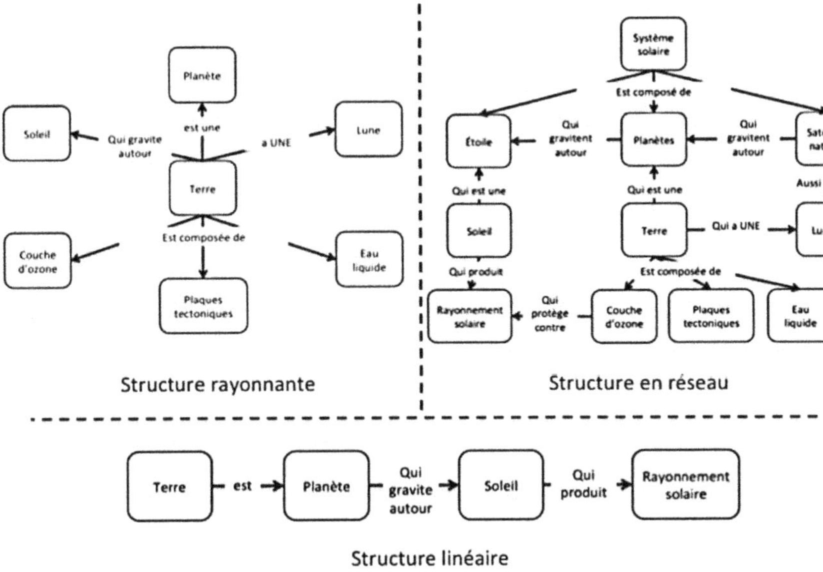

Figure 3. Les types d'organisation des cartes conceptuelles.

8.4 La comparaison de la carte de l'élève à celle d'un expert

Une seconde stratégie pour interpréter la carte d'un élève consiste à la comparer à une carte de référence qui, selon le contexte, peut être tracée par un ou plusieurs experts (spécialistes d'une discipline, professeurs, chercheurs ou enseignants). En pratique, cette démarche peut être de nature quantitative ou qualitative.

Tout d'abord, les chercheurs ont développé une multitude d'indices de similarité, qui représentent la proportion d'éléments contenus dans les cartes des apprenants par rapport à la carte de référence. Lomask et ses collaborateurs (1992), par exemple, ont proposé deux indices : la taille et la force de la carte de l'apprenant. La taille correspond à la proportion du nombre de concepts contenus dans la carte de l'élève par rapport au nombre de concepts contenus dans la carte de référence. De façon similaire, la force représente le nombre de relations valides dans la carte de l'apprenant par rapport aux relations contenues dans la carte de référence. Dans une approche fort différente, certains auteurs (Clariana, Koul & Salehi, 2006 ; Koul, Clariana & Salehi, 2005 ; Taricani & Clariana, 2006) traitent préalablement les cartes des apprenants par le biais d'algorithmes complexes des réseaux associatifs (par exemple, *Pathfinder*), pour ensuite les interpréter à l'aide de différents indices de similarité (voir Acton *et al.*, 1994 ; Goldsmith & Davenport, 1990). Très souvent, ces approches visent à obtenir des informations sur la structure cognitive de l'apprenant et non sur le degré d'organisation de certains apprentissages. Pourtant, ces approches font fi de la justesse des propositions formulées par les apprenants, ce qui permet de douter de leur pertinence pour plusieurs contextes d'évaluation des apprentissages.

En désaccord avec les approches précédentes, Edmondson (2005) suggère d'interpréter les cartes au regard d'indicateurs respectant la nature essentiellement qualitative de l'information contenue dans une carte conceptuelle. Sous ce rapport, Tardif (2006) propose ainsi d'interpréter une carte conceptuelle en cherchant à déterminer les éléments contenus dans la carte de l'apprenant en comparaison à la carte de référence. Cette démarche d'interprétation peut reposer sur les idées et les concepts obligatoires présents ou absents, les relations nécessaires ou absentes, les conceptions erronées et les éléments complémentaires à la carte maîtresse. À quelques rares exceptions, l'utilisation de ces critères n'a pas été explorée en recherche. On peut toutefois souligner les efforts de Rice et de ses collaborateurs (1998) qui ont élaboré un système de notation qui tient compte des éléments manquants dans les cartes et des conceptions erronées ou encore les efforts d'autres chercheurs (Novak & Musonda, 1991 ; Rye & Rubba, 2002) qui ont pris en considération la présence d'idées ou de concepts obligatoires en leur attribuant un pointage plus élevé. Toutefois, ces systèmes de notation respectifs sont fort complexes et, en conséquence, ils sont peu susceptibles d'être réinvestis dans un contexte d'évaluation de salle de classe (Rice *et al.*, 1998) ou encore d'évaluation à grande échelle.

Par ailleurs, il serait impossible de discuter des stratégies de comparaison de la carte de l'apprenant à la carte de référence sans mentionner les doutes qui existent concernant la validité et la fiabilité de ces approches. Au premier abord, la stratégie consistant à comparer les cartes des élèves à une carte de référence se base sur l'idée qu'elles doivent partager une base de connaissances commune. Il est donc essentiel de se demander s'il est possible de dégager et de représenter ces connaissances d'un domaine et, dans l'éventualité que cette hypothèse soit raisonnable, il faut établir une démarche pour concevoir une carte maîtresse. Ces questions ont poussé certains chercheurs (Acton *et al.*, 1994) à s'intéresser à cette démarche de comparaison d'une carte d'apprenant à la carte de référence. Leur étude a montré une très grande variabilité entre les représentations de connaissances des experts, ce qui a permis de jeter de sérieux doutes sur le recours à cette stratégie. En dépit de la prudence qu'elle impose, la carte de référence peut malgré tout être un outil fort utile pour soutenir la tâche de correction. Certains résultats de recherche suggèrent que le recours à une carte de référence accroîtrait la fiabilité de la démarche de correction et de notation lorsque la stratégie d'interprétation est fondée sur la justesse des propositions (McClure *et al.*, 1999).

8.5 Les systèmes de notation mixtes

Les correcteurs peuvent parfois faire appel à des stratégies de notation mixtes qui combinent les deux stratégies précédentes, soit la notation des composantes et la comparaison entre la carte de l'apprenant et la carte de référence. Ruiz-Primo, Schultz et leurs collaborateurs (2001, p. 263) ont introduit les deux scores composites suivants :

> *Le score de convergence* : la proportion de propositions exactes dans la carte de l'apprenant par rapport au nombre de propositions comprises dans la carte de référence.
>
> *Le score de qualité* : la proportion des propositions exactes par rapport au nombre de propositions comprises dans la carte de l'apprenant.

Au cours de leurs travaux, ces chercheurs ont constaté que le score total de l'exactitude des propositions et le score de convergence forment les modalités de notation les plus efficaces et les plus efficientes pour évaluer les cartes conceptuelles tracées selon la technique « élaborer une carte en utilisant les concepts préétablis ». Néanmoins, les stratégies mixtes, comme le score de convergence, représentent un prolongement logique des stratégies de comparaison des cartes des élèves et des cartes de référence et conséquemment on peut, au même titre que ces dernières stratégies, remettre en question leur pertinence parce que les scores décernés aux cartes des apprenants dépendent fortement de la carte de référence.

9. Les apports de la technologie de l'information et de la communication

Les technologies de l'information et de la communication offrent potentiellement de nombreuses solutions pour faciliter les usages de la cartographie conceptuelle pour l'évaluation des apprentissages. Elles peuvent simplifier plusieurs aspects techniques, tant au niveau des modalités de passation, de correction et de notation des tâches qu'au niveau de la production et de la gestion des données transversales et longitudinales. Malgré cela, la conception et la mise au point de logiciels demandent beaucoup de temps, d'efforts et de ressources financières. C'est en partie pourquoi on recense à ce jour un nombre limité d'outils informatiques de cartographie conceptuelle destinés à des fonctions évaluatives.

Traditionnellement, les réseaux de connaissances sont tracés sur des feuilles de grand format et, dans ces conditions, l'emploi de papillons adhésifs amovibles[3] aide l'organisation des concepts. Même si des logiciels d'élaboration d'organisateurs graphiques ont été mis au point dès les années 1980 (Fisher, 1990), peu d'études ont recouru à l'ordinateur pour la passation de tâche d'évaluation avant les années 2000. Aujourd'hui, la modalité écran-clavier semble être la meilleure solution, et ce notamment en raison de la convivialité des logiciels qui facilitent la création de concepts et de relations, ainsi que l'organisation et la clarté des diagrammes. En effet, à la différence dc la modalité papier-crayon, il n'est pas nécessaire de retranscrire une carte « brouillon » en version finale, ce qui devrait laisser plus de temps pour élaborer une carte et l'ajuster, au besoin. Les logiciels nécessitent néanmoins un certain apprentissage mais, une fois l'outil maîtrisé, la modalité écran-clavier se démarque d'une approche traditionnelle parce que l'élève peut construire plus rapidement et modifier plus aisément sa carte.

La modalité papier-crayon a bien su s'accommoder de la variété des types de tâches, mais les outils informatiques n'offrent pas tous la possibilité de créer des tâches diversifiées. La plupart des outils développés pour l'évaluation se restreignent à quelques variantes des scénarios « élaborer une carte », à l'exception des logiciels COMPASS (Gouli, Gogoulou & Grigoriadou, 2009 ; Gouli, Gogoulou, Papanikolaou & Grigoriadou,

3 Couramment nommés « Post-it ».

2004) ou IKAS (Anohina & Grundspenkis, 2007 ; Anohina, Vilkelis & Lukasenko, 2009) qui combinent des tâches d'élaboration de cartes conceptuelles et des formats « remplir les trous ».

Malgré ces avancées, la correction représente pour plusieurs les espoirs et les défis principaux de l'intégration de la technologie. Naturellement, en informatisant les tâches, on espère concevoir des modules de correction et de notation automatisée, et ce souvent pour concevoir des systèmes qui produisent instantanément un diagnostic et une rétroaction. Mais il ne faut pas s'emballer trop vite. Ces systèmes de diagnostic se limitent bien souvent à la comparaison exacte de concepts ou de propositions contenues dans la carte de l'apprenant à ceux de la carte de référence et leur utilisation se restreint aux approches pour lesquelles le cartographe doit utiliser les concepts et les mots de liaison fournis. Dans ce cas, il faut d'une part s'assurer que la carte de référence soit d'une très grande qualité pour qu'elle représente raisonnablement les savoirs à évaluer (Ifenthaler, 2010) et, d'autre part, vérifier que la liste de concepts et de mots de liaison n'altère pas la représentation de connaissances.

Pour éviter les pièges de la comparaison directe entre deux cartes, deux stratégies ont principalement été expérimentées. La première approche consiste à construire une banque numérique qui emmagasine de l'information au sujet des propositions qui ont déjà été notées par un évaluateur (Luckie, Batzli, Harrison & Ebert-May, 2003 ; Luckie, Harrison, Wallace & Ebert-May, 2008), ce qui permet entre autres d'éliminer la correction répétitive. La deuxième stratégie renvoie à l'utilisation de banque de synonymes pour déterminer des concepts ou des mots de liaison équivalant à ceux qui se trouvent dans la carte de référence. Les efforts déployés dans ce sens sont plus ou moins satisfaisants jusqu'à maintenant (Conlon, 2006 ; Luckie *et al.*, 2008). En effet, les concepts ou les relations sont souvent formés de quelques mots, ce qui complexifie grandement l'utilisation de banque de synonymes et ce qui crée une très grande proportion de diagnostics faux positifs et faux négatifs.

Alors qu'on pense souvent aux promesses de la correction automatisée, la technologie offre de multiples autres avantages pour ce qui est de la création et de la gestion de tâches et de productions des élèves. La plupart des outils disponibles offrent aux enseignants ou aux évaluateurs un volet d'édition de tâches, ce qui leur permet de créer et de gérer un ensemble d'activités d'organisation des connaissances. Le support technologique offre aussi plusieurs bénéfices en ce qui a trait à l'enregistrement d'une masse d'informations, afin de collecter et d'analyser plus efficacement des données transversales et longitudinales.

10. Les défis et les retombées

Cette recension avait pour objectif d'éclairer le chercheur et l'évaluateur potentiels de la multiplicité des définitions et des objets d'évaluation ainsi que des modalités de passation, de correction et de notation de tâches de cartographie conceptuelle. Cela étant dit, il demeure évident que la conception d'une tâche devrait être réalisée en toute connaissance des forces et des limites de l'approche retenue. Les tâches « remplir les trous » réduisent la complexité des tâches et de leur correction, mais cela se fait possiblement au détriment de l'évaluation de la compréhension « connectée ». À l'inverse, les tâches plus ouvertes d'élaboration de cartes sont attrayantes pour évaluer cet aspect de la connaissance, mais elles font naître des défis au moment de la correction et de la notation auxquels l'intégration de la technologie n'a apporté que des solutions modestes à ce jour, et ce notamment pour l'évaluation à grande échelle. Toutefois, ces défis ont tendance à créer un écran de fumée qui occulte certains bénéfices de l'utilisation d'environnements numériques pour ce qui est de l'édition et de la passation de tâches de cartographie conceptuelle ainsi que de la gestion des productions des apprenants.

Force est d'admettre cependant que la technologie n'en est qu'à ses balbutiements dans le domaine de l'évaluation des apprentissages, mais qu'elle ouvre des avenues différentes et potentiellement prometteuses pour faciliter l'exploitation de tâches d'évaluation complexes, comme la cartographie conceptuelle, et pour remédier à certains défis de la modalité papier-crayon.

Références

Acton, W. H., Johnson, P. J. & Goldsmith, T. E. (1994). Structural knowledge assessment : Comparison of referent structures. *Journal of Educational Psychology, 86*(2), 303–311.

American Association for the Advancement of Science (1993). *Benchmarks for science literacy*. <http://www.project2061.org/publications.htm>.

Anderson, J. R. & Bower, G. H. (1973). *Human associative memory*. New York : Wiley.

Anderson, T. H. & Huang, S. C. C. (1989). On using concept maps to assess the comprehension effects of reading (Technical Report No. 483). Champaign, Illinois : Center for the Study of Reading.

Andrews, K. E., Tressler, K. D. & Mintzes, J. J. (2008). Assessing environmental understanding : An application of the concept mapping strategy. *Environmental Education Research, 14*(5), 519–536.

Anohina, A. & Grundspenkis, J. (2007). *A concept map based intelligent system for adaptive knowledge assessment*. Communication présentée au Proceedings of the 2007 conference on Databases and Information Systems IV : Selected Papers from the Seventh International Baltic Conference.

Anohina, A., Vilkelis, M. & Lukasenko, R. (2009). Incremental improvement of the evaluation algorithm in the concept map based knowledge assessment system. *International Journal Computers, Communications & Control, 4*(1), 6–16.

Ausubel, D. P. (1968). *Educational psychology : A cognitive view*. New York : Holt, Rinehart and Winston Toronto.

Ausubel, D. P. (2000). *The acquisition and retention of knowledge : A cognitive view*. Dordrecht : Kluwer Academic Publishers.

Ausubel, D. P., Novak, J. D. & Hanesian, H. (1978). *Educational psychology : A cognitive view*. New York : Holt, Rinehart and Winston.

Buzan, T. & Buzan, B. (1995). *Dessine-moi l'intelligence*. Paris : Éditions d'Organisation.

Canas, A. J., Coffey, J. W., Carnot, M. J., Feltovich, P., Hoffman, R. R., Feltovich, J. & Novak, J. D. (2003). *A summary of literature pertaining to the use of concept mapping techniques and technologies for education performance support*. Pensacola : The Institute for Human and Machine Cognition.

Clariana, R. B., Koul, R. & Salehi, R. (2006). The criterion-related validity of a computer-based approach for scoring concept maps. *International Journal of Instructional Media, 33*(3), 317–325.

Conlon, T. (2006). Formative assessment of classroom concept maps : The Reasonable Fallible Analyser. *Journal of Interactive Learning Research, 17*(1), 15–36.

Eden, C. (1988). Cognitive mapping. *European Journal of Operational Research*, 36, 1–13.

Eden, C. (1992). On the nature of cognitive maps. *Journal of Management Studies, 29*, 261–265.

Edmondson, K. M. (2005). Assessing science understanding through concept maps. Dans J. J. Mintzes, J. H. Wandersee & J. D. Novak (dir.), *Assessing science understanding : A human constructivist view* (pp. 15–40). Burlington : Elsevier Academic Press.

Farrand, P., Hussain, F. & Hennessy, E. (2002). The efficacy of the "mind map" study technique. *Medical Education, 36*(5), 426–431. doi : 10.1046/j.1365–2923.2002.01205.x.

Fisher, K. M. (1990). Semantic networking : The new kid on the block. *Journal of Research in Science Teaching, 27*(10), 1001–1018.

Fisher, K. M. (2005). SemNet software as an assessment tool. Dans J. J. Mintzes, J. H. Wandersee & J. D. Novak (dir.), *Assessing science understanding : A human constructivist view* (pp. 198–223). Burlington : Elsevier Academic Press.

Gagné, E. D. (1985). *The cognitive psychology of school learning*. Boston : Litte, Brown and Company.

Goldsmith, T. E. & Davenport, D. M. (1990). Assessing structural similarity of graphs. Dans R. W. Schvaneveldt (dir.), *Pathfinder associative networks : Studies in knowledge organization* (pp. 75–87). Westport, CT, US : Ablex Publishing.

Goldsmith, T. E., Johnson, P. J. & Acton, W. H. (1991). Assessing structural knowledge. *Journal of Educational Psychology, 83*(1), 88–96. doi : 10.1037/0022–0663.83.1.88.

Gouli, E., Gogoulou, A. & Grigoriadou, M. (2009). Working with COMPASS : *Analyzing and evaluating students' concept maps*. Communication présentée au IADIS International Conference on Cognition and Exploratory Learning in Digital Age, Rome, Italy.

Gouli, E., Gogoulou, A., Papanikolaou, K. & Grigoriadou, M. (2004). *Compass : an adaptive web-based concept map assessment tool.*

Communication présentée au First International Conference on Concept Mapping, Pamplona, Spain.

Hay, D. B., Tan, P. L. & Whaites, E. (2010). Non-traditional learners in higher education : Comparison of a traditional MCQ examination with concept mapping to assess learning in a dental radiological science course. *Assessment and Evaluation in Higher Education, 35*(5), 577–595.

Herl, H. E., O'Neil, H. F., Chung, G. K. W. K. & Schacter, J. (1999). Reliability and validity of a computer-based knowledge mapping system to measure content understanding. *Computers in Human Behavior, 15*, 315–333.

Ifenthaler, D. (2010). Relational, structural, and semantic analysis of graphical representations and concept maps. *Educational Technology Research and Development, 58*(1), 81–97. doi : 10.1007/s11423–008–9087–4.

Jonassen, D. H. (2006). *Modeling with technology : Mindtools for conceptual change* (3e édition). Upper Saddle River, NJ : Pearson.

Jonassen, D. H., Beissner, K. & Yacci, M. (1993). *Structural knowledge : Techniques for representing, conveying, and acquiring structural knowledge*. Hillsdale, New Jersey : Lawrence Erlbaum Associates.

Jonassen, D. H., Reeves, T. C., Hong, N., Harvey, D. & Peters, K. (1997). Concept mapping as cognitive learning and assessment tools. *Journal of Interactive Learning* Research, *8*(3–4), 289–308.

Kinchin, I. M. (2000). Using concept maps to reveal understanding : A two-tier analysis. *School Science Review, 81*(296), 41–46.

Kinchin, I. M. (2001). If concept mapping is so helpful to learning biology, why aren't we all doing it ? *International Journal of Science Education, 23*(12), 1257–1269.

Kinchin, I. M., De-Leij, F. A. A. M. & Hay, D. B. (2005). The evolution of a collaborative concept mapping activity for undergraduate microbiology students. *Journal of Further and Higher Education, 29*(1), 1–14.

Kinchin, I. M., Hay, D. B. & Adams, A. (2000). How a qualitative approach to concept map analysis can be used to aid learning by illustrating patterns of conceptual development. *Educational Research, 42*(1), 43–57.

Koul, R., Clariana, R. B. & Salehi, R. (2005). Comparing several human and computer-based methods for scoring concept maps and essays. *Journal of Educational Computing Research, 32*(3), 227–239.

Liu, X. (1994). *The validity and reliability of concept mapping as an alternative science assessment when item response theory is used for scoring*. Communication présentée à la réunion annuelle de l'American

Educational Research Association, New Orleans, LA. <http://ovidsp.ovid.com/ovidweb.cgi?T=JS&CSC=Y&NEWS=N&PAGE=fulltext&D=eric3&AN=ED370992>.

Liu, X. (2004). Using concept mapping for assessing and promoting relational conceptual change in science. *Science Education, 88*, 373–396.

Liu, X. & Hinchey, M. (1996). The internal consistency of a concept mapping scoring scheme and its effect on prediction validity. *International Journal of Science Education, 18*(8), 921–937. doi : 10.1080/0950069960180805.

Lomask, M., Baron, J. B., Greig, J. & Harrison, C. (1992). *ConnMap : Connecticut's use of concept mapping to assess the structure of students' knowledge in science.* Communication présentée à la réunion annuelle du National Association of Research in Science Teaching, Cambridge, MA.

Luckie, D. B., Batzli, J. M., Harrison, S. H. & Ebert-May, D. (2003). Concept-Connector tools for online learning in science. International *Journal of Learning, 10*, 1051–1067.

Luckie, D. B., Harrison, S. H., Wallace, J. L. & Ebert-May, D. (2008). *Studying C-Tools : Automated grading for online concept maps.* Communication présentée au Conceptual Assessment in Biology II, Monterey, CA.

Marchand, C. & d'Ivernois, J.-F. (2004). Les cartes conceptuelles dans les formations en santé. *Pédagogie Médicale, 5*(4), 230–240.

Markham, K. M., Mintzes, J. J. & Jones, M. G. (1994). The concept map as a research and evaluation tool : Further evidence of validity. *Journal of Research in Science Teaching, 31*(1), 91–101.

McClure, J. R., Sonak, B. & Suen, H. K. (1999). Concept map assessment of classroom learning : Reliability, validity and logistical praticality. *Journal of Research in Science Teaching, 36*(4), 475–492.

National Assessment Governing Board (2010). *Science framework for the 2011 National Assessment of Educational Progress.* <http://www.nap.edu/>.

Novak, J. D. (1990). Concept mapping : A useful tool for science education. *Journal of Research in Science Teaching, 27*(10), 937–949.

Novak, J. D., Gowin, D. B. & Johansen, G. T. (1983). The use of concept mapping and knowledge vee mapping with junior high school science students. *Science Education, 67*(5), 625–645.

Novak, J. D. & Gowin, D. B. (1984). *Learning how to learn.* Cambridge : Cambridge University Press.

Novak, J. D. & Musonda, D. (1991). A twelve-year longitudinal study of science concept learning. *American Educational Research Journal, 28*(1), 117–153. doi : 10.3102/00028312028001117.

O'Neil, H. F., Chuang, S.-h. S. & Baker, E. L. (2010). Computer-based feedback for computer-based collaborative problem solving. Dans D. Ifenthaler, P. Pirnay-Dummer & N. M. Seel (dir.), *Computer-based diagnostics and systematic analysis of knowledge* (pp. 261–279). New York : Springer.

Pearsall, N. R., Skipper, J. E. J. & Mintzes, J. J. (1997). Knowledge restructuring in the life sciences : A longitudinal study of conceptual change in biology. *Science Education, 81*(2), 193–215. doi : 10.1002/(sici)1098–237x(199704)81:2<193::aid-sce5>3.0.co;2-a.

Pellegrino, J. W., Chudowsky, N. & Glaser, R. (2001). *Knowing what students know : The science and design of educational assessment.* Washington, DC : National Academy Press.

Rice, D. C., Ryan, J. M. & Samson, S. M. (1998). Using concept maps to assess student learning in the science classroom : Must different methods compete ? *Journal of Research in Science Teaching, 35*(10), 1103–1127.

Ruiz-Primo, M. A., Schultz, S. E., Li, M. & Shavelson, R. J. (2001). Comparison of the reliability and validity of scores from two concept-mapping techniques. *Journal of Research in Science Teaching, 38*(2), 260–278.

Ruiz-Primo, M. A. & Shavelson, R. J. (1996). Problems and issues in the use of concept maps in science assessment. *Journal of Research in Science Teaching, 33*(6), 569–600.

Ruiz-Primo, M. A., Shavelson, R. J., Li, M. & Schultz, S. E. (2001). On the validity of cognitive interpretations of scores from alternative concept-mapping techniques. *Educational Assessment, 7*(2), 99–141.

Rumelhart, D. E. & Norman, D. A. (1978). Accretion, tuning, and restructuring : Three modes of learning. Dans J. W. Cotton & R. L. Klatzky (dir.), *Semantic factors in cognition.*

Rye, J. A. & Rubba, P. A. (2002). Scoring concept maps : An expert map-based scheme weighted for relationships. *School Science and Mathematics, 102*(1), 33–44.

Schaal, S., Bogner, F. X. & Girwidz, R. (2010). Concept mapping assessment of media assisted learning in interdisciplinary science education. *Research in Science Education, 40*(3), 339–352.

Schau, C. & Mattern, N. (1997). Use of map techniques in teaching applied statistics courses. *The American Statistician*, 51(2), 171–175.

Schau, C., Mattern, N., Zeilik, M., Teague, K. W. & Weber, R. J. (2001). Select-and-fill-in concept map scores as a measure of students' connected understanding of science. *Educational and Psychological Measurement, 61*(1), 136–158. doi : 10.1177/00131640121971112.

Shavelson, R. J., Ruiz-Primo, M. A. & Wiley, E. W. (2005). Windows into the mind. *Higher Education, 49*(4), 413–430. doi : 10.1007/s10734-004-9448-9.

Stoddart, T., Abrams, R., Gasper, E. & Canaday, D. (2000). Concept maps as assessment in science inquiry learning : A report of methodology. *International Journal of Science Education, 22*(12), 1221–1246.

Tardif, J. (2006). *L'évaluation des compétences :* documenter le parcours de développement. Montréal : Chenelière Éducation.

Taricani, E. M. & Clariana, R. B. (2006). A technique for automatically scoring open-ended concept maps. *Educational Technology Research and Development, 54*(1), 65–82.

Wallace, J. D. & Mintzes, J. J. (1990). The concept map as a research tool : Exploring conceptual change in biology. *Journal of Research in Science Teaching, 27*(10), 1033–1052.

West, D. C., Park, J. K., Pomeroy, R. J. & Sandoval, J. (2002). Concept mapping assessment in medical education : A comparison of two scoring systems. *Medical Education, 36,* 820–826.

Yin, Y. & Shavelson, R. J. (2008). Application of generalizability theory to concept map assessment research. *Applied Measurement in Education, 21*(3), 273–291.

Yin, Y., Vanidez, J., Ruiz-Primo, M. A., Ayala, C. C. & Shavelson, R. J. (2005). Comparison of two concept-mapping techniques : Implications for scoring, interpretation and use. *Journal of Research in Science Teaching, 42*(2), 166–184.

Luc Diarra
Michel Laurier

Comparaison entre les modalités d'évaluation manuscrite et informatisée pour la production de textes à la fin du secondaire au Québec

1. Problématique de l'étude

1.1 Contexte et problème

Malgré l'omniprésence de l'usage de l'ordinateur pour écrire de nos jours, celui-ci est encore souvent mis de côté dans le processus d'évaluation de la compétence à écrire. On contraint généralement tous les candidats à l'usage du papier-crayon traditionnel. Cette façon d'imposer la modalité manuscrite à tous les élèves n'est pas exempte de critiques : premièrement, dans les nouveaux programmes basés sur une approche par compétences, on met en avant le fait que l'évaluation doit revêtir un caractère authentique (Wiggins, 1998 ; Scallon, 2004 ; Tardif, 2006) ; deuxièmement, il y a un problème de validité parce que les élèves peuvent avoir développé de meilleures habiletés pour écrire avec l'ordinateur dont on ne tient pas compte si on les évalue uniquement en modalité manuscrite. Du même coup, l'inférence que l'on veut faire sur leur compétence à écrire à partir de leur performance sera biaisée. Cela a d'ailleurs été mis en évidence chez des élèves habitués à l'utilisation de l'ordinateur dont les performances se sont révélées meilleures en modalité informatisée qu'en modalité manuscrite (Russell & Haney, 1997 ; Russell, 1999 ; Russel & Plati, 2000 ; Russell & Haney, 2000).

Dans le cas précis de l'épreuve unique d'écriture en français organisée en fin d'études secondaires au Québec par le ministère de l'Éducation, du Loisir et du Sport (MELS), la possibilité d'utiliser l'ordinateur n'est pas encore véritablement prise en compte. En effet, même les écoles qui se sont engagées à promouvoir l'apprentissage dans un environnement informatique, communément appelées les « écoles PROTIC », passent cet examen en modalité de production manuscrite. Seuls les élèves éprouvant des difficultés d'apprentissage et bénéficiant d'un plan d'intervention peuvent exceptionnellement demander à passer l'épreuve à l'ordinateur[1].

Il y a donc dans cette situation un hiatus entre l'utilisation quasi quotidienne de l'ordinateur par certains élèves pour écrire et le fait que cet outil soit mis de côté pour évaluer leur compétence à écrire. Pour permettre à chaque candidat de démontrer de façon optimale son niveau de développement de la compétence à écrire, il conviendrait d'offrir le choix entre les deux modalités d'évaluation manuscrite et informatisée.

Cependant, à cet effet, il est important convient de mieux connaître les deux modalités d'évaluation en les comparant. Les recherches antérieures ont donné des résultats mitigés.

1.2 Revue de la littérature sur la comparabilité entre les deux modalités d'évaluation

La recension des écrits pourrait couvrir un champ plus vaste allant des stratégies d'écriture déployées suivant les deux modalités de production aux aspects ergonomiques qui sont envisagés dans certaines recherches (Blais, Mirault & Paré, 2012 ; Hamel, 2012a et 2012b ; Hamel & Caws, 2010). Cependant, nous nous limiterons ici aux recherches qui ont examiné, en lien avec les scores, soit l'effet de la modalité d'administration du test, soit l'effet de la modalité de correction.

1.2.1 La comparabilité : l'effet de la modalité de production

Plus d'une dizaine d'études pertinentes recensées ont examiné la question de l'effet de la modalité d'administration du test d'écriture sous l'angle de la performance du scripteur ou sous l'angle de la qualité du texte produit.

Russell et Haney (1997) ont abouti à des résultats qui montrent que, lorsque les étudiants habitués au traitement de texte étaient contraints à

1 À titre illustratif, à l'école secondaire Les Compagnons de Cartier de Sainte Foy, une des écoles pionnières de l'apprentissage dans un environnement informatique, seul un élève du programme PROTIC a reçu sur demande l'autorisation de passer l'épreuve en utilisant l'ordinateur en 2007 et il n'y en a eu aucune en 2008.

la modalité manuscrite, seulement 30 % d'entre eux passaient au niveau supérieur. Par contre, 67 % des mêmes élèves passaient au niveau supérieur lorsque le traitement de texte était utilisé. Ici, le paradoxe est qu'une bonne partie des élèves se retrouvent pénalisés en modalité manuscrite parce qu'ils ont probablement développé des stratégies d'écriture adaptées plutôt à la modalité informatisée. Dans une étude ultérieure, Russell (1999) a abouti à un résultat qui montre que les étudiants qui saisissaient environ 20 mots par minute étaient les plus nombreux parmi ceux qui réussissaient à passer de la 7e à la 8e année.

Russell et Plati (2000) se sont intéressés aux résultats du *Massachusetts Comprehensive Assessment Systems Language Arts Tests* de 1999 pour montrer que le changement de la modalité d'administration des items (informatisée ou manuscrite) pouvait avoir un impact important. Les résultats de l'étude ont permis d'estimer que, en utilisant l'ordinateur, 19 % des étudiants de 4e année qui étaient classés au niveau « a besoin d'amélioration » passeraient au niveau de performance « compétent » et que 5 % des étudiants qui étaient classés au niveau « compétent » seraient admis au niveau « avancé ».

Goldberg, Russell et Cook (2003) ont quant à eux procédé à une méta-analyse des études quantitatives qui ont été menées de manière indépendante entre 1992 et 2002 pour comparer les performances des élèves du niveau préscolaire à la 12e année selon les deux modalités. Les résultats de cette méta-analyse suggèrent que les élèves qui apprennent à écrire avec l'ordinateur sont non seulement plus motivés et plus engagés pour écrire, mais aussi qu'ils produisent des textes plus longs et de meilleure qualité.

Manalo et Wolfe (2000) ont fait une analyse statistique des résultats au TOEFL[2] dont une nouvelle version offre le choix entre les modalités informatisée et manuscrite. Une analyse de covariance a donné des résultats qui montrent qu'il y a des différences systématiques entre les scores des candidats suivant les deux modalités : les copies manuscrites reçoivent des scores plus élevés que les copies informatisées. Manalo et Wolfe (2000) ont estimé cet écart en faveur des copies manuscrites à 0,30 point sur une échelle de 6 points. Pour expliquer cette situation, ces auteurs avancent l'hypothèse de l'influence de la double translation : les candidats en modalité informatisée feraient d'abord une translation de leur

---

2 Le TOEFL est un test largement utilisé dans les universités pour évaluer la maîtrise de l'anglais comme langue seconde. Il est produit par *Educational Testing Service.*

langue première vers l'anglais et ensuite une autre translation de l'anglais vers la langue de l'ordinateur, ce qui a un effet sur leur performance. On s'interroge tout de même sur la preuve que les candidats passent par cette double translation…

Wolfe et Manalo (2004) se sont intéressés de nouveau aux résultats du TOEFL. Les résultats de la régression linéaire effectuée mettent en évidence que les candidats qui ont un niveau de compétence faible en anglais ont une performance meilleure en modalité manuscrite qu'en modalité informatisée, tandis que les performances des candidats qui ont un niveau meilleur en anglais ne sont pas affectées par la modalité d'administration du test.

Bunch, Ridge et Burke (2006) se sont intéressés aux productions écrites de 205 élèves de 6e année, volontaires mais cette fois-ci répartis en quatre groupes, chacun des quatre devant traiter deux sujets selon une combinaison libre avec les modalités : manuscrite/manuscrite ; manuscrite/informatisée ; informatisée/manuscrite et enfin informatisée/informatisée. Saisies pour éliminer l'effet éventuel du format de présentation, les copies ont été corrigées et notées. L'analyse de variance n'a pas décelé d'écarts significatifs suivant les sujets traités. Par contre, l'analyse montre que la modalité du test a un effet relativement modeste mais significatif sur les scores obtenus : les moyennes aux tests informatisés sont légèrement plus élevées que celles obtenues aux tests manuscrits. Puisque l'effet du format de présentation a été éliminé, on peut déduire que les productions informatisées sont de meilleure qualité. Toutefois, le choix de la modalité ayant été libre, les performances en modalité informatisée peuvent s'expliquer éventuellement par le fait que ceux qui ont choisi d'utiliser l'ordinateur ont de meilleures performances indépendamment de la modalité.

Burke et Cizek (2006) ont mené une expérience auprès d'élèves de 6e année en leur administrant deux tâches d'écriture A et B. Quatre sous-groupes ont subi les tâches A et B respectivement selon les quatre combinaisons possibles : manuscrit-manuscrit, manuscrit-informatisé, informatisé-manuscrit et informatisé-informatisé. Les copies ont été corrigées par des correcteurs expérimentés en utilisant six critères d'évaluation de la qualité du texte. L'analyse a donné des résultats controversés : contrairement à la plupart des recherches antérieures, Burke et Cizek (2006) ont abouti à des résultats qui suggèrent que les élèves de 6e année ont des performances meilleures en modalité manuscrite qu'en modalité informatisée pour la tâche d'écriture A contrairement à la B où les mêmes élèves ne présentent aucune différence significative selon la modalité du test.

Horkay *et al.* (2006) ont mené une expérience auprès d'un échantillon représentatif d'élèves de 8e année aux États-Unis. Deux tâches d'écriture ont été utilisées en modalité de production manuscrite dans le cadre de l'épreuve d'écriture en anglais du NAEP de 2002. Les deux sujets ont ensuite été utilisés en modalité de production informatisée en ligne en ciblant un autre échantillon représentatif. En contrôlant autant que possible l'une ou l'autre variable, leur analyse révèle qu'en général il n'y a pas de différence significative entre les deux modalités d'administration du test (manuscrite ou informatisée). Autrement dit, la modalité de production n'a pas d'effet sur la performance des candidats. Par contre, l'étude révèle que le degré de familiarité avec l'outil informatique a un effet significatif sur la performance des candidats dans le test en ligne.

Chen *et al.* (2011), en administrant trois tâches d'écriture pour évaluer les habiletés fonctionnelles d'adultes volontaires de 16 ans et plus hors du milieu scolaire, ont abouti à des résultats qui suggèrent que : 1) la modalité de correction (papier manuscrit ou papier imprimé) n'a pas d'effet sur les scores ; 2) en général, les participants ont une meilleure performance en modalité de production manuscrite ; 3) selon la tâche d'écriture, la modalité de production informatisée a un effet qui défavorise certains groupes selon le statut (employé/sans-emploi, ethnie, âge et familiarité avec l'ordinateur). Étant donné la population étudiée, on se demande si ces résultats valent pour le cas des apprentissages scolaires classiques.

On distingue en somme, d'un côté, les études ciblant l'effet de la modalité d'administration du test sur la performance du scripteur. Ces études (Russell & Haney, 1997 ; Russell, 1999 ; Russell & Plati, 2000 ; Russell & Haney, 2000 ; Horkay *et al.*, 2006) montrent toutes que les scripteurs habitués à l'utilisation de l'ordinateur pour écrire ont des performances meilleures en modalité de production informatisée qu'en modalité manuscrite. On en déduit que les élèves ayant développé des stratégies qui tablent sur l'utilisation de l'ordinateur peuvent se retrouver pénalisés si on leur impose la modalité manuscrite. Les résultats de Chen *et al.* (2011) nuancent quelque peu cette tendance, mais il convient de noter que leur étude a ciblé un public « non scolaire » qui n'a visiblement pas misé sur les technologies dans l'apprentissage.

D'un autre côté, il y a des études qui s'intéressent plus globalement à la qualité du texte produit et cherchent à savoir si les élèves rédigent de meilleurs textes en modalité manuscrite ou en modalité informatisée. Ces études (Golberg *et al.*, 2003 ; Bunch *et al.*, 2006 ; Burke & Cizek, 2006) donnent des résultats plus nuancés entre elles, et quelques fois contradictoires. Les différences dans l'échantillonnage et la méthodologie peuvent expliquer les divergences dans les résultats.

Tout compte fait, on remarquera que les conclusions ne sont pas unanimes et le débat n'est pas clos. La quasi-totalité de ces études suggèrent néanmoins que, au-delà de la modalité de production, le degré de familiarité avec l'outil informatique est une variable pertinente à prendre en compte. De plus, les travaux suggèrent implicitement et parfois explicitement (Manalo & Wolfe, 2000 ; Wolfe & Manalo, 2004 ; Chen *et al.*, 2011) l'existence d'autres variables potentiellement impliquées dans la comparabilité des scores entre les deux modalités. Ce sont autant de raisons qui invitent à poursuivre les investigations, sans faire fi non plus de la question au niveau de la modalité de correction.

1.2.2 La comparabilité : l'effet de modalité de correction

Depuis les années 90, des études ont voulu examiner l'effet de la modalité de correction : les scores attribués par le correcteur humain sont-ils équivalents selon qu'il a devant lui une production écrite sur papier imprimé, papier manuscrit ou même tout simplement présentée à l'écran ?

Wolfe *et al.* (1993) ont mené deux expériences auprès de 157 élèves de 10e année pour comparer les deux modalités d'évaluation manuscrite et informatisée. La deuxième expérience avait spécifiquement pour but de voir l'équivalence des scores attribués par l'humain selon que la copie est manuscrite ou saisie. Chacune des 157 copies dont la moitié avait été rédigée en modalité manuscrite et l'autre en modalité informatisée a été soumise à deux correcteurs. Avant la correction, les copies manuscrites ont été saisies et imprimées en variant la police et la qualité de l'impression de l'ensemble des copies pour éviter de les différencier. De même, les copies rédigées à l'ordinateur ont été transcrites manuellement en variant les écritures pour éviter qu'elles soient reconnues. Les résultats de l'analyse montrent que les copies originales, qu'elles soient rédigées à l'ordinateur ou qu'elles soient manuscrites, reçoivent des scores plus élevés que les copies retranscrites. En outre, les résultats montrent que les copies rédigées avec l'ordinateur reçoivent des scores plus élevés que les copies manuscrites.

On peut se demander si l'expérience n'a pas été entachée de quelques biais susceptibles d'influencer le jugement du correcteur au détriment des copies non originales reproduites : selon les auteurs, on relevait en moyenne deux mots mal orthographiés par rapport à l'original ; en outre, dans le cas de la reproduction en manuscrit, l'écriture mal soignée peut avoir également introduit un biais difficile à contrôler. Tout de même, Wolfe *et al.* (1993) ont conclu que leurs résultats sont en contradiction avec ceux de Powers *et al.* (1994)[3], lesquels ont trouvé dans leur étude que les copies manuscrites recevaient des scores plus élevés, qu'elles soient originales ou retranscrites.

Pour mesurer l'effet du format de présentation, Powers *et al.* (1994) ont tout simplement mené des expériences sur des productions écrites de 500 étudiants de 1re, 2e ou 3e année d'université qui ont rédigé chacun une copie manuscrite et une copie informatisée. À partir des résultats, la paire de copies de chacun des 16 étudiants représentatifs du groupe dans l'épreuve manuscrite et celle de chacun des 16 autres représentatifs dans l'épreuve informatisée ont été choisies pour la suite de l'étude. Les 64 copies ainsi concernées ont été doublées dans le format de présentation inverse pour être corrigées par la suite dans les deux formats. Les résultats montrent que, pour les mêmes réponses, les copies manuscrites ont reçu de la part des correcteurs des scores plus élevés que celles produites avec le traitement de texte. Ils ont alors émis plusieurs hypothèses : 1) l'effet de la longueur apparente des réponses manuscrites ; 2) les attentes plus élevées des correcteurs à l'égard des textes produits sur ordinateur ; 3) l'effet affectif du texte produit à la main sur le correcteur ; 4) le bénéfice du doute accordé aux textes manuscrits peu soignés.

Pour vérifier la première hypothèse, Powers *et al.* (1994) ont mené une expérience complémentaire où les textes produits à l'ordinateur étaient doublement espacés pour apparaître plus longs. Les résultats ont montré que l'effet du format de présentation a diminué sans pour autant disparaître.

L'étude menée par Russell et Tao (2004) intervient comme une suite à Powers *et al.* (1994) au sujet de l'effet du format de présentation sur le score attribué. En effet, dans le cadre d'une plus large étude qui

---

3 Il convient de noter que Wolfe *et al.* (1993) disposaient déjà de la première version du travail de Powers *et al.* (1994) – puisqu'ils les citent.

examine l'effet de la modalité de l'épreuve d'écriture du *Massachusetts Comprehensive Assessment System* sur les résultats, Russell et Tao (2004) ont prélevé dans le corpus de 240 productions écrites de Russell et Plati (2000) un échantillon aléatoire de 60 copies de la 8e et de la 10e année respectivement et l'ensemble des 52 copies de la 4e année. Ils ont saisi les 172 productions manuscrites retenues. Ils ont pris le soin de relire à plusieurs reprises la version imprimée afin que les mots et les phrases soient orthographiés exactement comme dans la copie originale manuscrite. Au bout du compte, chaque copie était disponible en trois formats : manuscrit, imprimé (espace simple), imprimé (espace double). Même si le groupe cible était différent, ils sont parvenus à la même conclusion que Powers *et al.* (1994), à savoir que les scores attribués aux copies manuscrites sont meilleurs que ceux des copies informatisées. À l'inverse de Powers *et al.* (1994), Russell et Tao (2004) n'ont même pas trouvé que l'espacement pour allonger le texte réduisait l'effet de la présentation.

Mogey *et al.* (2010) ont mené auprès d'étudiants de 1re année en théologie de l'Université d'Édimbourg une étude pour explorer les différences susceptibles d'exister entre les deux modalités d'évaluation si elles étaient offertes comme choix aux étudiants. Les participants ont subi un examen blanc en modalité manuscrite ou informatisée au choix. Chaque copie a été reproduite telle quelle autant que possible dans la modalité inverse. Puis, chacun des quatre correcteurs participants a corrigé dans l'un des deux formats. Les résultats de l'analyse révèlent que, suivant la modalité d'administration du test, il n'y a pas de variation significative dans les aspects explorés (longueur du texte, score global attribué, et quelques autres traits de la qualité d'une production écrite). Par contre, les résultats indiquent une variation très marquée d'un correcteur à l'autre sans que le lien avec la modalité de correction (papier manuscrit ou papier imprimé) ne soit clairement établi. Il convient toutefois de noter la faiblesse de l'échantillon des participants (24 pour la modalité informatisée et 13 pour la modalité manuscrite), ainsi que le caractère volontaire de la participation.

On remarquera que ces études sur la question de l'effet de la modalité de correction donnent des résultats différents, voire contradictoires. Les résultats de certains auteurs (Powers *et al.*, 1994 ; Russell & Tao, 2004) mettent en évidence un effet en faveur des textes manuscrits. À l'opposé, d'autres résultats (Wolfe *et al.*, 1993 ; Mogey *et al.*, 2010) remettent en cause cette conclusion.

En résumé, comme on le constate à travers cette revue de la littérature sur la question de la comparabilité entre les deux modalités d'évaluation, les résultats divergent. Mieux, dans un contexte où l'ordinateur est de plus en plus présent, ils interpellent sur la nécessité de continuer à élucider les contours de la question qui reste posée. À cet effet, alors que la quasi-totalité des études ont été menées sur l'évaluation des productions écrites en anglais aux États-Unis ou en Angleterre, il nous a paru pertinent de mener nos propres investigations dans un contexte et un milieu différents.

Découlant des préoccupations ci-dessus explicitées, la présente recherche porte sur l'évaluation de productions écrites en français à la fin du secondaire québécois.

1.3 Objectif de la recherche

L'objectif est, à l'aide de la comparaison de deux tests d'écriture respectivement manuscrit et informatisé administrés à des élèves de 5e année du secondaire au Québec, d'analyser l'effet des variables en présence (programme, modalité de correction, et activation/désactivation des correcticiels) sur les scores.

La recherche s'articule plus précisément autour des questions formulées comme suit : Les deux modalités (manuscrite et informatisée) conduisent-elles à des résultats équivalents ? Y a-t-il un effet de variables susceptibles d'introduire un biais ? Les conditions de passation sont-elles équivalentes entre les deux modalités ? Faut-il désactiver les correcticiels ?

2. Le cadre conceptuel : l'évaluation de l'écrit

L'évaluation de l'écrit est une des problématiques les plus difficiles (Huot, 1990). Il ressort de la littérature qu'elle se fait indirectement, à l'aide de questions à choix multiples. Le principe qui sous-tend cette méthode avantageuse pour l'évaluation de masses est que les habiletés en écriture du candidat peuvent être mesurées à partir de sa capacité à identifier dans des extraits de texte les formes correctes ou incorrectes de la langue. Hamp-Lyons (1992) critique le recours aux questions objectives car, quand bien même elles donnent des résultats qui sont en corrélation avec les habiletés à écrire du candidat, ces situations d'évaluation ne font pas appel aux habiletés du candidat à produire un texte écrit. Avec l'avènement de l'approche par compétences (Wiggins, 1998 ; Laurier, Tousignant & Morissette, 2005 ; Scallon, 2004 ; Durand & Chouinard, 2006 ; Tardif, 2006), les critiques se sont accentuées contre l'utilisation des questions à réponse brève ou des questions à choix multiples. On met désormais en avant les situations de performance où l'individu doit élaborer sa propre réponse à une tâche d'écriture. Les mesures obtenues à partir de ce type d'instruments sont qualifiées de « directes » par opposition à celles « indirectes » – même si l'on admet que ces termes peuvent être polémiques car la mesure de la compétence procède toujours par inférence, autrement dit indirectement (Blais & Rousseau, 1995).

Pour l'évaluation des productions écrites, une classification des approches existe : la méthode holistique, qui consiste à donner un score à partir de la première impression sur la qualité globale de l'essai après la première lecture ; l'approche analytique qui repose sur une appréciation globale portant sur différents aspects du texte (organisation, style, syntaxe, vocabulaire, originalité, etc.) – à ce titre, on notera que la grille d'évaluation de type analytique est celle adoptée par le ministère de l'Éducation du Québec (MEQ) pour l'épreuve unique d'écriture de français en 5e année du secondaire à partir de 2002 ; l'approche objective qui consiste à évaluer la qualité de la production écrite à partir de caractéristiques directement observables et quantifiables (nombre d'erreurs grammaticales et orthographiques et/ou des indices de surface en comptant le nombre de mots, de phrases, de verbes différents, etc.) ; l'approche holistique modifiée (en référence à Baldwin, 2004) où le correcteur lit l'écrit assez rapidement et attribue un score unique sur la base de l'évaluation de la qualité globale à partir cependant de critères bien définis.

Cependant, au-delà de ces approches, il y a de multiples instruments d'évaluation. Schriver (1989) dresse une taxonomie des instruments d'évaluation aussi bien humaine qu'automatisée et les classe en trois catégories :

0 l'évaluation centrée sur le texte où le correcteur humain ou l'ordinateur examine un certain nombre de caractéristiques formelles (calligraphie, orthographe, ponctuation, grammaire, présentation, longueur des paragraphes, cohérence inter-paragraphes) ;

1 les évaluations centrées sur le contenu où le jugement du correcteur, en tant qu'expert du domaine, portera beaucoup plus sur des aspects liés au contenu traité dans la production écrite ;
2 l'évaluation centrée sur le lecteur, catégorie qui fait référence au jugement du public (audience) à qui est destiné le texte.

Les travaux portant spécifiquement sur le processus d'évaluation (l'activité proprement dite) ne sont pas légion. Cette situation pourrait être liée à la multitude des activités qui entrent en jeu (Dessus & Lemaire, 2004) et qui justifient d'ailleurs la proposition du modèle de Roberge (1999) qui met en avant le fait que trois types d'activités interviennent : lecture, écriture et révision.

Tout compte fait, les auteurs qui se sont intéressés aux processus mis en œuvre dans l'évaluation des productions écrites se sont prévalus du constat que ces processus présentent beaucoup de similitudes avec l'activité de *révision* visant à améliorer la qualité d'un texte telle que décrite par Hayes *et al.* (1987) et Hayes (1998). Les modèles de Schriver (1989) et de Dessus et Lemaire (2004) s'inspirent largement de ce point de vue.

On sait en effet que le lecteur d'un texte à des fins de *révision* ou d'évaluation le lit pour le comprendre, pour détecter d'éventuels problèmes, pour proposer d'éventuelles alternatives (Schriver, 1989 ; Dessus & Lemaire, 2004). La différence majeure est que, dans le cas de la correction, il s'ajoute un jugement final qui se traduit par l'attribution d'un score (Dessus & Lemaire, 2004). Ces cadres conceptuels sont basés sur la révision de texte et focalisés sur la détection des seules erreurs. Cependant, ils peuvent être critiqués à la lumière des résultats de notre analyse sur des observations qualitatives qui révèlent que le correcteur humain identifie non seulement les erreurs, mais aussi les éléments pertinents positifs dans la production écrite (Diarra, en cours).

3. Aspects méthodologiques

L'expérience a ciblé deux écoles secondaires : La Ruche de Magog (programme ordinaire avec accès aux TIC) et Les Compagnons de Cartier de Québec (sa section PROTIC, programme utilisant particulièrement les

TIC dans l'apprentissage). Deux tâches d'écriture ont été retenues. Elles sont tirées de la banque de sujets déjà choisis par le MELS dans les années antérieures pour l'épreuve d'écriture unique en français en 5e secondaire, ce qui présage de leur équivalence quant au niveau de compétence sollicité. La première tâche d'écriture, antérieurement retenue par le MELS en 2003, a été proposée par l'école La Ruche pour le test en modalité informatisée. Elle porte sur l'aide humanitaire aux pays en crise. La deuxième tâche, déjà choisie par le MELS en 2007, a été proposée par l'école Les Compagnons de Cartier pour le test en modalité manuscrite. Elle porte sur les nouvelles technologies.

L'ordre de passage a été déterminé au hasard. Les conditions de passation ont été harmonisées autant que possible, non seulement entre les deux écoles, mais aussi entre les deux modalités. Ainsi, la durée de chaque séance a été de trois heures et chaque élève a eu à rédiger un texte argumentatif complet de 500 mots. Cependant, pour le test en modalité informatisée, les correcteurs orthographiques et grammaticaux ont été désactivés à l'école La Ruche tandis que les élèves de l'école Les Compagnons de Cartier ont été autorisés à les utiliser conformément à ce qui a été arrêté avec cette école. Cela a permis d'obtenir des données qui offrent la possibilité d'examiner l'effet de l'utilisation des correcticiels. En résumé, les 77 élèves de Magog avaient leurs correcticiels désactivés tandis que, dans le groupe des 50 élèves de l'école de Québec, les correcticiels *Antidote*, ainsi que les correcteurs orthographique et grammatical de *Word*, étaient accessibles.

À l'issue de l'administration des deux tâches d'écriture aux 127 élèves participant à l'expérience, les productions écrites des deux modalités ont été corrigées par les trois enseignants des classes concernées. Sur l'ensemble des 254 copies, ils ont appliqué la grille de correction utilisée dans l'épreuve unique d'écriture en français du MELS. Cela a permis d'harmoniser les critères de correction entre les trois enseignants et il n'y a pas de raisons de croire que le jugement porté par les trois correcteurs n'est pas équivalent. La figure suivante récapitule le dispositif méthodologique utilisé dans la collecte des données quantitatives[4].

4 Il faut noter que, au-delà du volet quantitatif qui nous intéresse ici, il y a un volet qualitatif. L'ensemble de l'étude est en effet plus vaste et porte sur la comparabilité du processus d'écriture et du processus de correction.

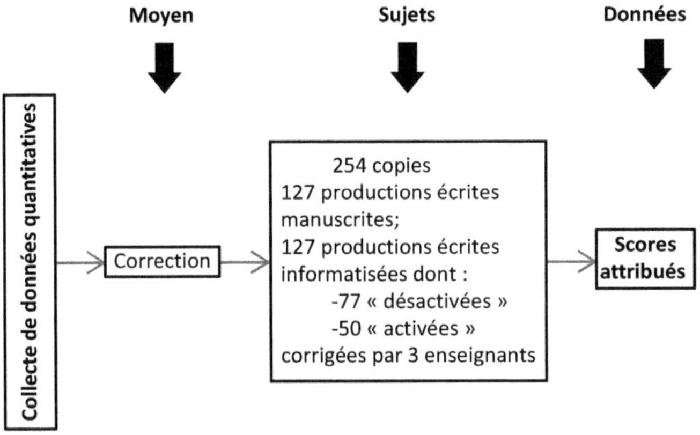

Figure 1. Synthèse du dispositif de collecte des données.

Les scores ont été traités sous SPSS et l'analyse a donné des résultats intéressants.

4. Résultats de l'étude

Des résultats pertinents ressortent de l'analyse articulée autour des variables suivantes : programme d'étude, modalité de production du texte et désactivation/activation des correcticiels.

4.1 Le programme : des scores plus élevés dans les deux modalités pour les élèves PROTIC

Un test d'échantillons indépendants peut être réalisé respectivement sur les scores au test manuscrit et les scores TIC pour voir si le groupe des élèves de PROTIC est différent de celui des élèves du programme ordinaire. Les conditions de réalisation du test (taille des groupes, normalité de la distribution et homogénéité des variances) sont remplies.

D'un côté (tableau 1), les résultats du test d'échantillons indépendants sur les scores TIC donnent une probabilité $p < 0,001$ ($< 0,05$ notre seuil critique). Donc, on rejette l'hypothèse nulle. On peut affirmer sur la base de ce résultat et sur la base des statistiques de groupes que les élèves du programme PROTIC ont des scores TIC significativement plus élevés que leurs pairs du programme ordinaire.

Tableau 1. Scores TIC selon le programme.

	N	*Moy.*	*Écart-type*	*ESM*
Ordinaire (désactivé)	75	66,52	12,083	1,395
PROTIC (activé)	48	80,25	9,254	1,336
Résultats du test d'échantillons indépendants p < 0,001				

D'un autre côté (tableau 2), les résultats du test d'échantillons indépendants sur les scores obtenus au test manuscrit donnent une probabilité p < 0,021 (< 0,05 notre seuil critique). Donc, on rejette l'hypothèse nulle. On peut affirmer sur la base de ce résultat et sur la base des statistiques de groupes que les élèves du programme PROTIC ont au test manuscrit des scores significativement plus élevés que leurs homologues du programme ordinaire.

Tableau 2. Scores au test manuscrit selon le programme.

	N	*Moy.*	*Écart-type*	*ESM*
Ordinaire (manuscrit)	75	73,85	12,478	1,441
PROTIC (manuscrit)	50	79,02	11,467	1,622
Résultats du test d'échantillons indépendants p = 0,021				

Les résultats de ces deux tests statistiques en lien respectivement avec les deux programmes de formation[5] confirment donc que les élèves du programme PROTIC ont des scores plus élevés que leurs homologues du programme ordinaire autant en modalité informatisée qu'en modalité manuscrite.

En rappel, le programme PROTIC table sur l'utilisation des technologies dans l'apprentissage. On s'attendrait à ce que les élèves de ce programme aient au test manuscrit des performances moins élevées que leurs homologues du programme ordinaire. Or, contre toute attente, ils ont en modalité manuscrite des scores plus élevés que ceux des élèves du programme ordinaire. Par conséquent, indépendamment de la modalité de production, c'est l'effet de la performance des élèves de PROTIC qui est ici mis en évidence.

5 Signalons que le résultat du test de Levene ne permettait pas de réaliser une analyse à deux facteurs.

4.2 Les élèves de PROTIC moins sensibles à la modalité de production

Le comportement de chacun des deux groupes d'une modalité de production à l'autre est également pertinent à analyser.

D'un côté (tableau 3), les scores donnés aux textes manuscrits et aux textes saisis du groupe des élèves PROTIC ayant une distribution normale, un test d'échantillon apparié peut être réalisé sur ces scores. Le test de Student donne une probabilité $p < 0{,}52$ ($> 0{,}05$ notre seuil critique). On ne peut rejeter l'hypothèse nulle. On peut affirmer sur la base de ces résultats en se référant aux statistiques de groupes que les scores TIC des élèves PROTIC ne sont pas significativement différents de leurs scores au test manuscrit. Le groupe ne se révèle pas sensible au changement de modalité de production.

Tableau 3. Scores des élèves de PROTIC aux deux tests.

	Moy./100	*N*	*Écart-type*	*ESM*
manuscrit	79,46	48	11,441	1,651
TIC (activé)	80,25	48	9,254	1,336
Résultats du test de Student $p = 0{,}52$				

D'un autre côté (tableau 4), les scores donnés aux textes manuscrits et aux textes saisis du groupe des élèves du programme ordinaire ayant une distribution normale, un test d'échantillon apparié peut être réalisé sur ces scores. Le test de Student donne une probabilité $p < 0{,}001$ ($< 0{,}05$ notre seuil critique). On rejette l'hypothèse nulle. On peut affirmer sur la base de ce résultat et en se référant aux statistiques de groupes que les scores au test manuscrit des élèves du programme ordinaire sont significativement plus élevés que leurs scores TIC. Le groupe se révèle donc sensible au changement de modalité de production.

Tableau 4. Scores des élèves du programme ordinaire aux deux tests.

	Moy./100	*N*	*Écart-type*	*ESM*
manuscrit	73,48	73	12,436	1,455
TIC (désactivé)	66,51	73	12,249	1,434
Résultats du test de Student $p < 0{,}001$				

À la lumière de ces résultats sur l'effet de la modalité de production en lien respectivement avec les deux programmes de formation, les élèves de PROTIC ne se révèlent pas sensibles à la modalité d'administration du test alors que les élèves du programme ordinaire y sont beaucoup plus sensibles. Autrement dit, la modalité de production et la désactivation des correcticiels ont probablement un effet sur les scores TIC des élèves du programme ordinaire.

4.3 Les correcticiels : un effet important de la désactivation des correcticiels par rapport à un effet faible de l'activation

Les résultats de plusieurs analyses permettent de mettre en évidence l'effet de la désactivation des correcticiels.

4.3.1 Des scores TIC plus bas dans le groupe « désactivé »

Un test d'échantillons indépendants peut être réalisé sur la différence entre les scores des élèves aux deux tests manuscrit et informatisé (tableau 5) dans le but de voir si le groupe « désactivé » et le groupe « activé » sont significativement différents. Les conditions de réalisation du test (taille des groupes, normalité de la distribution et homogénéité des variances) sont remplies.

Les résultats du test d'échantillons indépendants donnent une probabilité $p < 0,001$ ($< 0,05$ notre seuil critique). On rejette donc l'hypothèse nulle. On peut affirmer que les deux groupes, « désactivé » et « activé », sont significativement différents.

Tableau 5. Différence de scores entre les deux modalités de test.

	Groupe	*N*	*Moy.*	*Écart-type*	*ESM*
Différence de scores (manuscrit – TIC)	Groupe « désactivé »	73	6,9726	9,55535	1,11837
	Groupe « activé »	48	-,7917	8,50021	1,22690
Résultats du test d'échantillons indépendants p < 0,001					

Les données du tableau 5 sur la différence des scores (scores au test manuscrit – scores TIC) permettent de déduire que les scores du groupe « désactivé » au test manuscrit sont plus élevés en moyenne de 6,97 que ses scores au test informatisé « désactivé ». On en déduit que l'effet de la désactivation des correcticiels se traduit par une différence de scores nettement plus élevée en faveur des scores au test manuscrit. L'effet est donc relativement important. Les mêmes statistiques révèlent que les scores du groupe « activé » au test manuscrit sont à l'inverse plus bas en moyenne de -0,79 que ses scores au test informatisé « activé ». On peut déduire que l'effet de l'activation des correcticiels se traduit par une différence de scores légèrement plus élevée en faveur des scores TIC. L'effet est faible comparativement à celui de la désactivation qui se révèle plus important.

4.3.2 La langue plus affectée que le contenu par la désactivation des correcticiels

Il est pertinent d'examiner le comportement du groupe « désactivé » au niveau des deux volets (langue et contenu) de l'évaluation des productions écrites. Pour ce faire, deux tests d'échantillons appariés peuvent être réalisés respectivement sur les sous-scores en langue et les sous-scores en contenu étant donné que ceux-ci ont une distribution normale.

D'un côté (tableau 6), sur les sous-scores en langue du groupe « désactivé », le test de Student donne une probabilité $p < 0{,}001$ ($< 0{,}05$ notre seuil critique). On rejette l'hypothèse nulle. Ce résultat et les statistiques de groupes permettent d'affirmer que la moyenne en langue au test manuscrit (35,41/50) est significativement plus élevée que celle obtenue au test informatisé « désactivé » (30,15/50).

Tableau 6. Sous-scores du groupe « désactivé » pour les critères relatifs à la langue.

	Moy./50	*N*	*Écart-type*	*ESM*
Manuscrit	35,41	74	8,080	0,939
TIC	30,15	74	9,059	1,053
Résultats du test de Student $p < 0{,}001$				

D'un autre côté (tableau 7), sur les sous-scores en contenu du même groupe, le test de Student donne une probabilité $p = 0{,}005$ ($< 0{,}05$ notre seuil critique). On rejette l'hypothèse nulle. Ce résultat et les statistiques de groupes permettent d'affirmer que la moyenne en contenu au test manuscrit (38,24/50) est significativement plus élevée que la moyenne en contenu au test informatisé « désactivé » (36,58/50).

Tableau 7. Sous-scores du groupe « désactivé » pour les critères relatifs au contenu.

	Moy./50	*N*	*Écart-type*	*ESM*
Manuscrit	38,24	74	6,188	0,719
TIC	36,58	74	4,882	0,568
Résultats du test de Student p = 0,005				

Les résultats des deux tests d'échantillons appariés réalisés respectivement sur les sous-scores en langue et les sous-scores en contenu du groupe « désactivé » en lien avec les deux modalités permettent de tirer la conclusion que les sous-scores TIC en contenu des élèves du groupe « désactivé » ont été significativement affectés tout comme leurs sous-scores TIC en langue. Cependant, la comparaison permet de déduire que la langue a été beaucoup plus affectée que le contenu. À partir des statistiques qui ressortent respectivement des tableaux 6 et 7, on voit que la différence des sous-scores en langue atteint une moyenne de 5,257 alors que la différence de sous-scores en contenu 1,662 seulement. Or, les résultats de l'analyse d'observations qualitatives ont révélé que la sollicitation des outils d'aide vise surtout l'amélioration des aspects de la langue. Nous pouvons donc conclure que le fait que la langue soit plus affectée que le contenu confirme l'effet de la désactivation des correcticiels.

4.3.3 La fréquence d'utilisation de l'ordinateur sans effet sur les scores TIC du groupe « désactivé »

Un test d'échantillons indépendants peut être réalisé respectivement sur les scores TIC et les sous-scores TIC en langue du groupe « désactivé » en lien avec la fréquence d'utilisation hebdomadaire de l'ordinateur. Les conditions de réalisation du test (taille des groupes, normalité de la distribution et homogénéité des variances) sont remplies.

D'un côté (tableau 8), les résultats du test d'échantillons indépendants sur les scores TIC du groupe « désactivé » donnent une probabilité p = 0,825 (> 0,05 notre seuil critique). Donc, on ne peut rejeter l'hypothèse nulle. On peut affirmer sur la base de ce résultat que la variable « fréquence d'utilisation de l'ordinateur » est sans effet significatif sur les scores TIC du groupe « désactivé ».

Tableau 8. Sous-scores TIC en langue du groupe « désactivé » selon la fréquence d'utilisation de l'ordinateur.

	Fréquence	*N*	*Moy.*	*Écart-type*	*ESM*
Scores TIC	≥ 7h/semaine	32	65,78	11,799	2,086
	< 7h/semaine	30	66,47	12,464	2,276
Résultats du test d'échantillons indépendants p = 0,825					

D'un autre côté (tableau 9), les résultats du test d'échantillons indépendants sur les sous-scores TIC en langue du groupe « désactivé » donnent une probabilité p = 0,842 (> 0,05 notre seuil critique). Donc, on ne peut rejeter l'hypothèse nulle. On peut donc affirmer sur la base de ce résultat que la variable « fréquence d'utilisation de l'ordinateur » est sans effet significatif sur les sous-scores TIC en langue du groupe « désactivé ».

Tableau 9. Scores TIC du groupe « désactivé » selon la fréquence d'utilisation de l'ordinateur.

	Fréquence	*N*	*Moy.*	*Écart-type*	*ESM*
Scores TIC	≥ 7h/semaine	33	30,09	9,221	1,605
	< 7h/semaine	30	29,63	8,904	1,626
Résultats du test d'échantillons indépendants p < 0,842					

On pourrait penser que la performance des élèves du groupe « désactivé », à travers des scores TIC et plus particulièrement des sous-scores TIC en langue moins élevés, est due à leur degré de familiarité avec l'ordinateur par rapport aux élèves de PROTIC. Cependant, les résultats des deux tests d'échantillons indépendants réalisés respectivement sur les scores TIC et les sous-scores TIC en langue du groupe « désactivé » en lien avec la fréquence d'utilisation hebdomadaire de l'ordinateur tendent à infirmer cette hypothèse. Il reste donc l'alternative de l'effet de la désactivation des correcticiels qui se retrouve une fois de plus corroboré.

En définitive, la désactivation des correcticiels est la principale variable dont l'effet explique le niveau relativement moins élevé des scores TIC, et plus particulièrement celui des sous-scores TIC en langue chez les élèves du groupe « désactivé ».

5. Discussion des résultats

Les résultats qui viennent d'être présentés permettent de faire cinq observations.

5.1 Observation 1 : les élèves de PROTIC ont des performances meilleures que les élèves du programme ordinaire quelle que soit la modalité de production

Les élèves de PROTIC ont des scores plus élevés que leurs homologues du programme ordinaire aussi bien au test informatisé qu'au test manuscrit. Certes, la supériorité de la performance des élèves de PROTIC en modalité de production informatisée était attendue. Cependant, le fait que, contre toute attente, ces élèves aient en modalité manuscrite une performance plus élevée que celle de leurs homologues du programme ordinaire met en évidence une chose : leur performance élevée indépendamment de la modalité d'administration du test. L'effet de la performance paraît donc indiscutable pour expliquer les différences significatives relevées entre les scores des élèves des deux programmes. Nos résultats corroborent peut-être à cet égard ceux de Goldberg *et al.* (2003) qui ont révélé dans leur méta-analyse, entre autres, que les élèves qui apprennent à écrire avec l'ordinateur produisent des textes de meilleure qualité. Dans cette perspective, peut-on en déduire que le programme PROTIC, ou plus globalement l'utilisation des TIC, favorise mieux le développement de la compétence à écrire ?

Une telle hypothèse est possible mais il conviendrait de l'explorer en tenant compte de plusieurs éléments contextuels dont deux méritent une attention particulière :

Premièrement, la comparabilité des deux groupes d'élèves à leur admission dans leurs programmes respectifs : alors que le programme ordinaire de l'école La Ruche est plus ouvert à tous les élèves, PROTIC est un programme contingenté et les élèves y accèdent sur la base de leurs résultats à différents tests.

Deuxièmement, la comparabilité de l'origine socio-économique des élèves : de plus en plus, il est reconnu que le niveau socio-économique des ménages est un facteur qui peut influencer la réussite scolaire et, à ce niveau, les élèves de PROTIC sont issus de milieux socio-économiques moins défavorisés : l'école Les Compagnons de Cartier de Québec est au rang 1 de l'indice de milieu socio-économique (IMSE) alors que l'école La Ruche est classée au rang 6 sur une échelle de 10 classant les écoles du rang le moins défavorisé au rang le plus défavorisé (*cf.* Indices de défavorisation par école – 2010–2011 du MELS)[6].

Il convient donc, pour ne pas tirer une conclusion hâtive, de s'assurer que d'autres éléments de comparabilité des deux groupes n'ont pas un effet. En outre, même si la performance par programme intervient comme une variable utile, voire indispensable pour expliquer les scores obtenus, peut-elle être évoquée comme une variable susceptible d'introduire un biais dans l'évaluation de la compétence ? Assurément non. On ne peut véritablement parler de biais lié au programme dans ce cas-ci, à l'inverse d'autres variables telles la modalité de production et la désactivation des correcticiels.

5.2 Observation 2 : les élèves de PROTIC pourraient avoir des performances plus élevées en modalité TIC qu'en modalité manuscrite

Il ressort des données que les élèves de PROTIC ont des performances plus élevées en modalité TIC qu'en modalité manuscrite. Cependant, cette différence, contre toute attente, ne se révèle pas significative. Ces résultats infirment-ils alors ceux d'autres études (Russell & Haney, 1997 ; Russell, 1999 ; Russel & Plati, 2000 ; Russell & Haney, 2000) qui ont révélé que les élèves habitués à l'utilisation de l'ordinateur ont des performances plus élevées en modalité d'évaluation informatisée qu'en modalité d'évaluation manuscrite ? Ou plutôt vont-ils dans le sens de Wolfe et Manalo (2004) qui dans leur analyse sur les scores des candidats au TOEFL suggèrent que ceux qui ont un niveau de compétence élevé ne sont pas affectés par la modalité d'administration du test ?

En réalité, les élèves de PROTIC pourraient avoir des performances plus élevées en modalité TIC qu'en modalité manuscrite même si les résultats des tests statistiques ne révèlent pas ici une différence significative.

6 *Cf.* <http://www.mels.gouv.qc.ca/sections/publications/publications/SICA/DRSI/IndicesDefavorisation2010-2011.pdf>.

En effet, nos résultats doivent être discutés en tenant compte d'autres interrogations qui subsistent. Premièrement, on peut se demander s'il n'y a pas eu un effet d'ordre de passage. Le test manuscrit ayant eu lieu après le test informatisé, les élèves peuvent avoir profité de la rétroaction à l'issue de ce dernier pour améliorer leurs performances au test manuscrit réalisé environ un mois après. Deuxièmement, il faudrait tenir compte des caractéristiques du groupe. Il s'agit d'un groupe visiblement homogène et performant. Du fait de leur niveau de performance, ils peuvent avoir eu des scores suffisamment élevés en modalité manuscrite, de telle sorte qu'il soit difficile que leurs scores TIC soient significativement plus élevés.

En définitive, il nous semble qu'il convient d'être prudent par rapport aux résultats de notre analyse à ce niveau pour ne pas tirer des conclusions trop hâtives qui ne pourraient pas être généralisées. Les élèves de PROTIC pourraient bel et bien avoir une performance significativement plus élevée en modalité informatisée.

5.3 Observation 3 : l'effet de la modalité de production, une justification à l'offre des deux modalités aux candidats

De l'observation précédente, on peut déduire qu'il y a des raisons de croire que les élèves de PROTIC pourraient avoir une performance en modalité informatisée significativement plus élevée que leur performance en modalité manuscrite. À l'inverse, les scores au test manuscrit des élèves du programme ordinaire sont significativement plus élevés que leurs scores TIC comme l'ont révélé les résultats du test d'échantillons appariés. Il s'agit là du reflet de l'effet de la modalité de production sur le comportement des deux groupes (élèves du programme ordinaire et élèves de PROTIC). Pour simplifier, les élèves du programme ordinaire ont de meilleurs scores au test manuscrit par rapport au test informatisé, et inversement les élèves du programme PROTIC tendent à avoir de meilleurs scores au test informatisé par rapport au test manuscrit.

Ces révélations apportent une nuance par rapport à Bunch *et al.* (2006) dont les résultats suggéraient que les textes produits à l'ordinateur sont systémiquement de meilleure qualité. Elles suggèrent plutôt la nécessité de faire une différenciation au sein d'une clientèle une clientèle hétérogène : une partie peut avoir développé plus d'habiletés pour écrire avec l'ordinateur et une autre, quand bien même elle utilise les TIC, peut encore avoir de meilleures habiletés en modalité manuscrite. Autrement dit, suivant la modalité de production, les mêmes élèves, suivant la catégorie à laquelle ils appartiennent, ont des résultats significativement différents. Ces révélations confirment ainsi les conclusions de plusieurs travaux antérieurs (Russell & Haney, 1997 ; Russell, 1999 ; Russel & Plati, 2000 ; Russell & Haney, 2000 ; Goldberg *et al.*, 2003 ; Horkay *et al.*, 2006 ; Chen *et al.*, 2011) qui suggèrent que le degré de familiarité avec l'outil informatique soit une variable pertinente à prendre en compte au-delà de la modalité d'administration du test.

Même si ces révélations étaient quelque peu attendues, elles posent la question de la validité et de la comparabilité des résultats. Elles soulèvent la pertinence de la problématique du (des) choix à offrir aux candidats à un test d'écriture. Puisque l'évaluation se veut être une inférence la plus exacte sur le développement de la compétence à écrire, ces résultats mettent en évidence que la modalité de production peut introduire un biais dans l'évaluation, rejoignant ainsi une hypothèse déjà émise par Manalo et Wolfe (2000). En effet, ici, à la lecture des résultats, on se rend compte que les élèves de PROTIC ont certes de bonnes performances en modalité manuscrite, mais qu'ils auraient des performances encore meilleures si on leur donne la possibilité de produire leur texte en modalité informatisée. Dans la mesure où les nouveaux programmes suggèrent d'offrir à l'élève l'opportunité de démontrer de façon optimale ce qu'il sait faire pour mieux cerner le niveau de développement de sa compétence, toute solution qui envisage l'offre d'un choix unique de l'une des deux modalités manuscrite ou informatisée peut être critiquée à la lumière de nos résultats. On peut alors se poser des questions parce que les élèves de PROTIC jusque-là subissent en modalité manuscrite l'épreuve unique d'écriture de français en 5e secondaire. La question du (des) choix de la modalité à offrir aux candidats pour évaluer leur compétence à écrire est une problématique qui se posera certainement avec la présence de plus en plus remarquée de l'ordinateur pour écrire dans les établissements scolaires et hors de la salle de classe. Bien sûr, en cas d'offre des deux modalités d'évaluation, il faudrait en définir les clauses : faut-il laisser à l'élève le choix de la modalité qu'il trouve avantageuse pour démontrer ce qu'il sait faire ou faut-il laisser à son école le soin de faire ce choix pour la classe ou pour les élèves individuellement ?

5.4 *Observation 4 : la désactivation des correcticiels affecte négativement la performance de l'élève (biais)*

Une révélation des plus pertinentes de nos résultats est l'effet tangible de la désactivation des correcticiels sur la performance des élèves en modalité de production informatisée. Dans la perspective de l'offre des deux modalités de production, le souci de mesurer le degré d'autonomie de l'élève pourrait justifier la désactivation des correcticiels dans un contexte d'évaluation de productions écrites. Des raisons d'équité peuvent être également évoquées : donner uniquement l'accès au dictionnaire manuel à tous les candidats des deux modalités manuscrite et informatisée afin de les mettre sur le même pied d'égalité, sans favoriser un groupe. En effet, selon une opinion répandue, les outils d'aide pourraient favoriser les candidats qui passent un test en modalité informatisée par rapport à leurs homologues qui le passent en modalité manuscrite. Cependant, les résultats de nos analyses révèlent contre toute attente que la désactivation des correcticiels a un effet négatif important sur la performance des élèves. Même si l'effet d'autres variables telles que la performance en lien avec le programme ne peut être écarté à coup sûr pour expliquer la performance des élèves, l'effet de la désactivation est avéré. Les résultats du test d'échantillon apparié montrent que les élèves du programme ordinaire qui ont eu leurs outils d'aide désactivés en modalité informatisée ont un score beaucoup plus bas dans cette modalité qu'en modalité de test manuscrit. La désactivation des outils d'aide explique à coup sûr en partie cet écart dans la performance. L'hypothèse de l'effet de la désactivation est confirmée par un écart de performance beaucoup plus accentué en ce qui concerne les critères d'évaluation de la langue, domaine cible des sollicitations d'outils d'aide comme le montrent les résultats de l'analyse d'observations qualitatives (Laurier & Diarra, 2013 ; Diarra, 2013). Donc, en désactivant les correcticiels, on court le risque d'introduire un autre biais dans l'évaluation de la compétence à écrire. Doit-on alors les désactiver au risque de créer un autre problème d'équité car cette désactivation pour finir défavorise les élèves de la modalité informatisée par rapport à ceux de la modalité manuscrite ? L'option de la désactivation peut être critiquée d'autant plus que les résultats de l'analyse des observations qualitatives ont également révélé que la nature de l'aide sollicitée par le scripteur n'est pas remarquablement différente selon les outils (correcticiel ou dictionnaire manuel). Seules les facilités d'accès peuvent à la limite être évoquées comme argument en faveur de la désactivation. Voilà autant de raisons qui pourraient justifier pourquoi certains dénoncent cette situation. Ainsi, Lefrançois (2012), dans une entrevue de presse en date du 29 septembre 2012 prend position pour l'accès aux dictionnaires numériques.

5.5 Observation 5 : l'effet faible de l'activation

L'hypothèse de l'effet positif de l'activation des outils d'aide n'est pas à exclure totalement mais les résultats de nos analyses suggèrent que cet effet est très faible. En effet, les résultats montrent que, chez les élèves de PROTIC où les outils d'aide électroniques étaient disponibles, l'écart entre les moyennes de scores en modalité manuscrite et les moyennes de scores obtenus en modalité informatisée est très réduit, contre toute attente. Alors que la désactivation des correcticiels, à la lumière de nos résultats, a un effet négatif plus important sur la performance des élèves, l'activation de ces outils d'aide n'a pas un effet positif supplémentaire important sur la performance des élèves. Les scores du groupe « activé » sont seulement un peu plus élevés au test TIC alors que l'on s'attendrait à ce qu'ils soient beaucoup plus élevés par rapport aux scores du même groupe en modalité manuscrite. On s'interroge alors sur ce qui paraît être un paradoxe, à savoir l'effet relativement faible de l'activation des correcticiels. Deux pistes sont ouvertes comme explications. Elles ont déjà été abordées dans l'observation 2, à savoir l'effet de l'ordre de passage et celui de la performance du groupe. L'inversion de l'ordre de passage des deux tests et l'utilisation d'une tâche de niveau de difficulté plus élevé pourraient permettre de tirer une conclusion définitive sur l'effet de l'activation des correcticiels.

6. Conclusion

Dans la perspective d'offrir le choix entre les deux modalités d'évaluation, les résultats de la présente recherche devaient répondre à la question de savoir si les résultats en termes de scores sont équivalents suivant qu'il s'agit d'une production manuscrite ou d'une production informatisée. Cette question sous-entendait une infirmation ou une confirmation de biais possibles liés à l'effet de l'une ou l'autre variable, tant au niveau de la modalité de production qu'au niveau de la modalité de correction.

Notre souci était d'avoir des données authentiques sans bousculer la façon habituelle de faire des enseignants. De plus, l'expérimentation devait se dérouler dans des conditions acceptables par les écoles, celles-ci étant elles-mêmes soumises à d'autres contraintes. En outre, la recherche dans son ensemble ne visait pas uniquement l'équivalence des scores. Il y a un volet qualitatif important qui visait des observations minutieuses sur le processus rédactionnel chez le scripteur et sur le processus de correction chez l'enseignant. Ce sont autant de facteurs qui ont engendré des limites à cette étude : il n'a pas été possible de mettre en place un dispositif qui isole de façon idéale toutes les variables en jeu dans le processus de correction, ni d'obtenir un échantillon dont la taille autorise d'autres tests statistiques pertinents. Cela nous a amenés à nous contenter d'analyses statistiques relativement simples.

Cependant, les résultats de notre analyse, tout en posant les balises pour d'autres recherches, ont le mérite d'avoir apporté un éclairage sur la problématique en faisant des révélations pertinentes et intéressantes (notamment l'effet de la désactivation des correcticiels qui n'est attribuable à aucune autre variable en présence). Il s'agit là d'un apport sur la question, en complément aux travaux antérieurs qui se sont généralement limités à d'autres aspects de la comparabilité.

Les résultats nous interpellent en fin de compte sur l'opportunité de désactiver les correcticiels. Dans la perspective d'offrir aux candidats le choix entre les deux modalités de production, doit-on les désactiver au risque de créer un autre problème d'équité étant donné que cette désactivation pourrait défavoriser les élèves de la modalité informatisée ? Ou alors, ne doit-on pas envisager l'alternative proposée par Russell (2006) qui suggère d'utiliser des critères propres à l'évaluation de la compétence à écrire en modalité informatisée pour évaluer les élèves qui choisissent cette modalité, plutôt que de vouloir se baser sur des critères conçus et utilisés pour évaluer en modalité manuscrite. Une telle proposition a tout son sens dans la mesure où les contenus des apprentissages, ainsi que leur environnement, ne sont pas identiques.

Références

Baldwin, D. D. (2004). A guide to standardized writing assessment. *Educational leadership, 62*(2), 72–75.

Blais, J.-G., Mirault, M.-H. & Paré, M. (2012). La correction à l'écran des textes de l'épreuve uniforme de français écrit. Projet MELS/GRIÉMÉtic-Université de Montréal, rapport de mai 2012.

Blais, J.-G. & Rousseau, C. (1995). Mesurer la compétence à écrire : mise à l'essai de prototypes d'items à réponse choisie portant sur la cohésion sémantique. *Mesure et évaluation en éducation, 18*(1), 59–94.

Bunch, M. B., Ridge, K. & Burke, J. (2006). Does mode of composition (paper versus online) have an effect on sixth-grade writing performance ? Communication au congrès annuel de l'American Educational Research Association, San Francisco, 11 avril, Session 71.030.

Burke, J. & Cizek, G. (2006). Effects of composition mode and self-perceived computer skills on essay scores of sixth graders. *Assessing Writing, 11*(3), 148–166.

Chen, J., White, S., McCloskey, M., Jaleh Soroui, J. & Chune, Y. (2011). Effects of computer versus paper administration of an adult functional writing assessment. *Assessing Writing, 16*, 49–71.

Dessus, P. & Lemaire, B. (2004). Assistance informatique à la correction de copies. Dans E. Gentaz & P. Dessus (dir.), *Comprendre les apprentissages : sciences cognitives et éducation.* Paris : Dunod.

Diarra, L. (2013). *Comparabilité entre modalités d'évaluation TIC et papier crayon : cas de productions écrites en français en 5e secondaire au Québec*, thèse de doctorat, non publiée, Université de Montréal.

Durand, M.-J. & Chouinard, R. (2006). *L'évaluation des apprentissages : de la planification de la démarche à la communication des résultats.* Montréal : Éditions Hurtubise HMH Ltée.

Goldberg, A., Russell, M. & Cook, A. (2003). The effect of computers on student writing : A metaanalysis of studies from 1992 to 2002. *Journal of Technology, Learning, and Assessment, 2*(1). <http://www.jtla.org>.

Hamel, M.-J. (2010a). Prototype d'un dictionnaire électronique de reformulation pour apprenants avancés de français langue seconde. *Cahiers de l'APLIUT, XXIX*(1), 73–82.

Hamel, M.-J. (2010b). Apprenants à la recherche de collocatifs dans les dictionnaires électroniques : analyse de l'interaction « apprenant-tâche-dictionnaire » à l'ordinateur. *Revue Linguistica Atlantica, 31*, 1–25.

Hamel, M.-J. (2012a). Testing aspects of the usability of an online learner dictionary prototype : A product- and process-oriented study. *CALL, 25*(4), 339–365.

Hamel, M.-J. (2012b). Mesure d'ergonomie des interfaces d'ALAO et connaissances sur la relation apprenant-tâche-outil à l'ordinateur. Communication au Colloque scientifique international sur les TIC en éducation : bilan, enjeux actuels et perspectives futures, Montréal, 3–4 mai 2012.

Hamel, M.-J. & Caws, C. (2010). Usability Tests in CALL Development: Pilot Studies in the Context of the Dire autrement and FrancoToile Projects. *CALICO Journal* 27(3), 491–504.

Hamp-Lyons, L. (1992). *Holistic writing assessment of LEP students. Focus on Evaluation and Mesurement.* Vol. 1 et 2, Proceedings of the National Research Symposium on Limited English Proficient Student Issues (2nd, Washington, DC, 4–6 septembre 1991).

Hayes, J. R. (1998). Un nouveau cadre pour intégrer cognition et affect dans la rédaction. Dans A. Piolat & A. Pélissier (dir.), *La rédaction de textes, approche cognitive* (pp. 51–101). Lausanne : Delachaux et Niestlé.

Hayes, J. R., Flower, L., Schriver, K., Stratman, J. & Carey, L. (1987). Cognitive processes in revision. Dans S. Rosenberg (dir.), *Reading, writing and language learning : Advances in applied psycholinguistics* (vol. II, pp. 176–240). Cambridge, MA : Cambridge University Press.

Horkay, N., Bennett, R. E., Allen, N., Kaplan, B. & Yan, F. (2006). Does it matter if I take my writing test on computer ? An empirical study of mode effects in NAEP. *Journal of Technology, Learning, and Assessment, 5*(2). <http://www.jtla.org>.

Huot, B. I. (1990). The literature of direct writing assessment : Major concerns and prevailing trends. *Review of Educational Research, 60*(2), 237–263.

Laurier, M. & Diarra, L. (2013). Correcticiels et écriture en français : comparaison entre les modalités d'évaluation manuscrite et informatisée. Dans Karsenti, T., Collin, S. & Dumouchel, G. (dir.), *Actes du Colloque scientifique international sur les TIC en éducation: bilan, enjeux actuels et perspectives futures.* Montreal, QC: CRIFPE.

Laurier, M., Tousignant, R. & Morissette, D. (2005). *Les principes de la mesure et de l'évaluation des apprentissages* (3e édition). Montréal : Gaëtan Morin.

Manalo, J. R. & Wolfe, E. W. (2000). A comparison of word-processed and handwritten essays written for the Test of English as a Foreign Language. Communication au congrès annuel de l'American Educational Research Association, New Orleans, LA.

Mogey, N., Paterson, J., Burk, J. & Purcell, M. (2010). Typing compared with handwriting for essay examinations at university : Letting the students choose. *ALT-J, Research in Learning Technology, 18*(1), 29–47.

Powers, D., Fowles, M., Farnum, M. & Ramsey, P. (1994). Will they think less of my handwritten essay if others word process theirs ? Effects on essay scores of intermingling handwritten and word-processed essays. *Journal of Educational Measurement, 31*(3), 220–223.

Roberge, J. (1999). Vers la construction d'un modèle théorique de la correction des productions écrites. *Spirale, 23,* 25–51.

Russell, M. (1999). Testing writing on computers : A follow-up study comparing performance on computer and on paper. *Educational Policy Analysis Archives, 7*(20). <http:epaa.asu.edu/epaa/v7n20>.

Russell, M. (2006). *Technology and assessment : The tale of two interpretations.* Charlotte, NC : Information Age Publishing, Inc.

Russell, M. & Haney, W. (1997). Testing writing on computers : An experiment comparing student performance on tests conducted via computer and via paper-and-pencil. *Educational Policy Analysis Archives, 5*(3). <http://olam.ed.asu.edu/epaa/v%n/.html>.

Russell, M. & Haney, W. (2000). Bridging the gap between testing and technology in schools. *Education Policy Analysis Archives, 8*(19). <http://epaa.asu. edu/epaa/v8n19.html>.

Russell, M. & Plati, T. (2000). *Mode of administration effets on MCAS Composition performance for Grades Four, Eight and Ten.* Rapport soumis au Massachusetts Departement of Education par le National Board on Educational Testing and Public Policy. <http//nbetpp.bc.edu/reports.html>.

Russell, M. & Tao, W. (2004). Effects of handwriting and computer-print on composition scores : A follow-up to Powers, Fowles, Farnum et Ramsey. *Practical Assessment, Research and Evaluation, 9*(1). <http://PAREonline.net/getvn.asp?v=9&n=1>

Scallon, G. (2004). *L'évaluation des apprentissages dans une approche par compétences*. Saint Laurent : Éditions du Renouveau Pédagogique Inc.

Schriver, K. A. (1989). Evaluating text quality : The continuum from text-focused to reader-focused methods. *IEEE Trans. On Professional Communication, 32*(4), 238–255.

Tardif, J. (2006). *L'évaluation des apprentissages. Documenter le parcours de développement.* Montréal : Éditions de la Chenelière Inc.

Wiggins, G. (1998). *Educative Assessment. Designing assessments to inform and improve student performance.* San Francisco : Jossey-Bass Publishers.

Wolfe, E. W., Bolton, S., Feltovich, B. & Welch, C. (1993). A comparison of word processed and handwritten form a standardized writing assessment. *ACT Research, 93*(8).

Wolfe, E. W. & Manalo, J. R. (2004). Composition medium comparability in a direct writing assessment of non-native English speakers. *Language Learning & Technology, 81*, 53–65.

Article de presse

L'utilisation des dictionnaires numériques et sur papier (29 septembre 2012). Entrevue avec Pascale Lefrançois, *Le Devoir.*

Sites visités

<http://users.skynet.be/ameurant/Alain/cominf.sit/cfiframe00.html> (consulté le 6 avril 2009).

<http://www.mels.gouv.qc.ca/sections/publications/publications/SICA/DRSI/IndicesDefavorisation2010–2011.pdf> (consulté en octobre 2012).

<http://www.csdessommets.qc.ca/scriptorweb/scripto.asp?resultat=61215> (consulté entre 2009 et 2012).

<http://www.csdecou.qc.ca/fr/nos_ecoles_et_centres/index.php> (consulté entre 2009 et 2012).

<http://www.escc.ca/info.php?content=33> (consulté entre 2009 et 2012).

<http://www.protic.net/> (consulté entre 2009 et 2012).

Section 2: Des dispositifs numériques en ligne

Michel Deruaz

Un dispositif pour évaluer des savoirs mathématiques au début, pendant et à la fin d'un module de formation

1. Introduction

1.1 Le contexte institutionnel

La Haute école pédagogique du canton de Vaud (HEP Vaud) a été créée en 2001 à Lausanne. La volonté politique de l'époque était de mettre en réseau cette nouvelle école avec l'Université de Lausanne (UNIL) et l'École polytechnique fédérale de Lausanne (EPFL) pour profiter du rayonnement et de l'expertise académique de ces deux institutions. C'est dans ce contexte que l'ouverture de cours de savoirs disciplinaires dans la formation des futurs maîtres primaires a été décidée. Pour les mathématiques, l'EPFL a été chargée de donner, dans ses locaux et avec sa propre organisation, un cours de mathématiques. En 2010, l'EPFL a décidé de renoncer à organiser ce cours et l'Unité d'enseignement et de recherche en didactique des mathématiques et des sciences de la nature (UER MS) a reçu le mandat de donner ce cours dès la rentrée de l'année académique 2010–2011.

Le cours proposé par l'EPFL durait un semestre à raison d'une heure trente par semaine. Une séance sur trois était consacrée à des exercices sous la responsabilité d'assistants qui s'occupaient chacun d'une vingtaine d'étudiants. Un examen écrit, corrigé par ces assistants, permettait de certifier le module. L'UER MS n'a pas la possibilité d'engager des assistants et n'a pas le personnel permettant d'animer simultanément huit à dix séances d'exercices. Par ailleurs, le nombre d'étudiants inscrits à ce module ne cesse d'augmenter, passant de 120 étudiants lors des premières volées à 225 pour le cours de l'automne 2012.

Au niveau de l'organisation, deux questions se sont donc rapidement posées à l'UER MS :

- Comment organiser la certification de ce module sans une équipe d'assistants ou de formateurs pour corriger les copies ?
- Comment donner un cours de mathématiques à plus de 200 étudiants sans séance d'exercices en groupes restreints ?

Contrairement aux questions d'ordre organisationnel, sur lesquelles nous reviendrons plus loin, les questions relatives aux objectifs du module et aux contenus à enseigner ne sont pas nouvelles pour l'UER MS. En effet, certaines de nos recherches se font sur le thème des liens entre les connaissances mathématiques des enseignants et leur enseignement (voir par exemple Clivaz, 2011). Il a donc été décidé de tenter de mettre en relation ces recherches avec ce cours de savoirs disciplinaires. Une équipe[1] a ainsi été créée autour du formateur, auteur de ce chapitre, pour imaginer ce nouveau module et pour analyser les résultats obtenus dans le but de les intégrer dans les recherches de l'UER MS et dans la conception du nouveau plan d'études mis en œuvre en 2012.

1.2 Les objectifs du cours

Un des objectifs essentiels de ce module est de permettre aux étudiants de percevoir l'impact des savoirs mathématiques appris durant le cours pour leur enseignement futur. Cet objectif, indissociable de l'apprentissage de ces savoirs, s'appuie sur la veine des recherches développées à la suite de l'impulsion de Shulman (1986), en particulier par Ball et son équipe (voir par exemple Ball, Thames & Phelps, 2008). L'adaptation et la catégorisation de cette *connaissance pédagogique du contenu* (en anglais *Pedagogical Content Knowledge*, PCK) (Shulman, 2007) ont permis à Ball et ses collègues (Ball *et al.*, 2008) de définir et de catégoriser des *connaissances mathématiques pour l'enseignement* comme le montre la figure 1 reprise et traduite par Clivaz (2011) :

1 La composition de cette équipe a évolué au cours du temps mais on peut signaler les contributions de Stéphane Clivaz, Luc-Olivier Bünzli, Mireille Cherix et Thierry Dias.

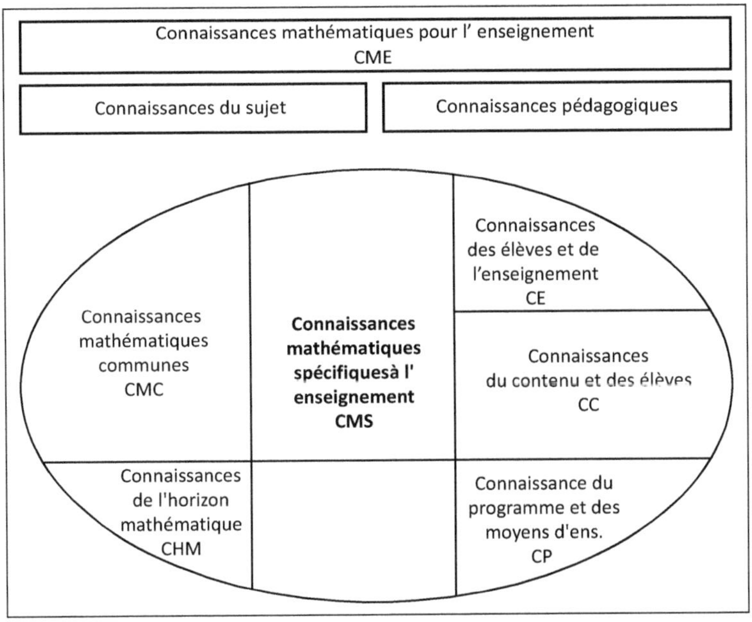

Figure 1. Connaissances mathématiques pour l'enseignement (Ball *et al.*, 2008, p. 403).

La figure 1 a été présentée aux étudiants au début du cours en indiquant que le contenu du cours portait bien sur des connaissances mathématiques pour l'enseignement, et plus précisément sur les connaissances considérées comme influençant l'enseignement et l'apprentissage des élèves, les connaissances mathématiques spécifiques à l'enseignement. Des exemples de connaissances mathématiques spécifiques à l'enseignement au niveau primaire sont donnés par Deruaz et Clivaz (2012).

Un autre objectif important de ce cours est d'offrir aux étudiants des outils qui leur permettent de changer leur positionnement face aux mathématiques. En effet, ces étudiants viennent pour la plupart directement de l'école secondaire et très souvent de sections non scientifiques. Leur positionnement est donc celui d'un élève qui répond à une question qui lui a été posée et qui attend que sa réponse soit validée par un expert, en général son maître de mathématiques. Dans ses futures classes, même s'il s'en défend parfois, ce même étudiant sera l'expert en mathématiques qui devra se positionner face aux questions ou aux réponses des élèves. Ce rôle d'expert de l'enseignant en mathématiques a été décrit par Robert, Lattuati et Penninckx (1999) pour ce qui concerne l'enseignement au lycée. Elles définissent ce qu'elles nomment les *pratiques expertes* des mathématiciens à l'aide de cinq caractéristiques. La première de ces caractéristiques nous semble accessible aux futurs experts des mathématiques de l'école primaire :

> La disponibilité[2] des connaissances, leur organisation et les rapports entre elles.
>
> Ce caractère disponible des connaissances de l'expert se traduit, par exemple, par sa capacité à pouvoir chercher systématiquement la solution d'un problème en dehors du strict cadre où il est posé, à essayer de mettre le problème en relation avec d'autres questions lorsque la solution n'est pas immédiate. Cette aptitude à réaliser des changements de perspectives, à pouvoir aller chercher d'autres savoirs que ceux qui étaient *a priori* en cause, traduit la disponibilité des connaissances chez l'expert. De plus, lorsque cette recherche n'est pas guidée par les termes apparents du problème, l'expert ne la conduit pas complètement au hasard : elle est orientée par l'organisation des connaissances dont il dispose. Nous insistons sur le fait que ce ne sont pas seulement les connaissances qui sont disponibles, mais aussi, et de manière intimement liée, les rapports entre ces connaissances.
>
> Cette disponibilité se traduit aussi par l'inscription (active et personnelle) de toute nouvelle connaissance dans les précédentes. (Robert *et al.*, 1999, pp. 13–14)

De notre point de vue, cette disponibilité des connaissances, et surtout des rapports entre des connaissances qui ne semblent pas liées entre elles, est fondamentale dans le travail de l'enseignant en mathématiques. De nombreuses recherches (voir par exemple Vandebrouck, 2008) montrent que ce n'est souvent pas le cas chez les enseignants débutants, même au niveau secondaire où les enseignants en mathématiques ont pourtant une formation académique importante dans cette discipline. On peut donc faire l'hypothèse que ce manque de disponibilité des connaissances et de certains liens entre elles est aussi présent chez les futurs enseignants primaires vaudois dont le bagage mathématique ne dépasse pas celui enseigné à l'école secondaire. L'une de nos recherches récentes (Clivaz & Deruaz, 2013) met d'ailleurs cela en évidence pour ce qui concerne l'algorithme de la multiplication et les propriétés des opérations. Ces liens entre les diverses connaissances mathématiques font partie de l'essence même de cette discipline et ont notamment été mis en évidence par Henri Poincaré :

---

2 Ce terme désigne le fait que des connaissances peuvent être utilisées à bon escient sans même avoir été rappelées.

> Or, nous la voyons chaque jour agir sous nos yeux. Cela ne pourrait être si elle ne nous faisait connaître quelque chose de la réalité ; mais ce qu'elle peut atteindre, ce ne sont pas les choses elles-mêmes, comme le pensent les dogmatistes naïfs, ce sont seulement les rapports entre les choses ; en dehors de ces rapports, il n'y a pas de réalité connaissable. (Poincaré, 1902, p. 25)

Même s'il peut paraître légitime de se demander si ces concepts fondamentaux pour le chercheur en mathématiques et nécessaires pour le maître secondaire sont aussi importants au niveau primaire, des travaux récents (par exemple Clivaz, 2011) montrent qu'ils le sont puisqu'ils permettent notamment à l'enseignant de donner du sens aux savoirs qu'il enseigne et aux connaissances qu'il utilise pour préparer ses cours et pour gérer les situations didactiques en classe. Cela est d'ailleurs aussi mis en évidence par Robert et ses consœurs dans la suite du texte déjà cité plus haut :

> Le « sens », si souvent évoqué par les enseignants, notamment pour regretter son absence dans les travaux des élèves, est sans doute lié à ce type de fonctionnement. Nous pouvons proposer cette image : mettre du sens en mathématiques, c'est non seulement connaître les pierres qui constituent un édifice, mais aussi en reconstituer constamment l'architecture dans sa tête.
>
> La vigilance qui manque aux élèves et qui indique que l'on donne du sens aux mathématiques est sans doute possible pour l'expert qui sait, en prolongeant notre image, qu'une pierre rouge ne sera jamais dans un tel édifice à côté d'une pierre noire, ou encore qu'il ne peut y avoir un trop grand trou au milieu d'une façade… (Robert *et al.*, 1999, p. 14)

Il est important que les enseignants, dès l'école primaire, aient accès au « sens » de ce qu'ils enseignent pour permettre l'accès d'une partie de celui-ci à leurs élèves. En effet, toutes les mathématiques qui suivent dans le parcours scolaire de l'enfant puis de l'adolescent sont construites sur les mathématiques de l'école primaire. Nos travaux récents (Clivaz & Deruaz, 2013 ; Dias & Deruaz, 2012) nous permettent d'affirmer que, pour une grande partie des étudiants que nous avons en formation, ces liens ne sont pas disponibles. Ils ne sont probablement même pas connus tant les mathématiques qu'ils ont suivies à l'école secondaire sont, de leur point de vue, éloignées de celles qu'ils seront amenés à enseigner. Pour que les liens entre les différentes connaissances mathématiques soient disponibles à l'enseignant débutant, il est nécessaire qu'ils soient mis en évidence et travaillés pendant sa formation et que leur importance soit relevée tant dans la résolution de problèmes liés directement aux connaissances spécifiques travaillées dans le cours que dans des situations proches de celles qui seront vécues en classe.

La disponibilité des connaissances et des liens entre les connaissances devrait non seulement permettre à l'enseignant débutant de préparer ses cours et de donner du « sens » à ce qu'il veut faire apprendre à ses élèves, mais elle devrait aussi lui permettre de se positionner sur des faits mathématiques. En effet, comme nous l'avons déjà signalé, dans la relation pédagogique, il sera l'expert et les élèves attendront de lui des réponses et des validations. Il faudra donc qu'il soit capable non seulement de donner une réponse ou de se positionner sur la réponse d'un élève, mais qu'il puisse évaluer son degré de certitude à propos de sa réponse pour décider s'il peut la fournir telle quelle aux élèves ou s'il doit se renseigner avant de le faire.

En mathématiques, un résultat est vrai ou il est faux. C'est le principe du tiers exclu déjà formulé par Aristote. Par contre, on ne sait pas toujours, la communauté des mathématiciens ou un individu, si le résultat en question est vrai ou faux. Pour se prononcer de manière définitive sur un résultat qu'il ne connaît pas encore, l'expert en mathématiques doit soit exhiber un contre-exemple, soit démontrer le résultat à l'aide d'un raisonnement déductif. Ce processus est long et n'est en général pas possible en classe, il faut donc se contenter d'une estimation de la vérité du résultat, d'une preuve pragmatique et non formelle. C'est là que d'autres outils que la déduction entrent en jeu, comme l'analogie ou la prise en compte de liens entre diverses connaissances. Par exemple, le fait de savoir « qu'une pierre rouge ne sera jamais dans un tel édifice à côté d'une pierre noire » (Robert *et al.*, 1999, p. 14). Ainsi que le précise Poincaré, le raisonnement déductif n'est pas le seul outil qui permet au mathématicien de réfléchir :

> Quelle est la nature du raisonnement mathématique ? Est-il réellement déductif comme on le croit d'ordinaire ? Une analyse approfondie nous montre qu'il n'en est rien, qu'il participe dans une certaine mesure de la nature du raisonnement inductif et que c'est par là qu'il est fécond. Il n'en conserve pas moins son caractère de rigueur absolue ; c'est ce que nous avions d'abord à montrer. (Poincaré, 1902, p. 25)

Avant de poser par écrit son raisonnement déductif, l'expert en mathématiques, quelles que soient ces mathématiques, cherche, tâtonne, se fait une intuition de la vérité d'un résultat. Cette relation, non plus binaire (vrai-faux) mais continue de l'intuition de la vérité, est de ce fait plus compatible avec les conceptions de Descartes ou de Kant qu'avec celles de Platon ou d'Aristote. Comme le dit Beaufret :

> Quelles sont l'origine et l'essence de ce que l'on a appelé la « révolution cartésienne » en tant qu'instauration d'un nouveau statut philosophique des mathématiques ? Elle a pour source une redécision de l'essence de la vérité qui, de Platon à Descartes, s'est accomplie de façon inapparente, et que Heidegger nomme : « der Wandel der Wahrheit zur Gewissheit », « la mutation de la vérité en certitude ». [...] Autrement dit, si les vérités mathématiques sont les mêmes pour les Grecs que pour Descartes, leur qualité d'être vraies est éprouvée différemment. Comme Heidegger le dit sobrement à propos de Kant, mais il aurait tout aussi bien pu le dire de Descartes : « Pour les Grecs, les choses apparaissent. Pour [Descartes], les choses *m*'apparaissent. » (Beaufret, 2011, pp. 27–28)

En effet le « m' » qui pourrait être un « je » dans une autre formulation correspond bien à ce qu'on attend de l'expert : proposer une réponse n'est pas suffisant, on attend de lui qu'il puisse associer à sa réponse un niveau de certitude qui, évidemment, est propre à chaque individu alors que la vérité de l'affirmation proposée comme réponse est, elle, indépendante des individus.

2. La certification du module

La question de l'examen est assez rapidement apparue comme essentielle. Nos forces ne nous permettent pas de corriger de manière satisfaisante plus de 200 copies d'un examen écrit traditionnel dans les délais impartis. Nous n'avons en particulier pas la possibilité de faire corriger chaque épreuve par plusieurs correcteurs pour limiter les effets des biais liés à la correction. Nous avons donc opté pour la réalisation d'un examen standardisé en utilisant des questionnaires à choix multiples (QCM).

Pour pallier une partie des faiblesses liées à l'utilisation des QCM classiques comme les réponses au hasard ou les biais introduits par des questions mal formulées, nous avons eu l'opportunité d'utiliser le Système méthodologique d'aide à la réalisation de tests (SMART) (Gilles, 2010, pp. 57–98) par l'intermédiaire de la plateforme *ExAMS* (Gilles, Detroz, Crahay, Tinnirello & Bonnet, 2011).

2.1 La table de spécification

Dans la plateforme *ExAMS*, avant d'introduire des questions, il faut construire une table de spécification. Celle-ci croise la liste des points à évaluer[3] avec la liste des catégories de performances. Ces dernières sont définies par Gilles : « *des catégories de performances*, c'est-à-dire les processus mentaux que les étudiants doivent exercer sur les points enseignés » (Gilles, 2010, p. 76). Il est tout à fait possible d'utiliser une taxonomie déjà existante comme liste des catégories de performances. La construction de notre table de spécification s'est avérée plus difficile que prévu et les premières tentatives ont dû être corrigées, car celles-ci ne tenaient pas assez compte des objectifs du cours.

Les points à évaluer correspondent aux sujets travaillés pendant le cours et dépendent donc essentiellement de notre premier objectif qui était de présenter des connaissances mathématiques spécifiques à l'enseignement. Nous avons ainsi délibérément choisi de partir des mathématiques de l'école primaire pour proposer à nos étudiants des contenus qui leur offrent la possibilité de faire par eux-mêmes des liens, en particulier lors d'analyses *a priori* de tâches mathématiques, entre les mathématiques travaillées dans ce cours et les séminaires de didactique.

En 2010, le programme des quatre premières années de l'école primaire (élèves de 6 à 10 ans) était découpé en six chapitres : *la logique et le raisonnement, le nombre et la numération, les opérations et leurs propriétés mathématiques, les outils de calcul, l'espace et la géométrie, la mesure et le mesurage* (Danalet, Dumas, Studer & Villars-Kneubühler, 1999). Nous avons décidé de traiter les quatre premiers chapitres pendant le cours et nous pensions avoir ainsi la liste des points à évaluer.

Notre second objectif relatif aux *pratiques expertes* que nous souhaitons développer chez les étudiants nous a posé beaucoup plus de difficultés. En effet, les liens entre différentes connaissances et la disponibilité de ces connaissances et de ces liens sont deux éléments qui se sont avérés très différents à catégoriser.

---

3 Les sujets qui feront l'objet de l'évaluation.

Les liens entre plusieurs connaissances peuvent apparaître dans la liste des points à évaluer. On aura donc, par exemple :

- Numération
- Propriétés des opérations
- Algorithmes
- Algorithmes et numération
- Algorithmes et propriétés des opérations

Par contre, la disponibilité de ces connaissances ou des liens entre ces connaissances ne peuvent pas être traités de la même manière. Pour cela nous avons utilisé le modèle d'analyse des tâches proposé par Robert qui distingue trois niveaux de mise en fonctionnement :

> On distingue les tâches qui amènent à des applications immédiates des connaissances, c'est-à-dire simples (sans adaptation) et isolées (sans mélange), où seule une connaissance précise est mise en œuvre sans aucune adaptation, mise à part la contextualisation nécessaire : remplacement des données générales par des données particulières notamment.
>
> D'autres tâches nécessitent des adaptations de connaissances qui sont en partie au moins indiquées : on parle de niveau de mise en fonctionnement mobilisable. Le travail des élèves n'est en effet pas analogue selon qu'ils doivent rechercher les connaissances à utiliser (travail du pourquoi ou du quoi) ou mettre en fonctionnement (en l'adaptant) des connaissances indiquées (travail du comment). Si c'est à l'élève de reconnaître les connaissances à utiliser, on parle de niveau de mise en fonctionnement disponible. (Robert, 2008, p. 49)

C'est à l'aide de cette caractérisation des tâches que nous avons construit une catégorisation des performances spécifiques à nos évaluations. Dans un premier temps, nous avions utilisé une taxonomie proposée par Bodin (2010) qui comportait cinq niveaux de complexité, mais nous n'arrivions pas à faire entrer nos questions dans ces catégories. Nous avons donc regroupé certaines des catégories proposées par Bodin (2010) pour les faire correspondre aux niveaux de mise en fonctionnement définis par Robert (2008) et obtenir la catégorisation des performances qui suit :

Tableau 1. Catégorisation des performances utilisée pour construire la table de spécification.

	A	**B**	**C**	
Catégorie	**Connaissance**	**Compréhension**	**Transfert**	
Explicitation	**Connaissance, Reconnaissance, Utilisation directe**	**Utilisation dans une situation familière des outils et des procédures connus**	**C1** **Utilisation dans une situation nouvelle des outils et des procédures connus**	**C2** **Production de jugements relatifs à des productions externes**
Commentaire	Tâche simple et isolée au sens de l'analyse des tâches chez Robert (2008)	Ces situations pouvant être simples, moyennement complexes ou complexes Elles sont du même type que celles proposées au cours ou dans les séminaires et les exercices	Ces situations pouvant être simples, moyennement complexes ou complexes Elles sont différentes que celles proposées au cours ou dans les séminaires et les exercices	
Niveau de mises en fonctionnement	Technique	Mobilisable	Disponible	
Type de demande	Énoncer, identifier, exécuter, effectuer	Interpréter, déduire, associer, choisir, implémenter	Adapter, prolonger, conjecturer, généraliser, modéliser, évaluer, juger	

Celle-ci nous a alors permis de construire une table de spécification dont on trouvera un extrait dans le tableau 2 ci-dessous.

Tableau 2. Extrait de la table de spécification utilisée.

	A **Connaissance**	**B** **Compréhension**	**C** **Transfert**
Numération			
Propriétés des opérations			
Algorithmes			

	A Connaissance	B Compréhension	C Transfert
Algorithmes et numération			
Algorithmes et propriétés des opérations			

Les deux cases grisées du tableau 2 ne comprennent aucune question puisque, pour faire partie de la catégorie *A* de notre catégorisation des performances, il faut que la question soit sans mélange. Par contre, il est possible de concevoir des questions pour remplir l'ensemble des autres cases, une question pouvant faire appel à plusieurs connaissances d'un même cadre, par exemple plusieurs propriétés différentes des opérations, et porter sur une analyse d'erreur d'un travail d'élève et donc faire partie de la catégorie *C*.

2.2 Les degrés de certitude et les solutions générales implicites

À la suite des travaux de Leclercq (1993) et de Gilles (voir par exemple Gilles, 2010, pp. 99–112), les concepteurs de la plateforme *ExAMS* permettent l'utilisation dans les QCM de solutions générales implicites (SGI) et de degrés de certitude (DC). Pour cette première expérience, nous n'avons utilisé qu'un seul type de SGI, la SGI 6 *aucune des solutions proposées n'est correcte*. Les trois autres SGI proposées (Leclercq, 1993) nous sont apparues comme trop complexes à introduire dans un si bref délai ou peu appropriées aux mathématiques.

« Ce n'est pas ce que nous ignorons qui nous cause des problèmes, mais ce que nous savons… et qui est faux. Reconnaître […] ses degrés d'incompétence est une habileté fondamentale, une compétence cruciale pour tout apprenant » (Gilles, 2010, p. 101). On reconnaît dans cette citation l'une des caractéristiques que nous avons attribuées à l'expert en mathématiques que nous cherchons à former par l'intermédiaire de ce cours. L'utilisation des DC nous permet ainsi de tenir compte dans le barème de la certitude avec laquelle l'étudiant a choisi sa réponse parmi les solutions proposées. Nous avons donc utilisé les DC avec l'échelle donnée dans le tableau 3.

Tableau 3. Échelle DC classiques (Gilles, 2010, p. 69).

Si vous considérez que votre réponse a une probabilité d'être correcte comprise entre	*DC N°*	*Vous obtiendrez les points suivants en cas de réponse*	
		correcte	*incorrecte*
0 % et 25 %	0	+13	+4
25 % et 50 %	1	+16	+3
50 % et 70 %	2	+17	+2
70 % et 85 %	3	+18	+0
85 % et 95 %	4	+19	–6
95 % et 100 %	5	+20	–20

2.3 Quelques questions créées dans le cadre de ce module

La fabrication des premières questions nous a aussi posé quelques difficultés. En effet, même lorsqu'il s'agit d'épreuves standardisées, l'usage en mathématiques est d'utiliser des *questions à réponses ouvertes courtes* (QROC), et il n'est pas toujours aisé de transformer une QROC en QCM sans changer la nature de la tâche à la charge de l'étudiant. La question 1 ci-dessous illustre certaines de ces difficultés :

Question 1

Effectuer la soustraction 1011010–649709.
Le résultat se trouve dans la colonne

1	2	3	4	5
200691	205351	215051	244721	250261
218961	223871	257681	263921	263681
244441	309591	304601	342291	289301
251741	316971	308531	361301	324941
314971	355511	312061	369981	335971
356001	377451	369961	393321	369211

Le passage par les boîtes est ici nécessaire pour que les candidats ne puissent pas transformer ce problème de soustraction en un problème d'addition à partir des solutions proposées. Par contre, ils peuvent, une fois qu'ils ont trouvé un résultat à cette soustraction, le vérifier à l'aide d'une addition. Dans ce cas, ils ont utilisé un outil d'expert qui leur permet de choisir un degré de certitude plus élevé que s'ils avaient uniquement effectué la soustraction, sans possibilité de la vérifier. Au niveau de la table de spécification, cette question se situe dans la ligne *algorithmes* et dans la colonne *A*. En effet, même si en utilisant l'algorithme on utilise implicitement le système de numération décimal, on ne peut pas considérer, à ce niveau-là d'étude, qu'il y ait un enjeu en termes de numération, la tâche est donc simple et isolée.

La question 2, parfaitement similaire au niveau de l'utilisation des algorithmes de soustraction, se situe dans la ligne *Algorithmes et numération* et dans la colonne *B*, car le calcul en base six[4] est considéré comme un enjeu de l'évaluation dans le cadre de la numération.

Question 2

Pour cette question, tous les nombres sont exprimés en base six. Effectuer la soustraction 413–244.

Le résultat se trouve dans la boîte

1	2	3	4	5
100	121	133	140	150
104	124	134	145	152
111	125	222	232	252
112	211	223	234	253
113	213	224	241	254
201	221	225	245	255

4 L'utilisation d'autres bases que la base dix a pour but de forcer les étudiants à se décentrer, à se retrouver en quelque sorte dans une situation analogue à celle de leurs élèves qui n'ont pas encore totalement acquis la numération décimale alors qu'ils l'ont eux souvent naturalisée.

Pour répondre à la question 2, l'étudiant peut faire appel à plusieurs stratégies dont deux principales : la première est de transformer les nombres en base dix, d'effectuer la soustraction et de transformer le résultat en base six, alors que la deuxième est d'effectuer directement la soustraction en base six, les problèmes de numération intervenant alors au niveau de la gestion des retenues[5]. On constate que, quel que soit le choix de l'étudiant, il doit faire appel à au moins deux types de connaissances, ce qui justifie le positionnement de cette question dans la colonne *B* de notre table de spécification.

Pour rester dans le chapitre des algorithmes, la question 3 a été classée dans la colonne *C* de notre table de spécification.

Question 3

Voici une égalité dans laquelle les trois nombres sont exprimés dans la même base :

$23 \times 101 = 2323$

Cette égalité est vraie

1. Dans toutes les bases.
2. Dans toutes les bases sauf en base deux et en base trois.
3. Uniquement de la base quatre à la base dix.
4. Uniquement en base dix.
5. Uniquement en base quatre et en base dix.

Si le candidat effectue cette multiplication avec l'algorithme classique en colonne, il s'apercevra qu'il ne se pose jamais la question de la base dans laquelle il travaille. Il sera alors tenté de répondre que cette égalité ne dépend pas de la base. Il ne doit tout de même pas oublier que l'utilisation des chiffres 0, 1, 2 et 3 pour écrire les nombres signifie que la base est supérieure ou égale à quatre. Par contre, il n'osera peut-être pas choisir un degré de certitude élevé, car il n'a pas vraiment de moyen de vérification de son résultat. En revanche, s'il pense à utiliser la distributivité de la multiplication par rapport à l'addition et le fait que multiplier par 10 revient à ajouter un 0 à droite du nombre, quelle que soit la base utilisée, il aura alors la chaîne d'égalité ci-dessous :

$$23 \times 101 = 23 \times (100 + 1) = 23 \times 100 + 23 \times 1 = 2300 + 23 = 2323$$

5 Le terme de retenue est opportun quand il s'agit d'addition, l'utiliser au niveau d'une soustraction est un abus de langage mais nous avons estimé qu'il facilitait la compréhension pour des lecteurs non spécialistes.

Il peut alors avoir la certitude que $23 \times 101 = 2323$. L'utilisation de ces connaissances lui permet ainsi d'utiliser un degré de certitude plus élevé et justifie la présence de cette question dans la catégorie *C*. En effet, ces connaissances ne sont pas indiquées dans la question, il faut donc qu'elles soient disponibles pour être appelées.

Par contre, la question 4 qui peut paraître plus difficile et probablement plus longue à traiter se trouve dans la catégorie *B*.

Question 4

Dans le calcul ci-dessous :

$257 \times 8 = 250 \times 8 + 7 \times 8 = 56 + 8 \times 250 = 56 + (2 \times 4) \times 250 = 56 + 2 \times 1000 = 2056$

Quelle est la propriété qui n'a pas été utilisée ?

1. La commutativité de l'addition.
2. La commutativité de la multiplication.
3. La distributivité de la multiplication sur l'addition.
4. L'associativité de l'addition.
5. L'associativité de la multiplication.

En effet, pour répondre à cette question, l'étudiant doit faire appel à plusieurs propriétés différentes des opérations, la tâche associée n'est donc pas isolée. Par contre ces diverses propriétés sont mentionnées dans la question et ce type d'exercices a été travaillé pendant le cours. Cette question a donc bien sa place dans la catégorie *B* et l'on ne peut pas la mettre dans la catégorie *C*. Il faut toutefois analyser chaque égalité sur le plan des propriétés des opérations, ce qui prend du temps et peut engendrer des oublis puisqu'il peut y avoir plusieurs propriétés utilisées pour une seule égalité. L'utilisation d'un degré de certitude élevé est donc problématique dans ce cas. On constate ainsi, en comparant cette question avec la précédente qui bien que d'un niveau taxonomique plus élevé permettait, elle, l'utilisation d'un degré de certitude élevé si des processus experts étaient mis en jeu par l'étudiant, que les degrés de certitude mesurent autre chose que la complexité de la question.

Après une lecture rapide, on pourrait penser que la question 5 est associée à d'autres chapitres du cours que les questions précédentes.

Question 5

On considère l'ensemble représenté (en gris) ci-dessous :

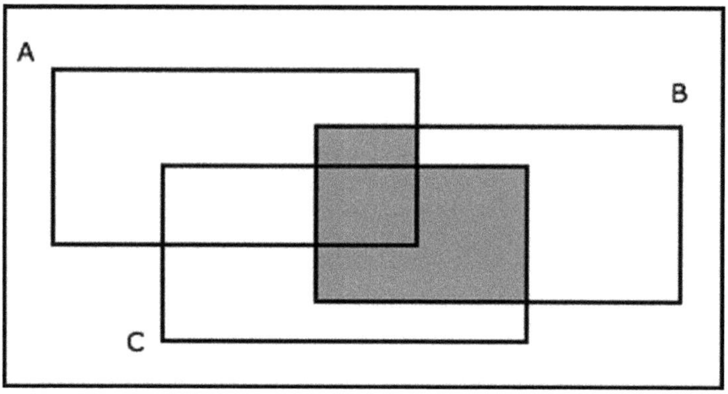

Parmi les notations qui suivent, laquelle ne correspond pas à l'ensemble représenté ci-dessus :

1. $(B \cap A) \cup (B \cap C)$ 2. $B \cap (A \cup C)$ 3. $(A \cap B) \cup (B \cap C)$
4. $B \backslash B \backslash (A \cap C))$ 5. $(C \cup A) \cap B$

Il est à noter que, jusqu'au jour de l'examen, les étudiants n'avaient jamais été confrontés à des diagrammes de Venn avec des ensembles représentés à l'aide de rectangles. Ils étaient habitués aux patatoïdes classiques et ce changement de forme a déjà été, pour eux, une première adaptation de leurs connaissances. Rien que pour cela cette question ne peut déjà plus figurer dans la colonne *A* de notre table de spécification. Pour répondre à cette question, un étudiant peu expert risque de représenter les cinq notations proposées en guise de réponses possibles à l'aide de diagrammes de Venn. S'il ne fait pas d'erreur, il remarquera alors que les cinq propositions correspondent au diagramme proposé et ainsi que la SGI 6 *aucune des solutions proposées n'est correcte* est la bonne solution. Par contre, s'il s'aperçoit que par exemple les propositions 1 et 3 sont égales[6], il pourra alors directement éliminer ces deux propositions puisqu'il sait qu'au plus une seule réponse correcte est possible. Si la proposition 1 était une réponse correcte, la proposition 3 qui lui est identique serait aussi une bonne réponse, ce qui est impossible. Il a utilisé pour cela un raisonnement de logique élémentaire qui fait aussi partie des points travaillés dans

6 La commutativité de l'intersection permet de remplacer $B \cap A$ par $A \cap B$.

le cours. S'il pousse sa stratégie un peu plus loin, il s'apercevra que les propositions 2 et 5 sont aussi égales à la proposition 1[7]. Il éliminera alors toutes les propositions sauf la proposition 4. Il n'a ainsi plus qu'à décider si la notation proposée dans la proposition 4 correspond ou non au diagramme de Venn donné. Comme c'est le cas, il sera obligé de choisir la SGI 6. En résumé, dans notre table de spécification, cette question devrait se trouver dans une ligne intitulée *ensembles, logique et propriétés des opérations* et dans la colonne *C*.

Par contre, une étude *a priori* plus complète nous aurait certainement permis d'améliorer cette question. En effet, la proposition 4 est d'un type différent des autres propositions et les spécialistes des QCM (voir par exemple Leclercq, 1986, p. 103) recommandent d'éviter ce type de distracteurs. D'autant plus que cette proposition a une place particulière dans le processus de résolution de la question puisque c'est la dernière en jeu avant de se résoudre à utiliser la SGI 6. Ce problème est d'autant plus regrettable que la différence ensembliste s'est avérée, *a posteriori*, comme non acquise par beaucoup d'étudiants et cette question n'a ainsi pas permis de départager les étudiants qui avaient appelé les connaissances relatives aux propriétés des opérations. Nous n'avons donc pas évalué ce que nous avions prévu d'évaluer.

Comme nous l'avons vu dans l'introduction, en mathématiques, un résultat est soit vrai soit faux. La tentation était donc grande de construire des QCM de type vrai/faux, mais nous savons que, avec ce type de questions, le hasard vient grandement perturber l'évaluation. Nous avons essayé de contourner cette difficulté à l'aide, par exemple, des questions 6 et 7 qui suivent :

Question 6

Voici deux égalités :

A. $5 + 7 \times 8 = 96$

B. $6 + 2 \times 9 = 24$

1. A et B sont fausses.
2. A et B sont vraies.
3. A est fausse et B est vraie.
4. A est vraie et B est fausse.

7 L'intersection et la réunion sont commutatives et l'intersection est distributive par rapport à la réunion.

La formulation de la question 6, ou plutôt celle des réponses possibles, permet de passer des deux réponses possibles d'un vrai/faux à quatre réponses possibles. L'effet du hasard est donc diminué. Par contre, on évalue la priorité des opérations à l'aide de deux questions. Comme cette connaissance est élémentaire, on s'est permis de grouper ces deux questions, mais il ne faudrait pas le faire avec des questions plus complexes ou plus difficiles dans une évaluation certificative. On peut toutefois relever que, dans une évaluation diagnostique, cette formulation permet d'isoler les réponses pour chacune des deux questions et d'obtenir ainsi l'information recherchée.

Question 7

On donne trois affirmations au sujet d'un losange :

A. Si on double la longueur d'une diagonale sans modifier l'autre, on double la surface.

B. Si on double la longueur des deux diagonales, on multiplie la surface par quatre.

C. Si on double les longueurs des quatre côtés sans changer les angles en chaque sommet, on multiplie la surface par quatre.

1. Seule l'affirmation A est vraie.
2. Seule l'affirmation C est vraie.
3. Seules les affirmations A et B sont vraies.
4. Seules les affirmations A et C sont vraies.
5. Les affirmations A, B et C sont vraies.

On peut aussi reprocher à cette question sa pluralité, mais comme les trois affirmations évaluent des connaissances de même nature, nous estimons que ce type de formulation est possible dans certains cas. Par contre, contrairement à ce que nous avons affirmé pour la question 6, il n'est, dans ce cas, pas possible de reconstituer les positionnements par rapport à chacune des trois affirmations. Ce type de formulation n'est donc pas adapté à une évaluation diagnostique. Il faut aussi noter qu'un étudiant qui penserait que seules les affirmations B et C sont vraies ne trouverait pas sa réponse dans les distracteurs proposés. Dans notre cas, la présence de la SGI 6 lui permet tout de même de donner une réponse. Il est donc important que ce type de formulation ne soit utilisé que lorsque la SGI 6 est autorisée.

3. Les exercices et les évaluations diagnostiques et formatives

Le SMART propose une spirale de qualité en huit étapes (Gilles, 2010, pp. 74–97 ; Gilles *et al.*, 2011, pp. 17–21). La première consiste à définir les objectifs de l'enseignement et à construire la table de spécification, la deuxième à choisir les modalités de questionnement, dans notre cas l'utilisation de QCM avec SGI 6 et degrés de certitude, alors que la troisième est relative à la fabrication des questions.

La quatrième étape concerne la préparation des étudiants à passer ce type d'épreuve. Dans notre situation, elle nous paraît très importante. En effet, comme nous l'avons dit dans notre préambule, l'utilisation de QCM, particulièrement avec les degrés de certitude, n'est pas courante dans le canton de Vaud. Nous avons donc apporté un soin particulier à cette étape.

Lors de la première occurrence du module, nous avons fait passer un pré-test à l'ensemble des étudiants avant le début des cours dans les mêmes conditions que celles de l'examen, mais avec une utilisation des degrés de certitude sans explication.

Nous avons ensuite, lors de la troisième semaine du cours, présenté le tableau 3 en même temps que les autres modalités de l'examen. Les étudiants ont ensuite eu la possibilité de se familiariser avec ce barème lors d'un examen blanc proposé en ligne quelques semaines avant la fin du cours. Même si les résultats à ces examens se sont avérés suffisants, nous n'étions toujours pas satisfaits de la perception qu'en avaient les étudiants, en particulier pour ce qui concerne les degrés de certitude. Nous avons donc remplacé le pré-test qui précédait le cours et dont les résultats ne nous étaient plus utiles pour nos recherches par une expérience de vote électronique sur laquelle nous reviendrons plus loin dans ce chapitre.

L'entraînement aux modalités de l'examen est certes important mais, pour pouvoir en profiter le jour de l'examen, il faut avoir acquis les connaissances requises et avoir la conviction que c'est le cas. La question des exercices et de l'évaluation formative est donc elle aussi rapidement apparue comme non seulement importante, mais aussi problématique au vu du nombre d'étudiants à gérer et du peu de moyens en ressources humaines de l'UER MS. Nous avons décidé d'essayer de pallier l'absence d'assistants pour animer des séances d'exercices par la mise en place d'un dispositif de formation hybride en utilisant une plateforme d'enseignement à distance (*Moodle*). Ce dispositif peut se résumer comme suit :

- Cours en auditoire.
- Utilisation d'une plateforme *Moodle* autour de laquelle s'organisent toutes les activités d'enseignement et d'apprentissage.

On trouve notamment sur la plateforme *Moodle* l'ensemble des documents utiles, les copies des diapositives présentées pendant le cours, ainsi que des extraits vidéo de certaines parties délicates du cours. Celles-ci permettent aux étudiants de reprendre ces passages plus lentement et surtout plusieurs fois si nécessaire au moment où ils font les exercices.

Le reste de cette plateforme est construit pour permettre aux étudiants de s'exercer et de s'évaluer sous diverses formes.

3.1 Des pré-tests

Avant le début de chaque chapitre, un pré-test en ligne est proposé aux étudiants. Le mode de questionnement est divers avec par exemple : des QCM, des QROC, des *glisser-déposer* pour reconstituer des paires. Au niveau des questions, on essaye d'être le plus près possible de situations de classe en prenant des questions issues de moyens d'enseignement de l'école primaire ou du tout début du secondaire ou en demandant de se positionner sur des travaux d'élèves ou sur des situations de classe. Par exemple, la question 8 ci-dessous a été proposée dans le pré-test qui précédait le chapitre *logique et ensembles* :

Question 8

Tous les carrés sont des quadrilatères. Or tous les losanges sont des quadrilatères. Donc tous les carrés sont des losanges.
Le raisonnement ci-dessus est-il vrai ou faux ?

Le fait que les trois affirmations soient vraies, mais que le raisonnement déductif soit faux, pose en effet de gros problèmes à nos étudiants, et la possibilité de leur montrer que ce type de mauvaises déductions peut les mettre en difficultés en classe nous semble importante avant d'aborder le chapitre dans lequel ces éléments seront travaillés. Comme cette question ne fait pas partie d'un test certificatif, l'utilisation d'un vrai/faux n'est pas problématique.

Après avoir passé le pré-test, les étudiants reçoivent automatiquement une note indicative sur leur résultat au test, mais aucun feed-back n'est proposé à ce moment-là. Ces pré-tests ont pour but de permettre à l'étudiant d'entrer dans le chapitre depuis sa position de futur enseignant et de permettre au formateur de mettre le doigt sur certaines difficultés des étudiants. Les résultats de quelques questions sont parfois repris pendant le cours et, à la fin du chapitre, les étudiants ont la possibilité de repasser le test autant de fois qu'ils le désirent. À ce moment-là, des feed-back sont proposés.

3.2 Des post-tests

Des post-tests sont mis à la disposition des étudiants à la fin de chaque chapitre pour leur permettre d'évaluer leurs apprentissages. Comme pour les pré-tests, des notes indicatives sont transmises aux étudiants. Dans la mesure du possible, des feed-back sont proposés aux étudiants, mais lorsque ce n'est pas le cas ils peuvent utiliser les forums de discussions décrits ci-dessous. Sur la forme, les post-tests sont similaires aux pré-tests, mais les questions proposées sont en général plus complexes. Les étudiants peuvent passer les post-tests aussi souvent qu'ils le souhaitent pour évaluer leur progression dans les apprentissages. Lors des passations ultérieures, les questions sont le plus souvent différentes. Certains de ces post-tests se passent sur la plateforme *ExAMS*, ce qui donne des entraînements supplémentaires pour l'examen. Par contre, pour l'instant, nous n'avons pas la possibilité de modifier les questions à chaque passation sur cette plateforme.

3.3 Des exercices d'entraînement

Pendant le chapitre, des exercices d'entraînement sont proposés aux étudiants : des exercices en ligne, le plus souvent constitués de questions relevant de tâches simples et isolées qui doivent aider les étudiants à s'approprier les contenus du cours. Des exercices *sur feuilles* sont distribués pendant le cours avec les réponses disponibles sur *Moodle*.

Pour une partie de ces exercices, nous proposons, soit spontanément, soit à la demande des étudiants, des corrections sous forme de vidéos réalisées à l'aide d'un logiciel d'enregistrement d'écran et d'une tablette graphique.

La plateforme *Moodle* nous offre d'autres opportunités d'exercices que nous essayons aussi d'exploiter. Par exemple, en utilisant un wiki pour demander aux étudiants de proposer des réponses à la question 9 inspirée par Perec (1998, p. 16) :

Question 9

En utilisant sept fois le chiffre 7, pas une fois de plus, pas une fois de moins, et les signes mathématiques usuels, écrire les nombres de 1 à 99. Il peut y avoir plusieurs solutions pour un même nombre.

Exemple : $$32 = 7 \times 7 - \left(\frac{77-7}{7} + 7 \right)$$

Quel est le plus grand nombre qui ne peut pas être écrit ainsi ?

L'utilisation d'un wiki permet aux étudiants non seulement de proposer leurs réponses, mais aussi de les comparer avec celles des autres étudiants et d'éventuellement en corriger certaines et donc de, petit à petit, entrer dans leur rôle d'expert.

La vidéo offre aussi des possibilités intéressantes. Par exemple, on propose aux étudiants un algorithme de multiplication peu usuel à l'aide de deux ou trois exemples sur une vidéo et on leur demande de se prononcer sur une utilisation de cet algorithme de manière systématique. Est-ce possible ? Est-ce souhaitable ? Quels sont les défauts et les avantages ? Pourquoi cet algorithme fonctionne-t-il ? Le débat qui suit peut avoir lieu soit en cours sous la forme d'un débat scientifique à l'aide ou non du vote électronique, soit sur un forum.

3.4 Des forums de discussions

Des forums sont également à la disposition des étudiants pendant chaque chapitre, pour poser des questions, mais aussi pour y répondre. Le fait de répondre à un autre étudiant permet également d'entrer petit à petit dans la peau d'un expert. La discussion ci-dessous nous semble bien refléter ce que nous attendons de ces forums :

> **Arlette (11 h 11)** : Bonjour tout le monde, pour pouvoir nous entraîner sur le sujet des nombres rationnels, Alice et moi avons inventé des exemples. Mais nous aimerions vous inviter à les faire aussi et à nous partager vos réponses, afin de les comparer.
> Écrire les nombres ci-dessous en base dix
> a) 2,51 en base six Notre réponse : 103/36 en base dix ou 2,86111111...
> b) 12,444444... en base cinq Notre réponse : 8 en base dix
> Qu'en pensez-vous ? Et vous Monsieur Deruaz ?
> Merci d'avance de votre collaboration.
> **Nicole (11 h 34)** : Je trouve la même chose pour le a). Par contre pour le b) j'obtiens 11/2 ou 5,5 en basc 10...
> **Albertine (11 h 59)** : Moi j'obtiens tout comme vous (8,861111[8] et 8), mais je ne suis pas sûre d'être une référence.
> **Nicole (12 h 26)** : Comment un nombre à virgules en base 5 pourrait donner un nombre entier en base 10 ???? Si on le fait dans l'autre sens, 8 en base 10 donne 13 en base 5...
> **Janet (12 h 30)** : Je trouve la même chose que vous.
> **Nicole (12 h 33)** : Comment avez-vous obtenu 8 alors ????
> **Albertine (12 h 35)** : Alors là c'est une bonne question...
> **Albertine (12 h 39)** : Avec les formules A = 12, 444, 10 × A = 124,4
> 10 × A = 124,4
> 1 × A = 12,4 ici faudrait faire moins
> = 112/4 on est en base 5 => 112 = 32 en base 10
> 32/4 = 8[9].
> **Janet (12 h 38)** : C'est aussi ce que j'ai fait !
> **Nicole (12 h 46)** : C'est moi qui me suis trompée... J'ai utilisé la bonne méthode, mais je me suis trompée de base !!!! ^^ Donc oui j'obtiens bien 8 !!!!!
> **Arlette (13 h 50)** : Merci beaucoup pour vos réponses ! On vient de les voir...
> Merci Albertine pour l'explication, c'est exactement ce qu'on a fait. Alors Nicole, j'espère que ça t'a aidée !
> On a toutes les mêmes réponses du coup, donc ce devrait être juste. Est-ce que M. Deruaz nous confirme cela ?...
> En tout cas, bonne chance pour demain !
> **Léa (17 h)** : J'vais passer pour une bobette mais quand tu fais 124.4444–12.4444 = 112, tu fais quoi après ?
> Parce que j'comprends pas ce que tu as écrit là : "= 112/4 on est en base 5 => 112 = 32 en base 10
> 32/4 = 8". Merci de m'éclairer.

---

8 Probable faute de frappe d'Albertine. Il faut lire 2,861111.

9 Il est possible que les restrictions du moyen de communication (difficulté à écrire des maths dans le forum) aient incité Albertine à modifier son intervention.

Léa (17 h 14) : Pas besoin, j'ai trouvé. Je me suis un peu mélangé les pinceaux !
M. Deruaz (17 h 42) : Désolé de vous avoir fait attendre, mais j'étais en séance jusqu'à maintenant.
Le 103/36 est juste.
Pour le 12,444444... en base cinq, cela donne bien 8 en base dix et vos calculs sont ok.
L'explication du nombre à virgule qui devient un nombre entier est liée au fait qu'en base cinq, 12,444444... = 13 comme en base dix, 6,9999... = 7 ou plus simplement 0,99999... = 1 (1/3 = 0,333333... (1/3)*3 = 1 et 0,33333...*3 = 0,9999...)
Arlette (21 h 12) : Merci d'avoir pris du temps pour nous répondre et à demain !

On peut noter qu'Albertine et Léa introduisent dans leur première intervention une remarque pour préciser qu'elles ne sont pas sûres d'elles, alors que ces deux étudiantes ont obtenu de très bons résultats lors de l'examen qui a eu lieu le lendemain matin. On peut aussi relever que Léa répond elle-même à sa question quelques minutes après l'avoir posée. Une intervention plus prompte du formateur, soit sur le forum, soit pendant une séance classique d'exercices, ne lui aurait peut-être pas permis de prendre conscience qu'elle peut elle-même répondre à sa question, qu'elle peut utiliser ses outils d'experts. Les interventions de Nicole nous semblent également intéressantes. Elle a manifestement commis une erreur pour la question b), par contre sa remarque lors de sa seconde intervention pour remettre en cause la réponse correcte proposée par les autres, bien que judicieuse, n'a pas suscité de véritables réactions. Les interventions qui suivent la sienne se contentent d'expliquer le calcul réalisé en essayant de reproduire les exemples travaillés précédemment, mais n'entrent pas dans la démarche experte proposée par Nicole. Une intervention judicieuse d'un modérateur du forum aurait peut-être permis aux autres intervenants de répondre à Nicole.

3.5 Des votes électroniques

Ce système qui est notamment proposé par Gilles (2010, p. 80) n'a pas pu être mis en œuvre dans notre cours lors des deux premières occurrences, car nous n'avions pas le matériel nécessaire. Comme nous étions convaincus du bien-fondé de cette technique, nous avons essayé de trouver une autre solution pour utiliser tout de même le vote électronique pendant le cours et nous expérimentons cette solution depuis l'automne 2012. Les auditoires ont été équipés du WiFi et nous avons remarqué que nos étudiants étaient de plus en plus nombreux à prendre leurs notes directement sur un ordinateur portable. Un sondage sur *Moodle* nous ayant permis de constater que plus de 90 % de nos étudiants étaient équipés d'un ordinateur portable ou d'un téléphone permettant l'utilisation du WiFi, nous avons estimé qu'il était possible d'utiliser l'outil *feedback* de *Moodle* qui permet aux étudiants de répondre à un QCM en ligne et de manière anonyme. Pour permettre l'utilisation des téléphones et pour éviter que les étudiants répondent à un autre moment, les questions sont projetées sur l'écran de l'auditoire au fur et à mesure.

Avec cet outil, nous avons en particulier utilisé les questions 1 et 5 ci-dessus pour introduire les degrés de certitude. Nous avons notamment pu montrer comment la mise en fonctionnement de stratégies expertes permet parfois d'utiliser à bon escient des degrés de certitude élevés.

4. Brève analyse de quelques résultats

4.1 Au niveau de l'examen

Une étape importante du SMART est l'analyse des résultats du test (étape 6) ; globalement, en utilisant par exemple l'*alpha de Cronbach*[10] mais aussi par question en utilisant des indicateurs comme le coefficient de corrélation bisériale de point classique (RpBis) (voir par exemple Gilles, 2010, pp. 171–177). Ceux-ci permettent « de mesurer le pouvoir séparateur d'une question, c'est-à-dire la capacité à distinguer les étudiants qui réussissent la question des étudiants qui échouent » (Gilles, 2010, p. 171). En d'autres termes, ce coefficient permet de déterminer si les étudiants qui ont choisi une solution donnée sont les étudiants qui ont obtenu un bon résultat sur l'ensemble du test. Cela permet éventuellement d'accepter comme correcte une réponse initialement prévue comme un distracteur ou d'annuler une question si ses résultats et une analyse *a posteriori* de

10 Au stade actuel de notre étude, nous n'avons pas encore pris en compte les résultats fournis par ces indicateurs globaux.

cette question et des réponses proposées laissent supposer qu'il y a une ambiguïté. Les tableaux qui suivent montrent les résultats obtenus pour quelques questions que nous avons présentées ci-dessus.

Tableau 4. Tableau de synthèse des résultats de la question 3.

	Pas de réponse	Sol. 1	Sol. 2	Sol. 3	Sol. 4	Sol. 5	Aucune
Nombre d'étudiants qui ont choisi cette solution	0	3 (2 %)	113 (73,38 %)	28 (18,2 %)	1 (0,65 %)	0	9 (5,84 %)
RpBis		0,01	0,13	–0,19	0,01		0,05
Certitude moyenne		75,83	73.45	70,09	12,5		62,78

Tableau 5. Tableau de synthèse des résultats de la question 4.

	Pas de réponse	Sol. 1	Sol. 2	Sol. 3	Sol. 4	Sol. 5	Aucune
Nombre d'étudiants qui ont choisi cette solution	0	15 (9,7 %)	7 (4,55 %)	38 (24,7 %)	85 (55,2 %)	4 (2,6 %)	5 (3,3 %)
RpBis		–0,28	–0,07	–0,31	0,45	0,03	0,02
Certitude moyenne		47,33	50,71	51,78	56,53	57,5	35,5

Tableau 6. Tableau de synthèse des résultats de la question 5.

	Pas de réponse	Sol. 1	Sol. 2	Sol. 3	Sol. 4	Sol. 5	Aucune
Nombre d'étudiants qui ont choisi cette solution	0	4 (2,6 %)	4 (2,6 %)	1 (0,66 %)	114 (74 %)	3 (2 %)	28 (18,18 %)
RpBis		–0,11	–0,14	–0,04	–0,36	–0,01	0,52
Certitude moyenne		68,75	71,25	37,5	73,93	49,17	77,41

Tableau 7. Tableau de synthèse des résultats de la question 6.

	Pas de réponse	Sol. 1	Sol. 2	Sol. 3	Sol. 4	Sol. 5	Aucune
Nombre d'étudiants qui ont choisi cette solution	0	7 (4,6 %)	20 (13%)	121 (78,57 %)	5 (3,3 %)	0	1 (0,65 %)
RpBis		–0,12	–0,33	0,38	–0,12		001
Certitude moyenne		51,79	72,38	87,91	70,5		12,5

Tableau 8. Tableau de synthèse des résultats de la question 7.

	Pas de réponse	Sol. 1	Sol. 2	Sol. 3	Sol. 4	Sol. 5	Aucune
Nombre d'étudiants qui ont choisi cette solution	0	6 (3,9 %)	29 (18,8 %)	36 (23,4 %)	4 (2,6 %)	71 (46 %)	8 (5,2 %)
RpBis		–0,05	–0,15	–0,3	–0,07	0,49	–0,16
Certitude moyenne		35,42	50,6	51,04	41,25	58,56	34,69

Pour les questions 4 à 7, le RpBis de la réponse correcte est non seulement positif, mais supérieur au seuil de 0,18 pertinent pour un test de 32 questions $\left(1\sqrt{n}\right)$ (Gilles, 2010, p. 176), et pour les questions 5 et 7 des RpBis négatifs pour toutes les autres solutions montrent que la majorité des bons étudiants sur l'ensemble de l'examen a répondu correctement à ces questions. Elles peuvent donc être considérées comme pertinentes selon ce point de vue. Pour les trois autres questions, quelques solutions fausses obtiennent des RpBis légèrement positifs, mais cela concerne à chaque fois que très peu d'étudiants. Ces questions peuvent donc aussi être considérées comme pertinentes selon ce point de vue.

À la question 5, une grande majorité des étudiants (74,03 %) a choisi la solution 4 alors que la SGI 6 *aucune* est la bonne solution. Par contre, au niveau des RpBis, celui de la solution 4 est très largement négatif alors que celui de la SGI 6 est nettement supérieur au seuil de pertinence. On peut en conclure que, même si cette question est, comme signalé plus haut au moment de son analyse, problématique, elle permet une très bonne discrimination.

En comparant les taux de réussite des questions 3 et 4, on observe que, comme prévu, la question 4 a été plus difficile que la 3 malgré le fait qu'elle soit moins complexe.

La question 3 nous pose par contre un problème puisque, malgré le fait qu'une grande majorité des étudiants (73,38 %) ont choisi la bonne solution, le RpBis de cette dernière (0,13) est inférieur au seuil de 0,18. On remarque que neuf étudiants relativement performants sur l'ensemble du test (RpBis de 0,05) ont choisi la SGI 6, il y a donc une ambiguïté potentielle dans notre question mais nous n'avons pas encore réussi à mettre le doigt dessus. D'autant plus que les étudiants qui ont manifestement oublié qu'une base pouvait être supérieure à dix (solution 3) sont eux repérés comme peu performants sur l'ensemble du test (RpBis de –0,19). Dans l'idéal, il aurait fallu pouvoir interroger les étudiants qui ont choisi la SGI 6 pour leur demander d'expliciter leur choix mais les règles concernant la diffusion des résultats des épreuves d'examen aux étudiants ne nous l'ont pas permis.

Le tableau 9 présente la synthèse d'une question qui portait sur les codes à virgule dans d'autres bases que la base dix. Les réponses à cette question ont peut-être été influencées par la discussion sur le forum retranscrite plus haut. Cette discussion avait eu lieu la veille de l'examen.

Tableau 9. Tableau de synthèse des résultats d'une autre question.

	Pas de réponse	Sol. 1	Sol. 2	Sol. 3	Sol. 4	Sol. 5	Aucune
Nombre d' étudiants qui ont choisi cette solution	0	15 (9,7 %)	16 (10,4 %)	54 (35,1 %)	65 (42,2 %)	0	4 (2,6 %)
RpBis		0,05	–0,18	0,11	–0,11		0,07

La réponse attendue est la solution 3. Comme pour la question 5 (tableau 6), une autre solution (solution 4) a été choisie par un nombre plus élevé d'étudiants. Par contre, dans le cas de cette question (tableau 9), le RpBis de la solution attendue est inférieur au seuil de 0,18 et deux autres solutions (solution 1 et SGI 6 *aucune*) obtiennent des RpBis positifs. Une relecture *a posteriori* de la question et des solutions proposées a montré qu'il y avait une ambiguïté possible et cette question a fait l'objet d'un traitement spécifique dans le barème définitif de l'examen.

Nous n'avons pas encore analysé les taux de certitude moyenne, mais nous pouvons tout de même signaler que ceux des questions 1 et 2, pour lesquelles nous avions vu qu'une procédure de vérification classique en passant par l'addition était possible, sont supérieurs à 92 %, soit largement plus élevés que ceux des questions suivantes. En étudiant le tableau de la question 6, on observe que le taux de certitude moyen de la solution correcte est significativement supérieur à ceux des distracteurs. On peut faire l'hypothèse que les étudiants qui ont répondu correctement sont ceux qui ont vu que la connaissance en jeu était la priorité des opérations alors que les autres ne savaient pas à quelle connaissance se référer. On ne peut malheureusement pas faire le même type d'analyse pour la question 5 (tableau 6) et c'est peut-être là que le problème signalé au moment de l'analyse de la question intervient. En effet, parmi les étudiants qui ont choisi la solution 4, certains avaient probablement utilisé les propriétés des opérations pour éliminer quatre solutions. Ces étudiants ont alors peut-être utilisé un degré de certitude plus élevé que les autres et ainsi fait monter la certitude moyenne de cette solution.

La plateforme *ExAMS* propose aussi des résultats individualisés aux étudiants à l'aide de tableaux et de graphiques qui donnent des résultats par chapitre ou par niveau taxonomique et qui analysent la pertinence de l'utilisation des DC. Pour ces premières expériences, nous n'avons pas utilisé ces possibilités, car nous n'étions pas convaincus de savoir les exploiter correctement à grande échelle. Nous avons par contre proposé un entretien individuel aux étudiants en échec après la première session. Lors de cet entretien, nous leur avons présenté et expliqué les tableaux mis à disposition par la plateforme.

4.2 Au niveau des exercices et des évaluations diagnostiques et formatives

Lors de la première occurrence du module, une évaluation qualité a été réalisée à l'aide d'un questionnaire passé la dernière semaine du cours (avant les examens). Cent soixante étudiants étaient inscrits au cours et 124 ont rempli le questionnaire.

Parmi ces étudiants, 87 % ont répondu, selon la formulation du questionnaire qualité, qu'ils ont appris des choses grâce aux exercices en ligne. Quatre tests avaient été proposés pendant le semestre pour 1158 passations.

Cette année-là, 33 vidéos avaient été mises à leur disposition : 14 comportaient des corrections d'exercices et les autres étaient composées d'exemples pour illustrer le cours ou d'extraits du cours. Il y a eu plus de 4000 consultations de ces vidéos et 85 % des étudiants ont répondu qu'ils ont appris des choses en visionnant les corrigés vidéo.

Pour ce qui concerne les forums de discussions, 84 discussions avaient été ouvertes pour 186 interventions et plus de 3800 consultations. Il n'y avait pas de question spécifique sur le forum dans le questionnaire d'évaluation proposé aux étudiants. Une première lecture des données mises à disposition par *Moodle* permet de relever que les étudiants qui sont intervenus sur ce forum sont les étudiants qui ont obtenu les meilleurs résultats à l'examen. Cela ne signifie pas que leur participation au forum est la cause de ces résultats, ni que ces étudiants sont conscients d'être de « bons étudiants ». Une étude plus approfondie sera nécessaire pour voir dans quelle mesure la participation au forum a permis à des étudiants de s'améliorer ou d'augmenter leur confiance.

4.3 Au niveau des objectifs du cours

Plus de 80 % des étudiants réussissent l'examen lors de la première session. De ce point de vue, si notre examen évalue bien les objectifs du cours, on peut estimer que ceux-ci sont atteints.

Par ailleurs, la question 10 ci-dessous, adaptée de Learning Mathematics for Teaching (2008), qui évalue des connaissances spécifiques à l'enseignement (MKT) a été posée à la première volée d'étudiants lors du pré-test qui a précédé le cours et dans un post-test qui a été passé neuf mois après le cours. Ni la question, ni les résultats à cette question n'ont été discutés avec les étudiants entre ces deux passations.

Question 10

Vous avez demandé à vos élèves d'effectuer la multiplication 35x25. Sur leurs cahiers, vous remarquez trois manières différentes d'effectuer cette multiplication.

Elève A	Elève B	Elève C
		35
35	35	× 25
× 25	× 25	25
125	175	150
+75	+700	100
875	875	+600
		875

1. Aucune des méthodes utilisées par A, B et C ne peut être utilisée pour toutes les multiplications de deux nombres à deux chiffres. Elles ne fonctionnent que dans certains cas.
2. La méthode utilisée par B peut être utilisée pour toutes les multiplications de deux nombres à deux chiffres. Ce n'est pas le cas de celles utilisées par A et C qui ne fonctionnent que dans certains cas.
3. Les méthodes utilisées par A et B peuvent être utilisées pour toutes les multiplications de deux nombres à deux chiffres. Ce n'est pas le cas de celle utilisée par C qui ne fonctionne que dans certains cas.
4. Les méthodes utilisées par B et C peuvent être utilisées pour toutes les multiplications de deux nombres à deux chiffres. Ce n'est pas le cas de celle utilisée par A qui ne fonctionne que dans certains cas.
5. Les méthodes utilisées par A, B et C peuvent être utilisées pour toutes les multiplications de deux nombres à deux chiffres.

Les résultats à cette question sont synthétisés dans le tableau 10 ci-dessous.

Tableau 10. Tableau de synthèse des résultats de la question 10.

	Pas de réponse	Sol. 1	Sol. 2	Sol. 3	Sol. 4	Sol. 5
Pourcentage d'étudiants qui ont choisi cette solution lors du pré-test	2,5	7,1	34,7	8,8	20,1	26,4
Pourcentage d'étudiants qui ont choisi cette solution lors du post-test	1,4	2,2	5,8	13,8	27,5	49,3

La méthode enseignée dans le canton de Vaud est celle de l'élève B et correspond donc à la solution 2. On voit que c'est la solution qui a été choisie par le plus grand nombre d'étudiants avant qu'ils ne suivent le cours alors que seul environ un quart d'entre eux avait à ce moment-là choisi la bonne solution. Neuf mois après la fin du cours, seuls 5,8 % des étudiants pensent qu'uniquement la méthode enseignée est généralisable alors que près de la moitié d'entre eux reconnaissent les deux autres méthodes proposées comme généralisables.

Par ailleurs, lorsque nous avons demandé à des étudiants qui ont réussi l'examen lors de la deuxième session ce qu'ils avaient changé dans leur manière de préparer l'examen, les deux extraits de réponses qui suivent nous incitent à penser que ces étudiants sont finalement entrés dans une démarche experte.

Vu que la matière avait déjà été étudiée pour le premier examen, j'ai rapidement identifié mes erreurs, et j'ai donc pu approfondir chaque thème, en allant plus loin dans mon raisonnement. J'ai plus été « chercher la petite bête », en cherchant la difficulté. J'ai tenté d'avoir une vue d'ensemble sur la matière, et j'ai fait des liens entre les thèmes.

Par rapport au premier examen, j'ai plus essayé de comprendre pourquoi ce résultat était celui-là et j'ai aussi trouvé d'autres méthodes pour faire un même exercice.

5. Conclusion et perspectives

Comme nous l'avons mentionné au début de ce chapitre, l'objectif premier de cette expérience était avant tout d'ordre pratique puisque nous devions organiser la certification d'un module suivi par plus de 200 étudiants dans un temps réduit et avec une petite équipe de formateurs. De ce point de vue, comme nous l'avons vu plus haut, l'expérience est réussie. Le travail nécessaire pour mener à bien cette certification n'est probablement pas moindre que pour un examen classique, mais une grande partie de celui-ci a lieu en amont de l'examen et peut donc être répartie sur l'ensemble du semestre contrairement aux corrections d'un examen classique qui doivent nécessairement se faire dans un temps réduit.

Nous pensons aussi que l'utilisation des degrés de certitude même si elle est difficile à justifier auprès des étudiants nous permet de mieux évaluer les compétences d'expert que nous attendons des futurs enseignants primaires qui suivent ce module. Par contre, pour que cela fonctionne au mieux, nous estimons primordial de travailler avec et autour des degrés de certitude dès le début du semestre. Cela permet de dédramatiser ce nouvel outil auprès des étudiants, mais aussi de leur faire prendre conscience des outils d'expert qu'ils peuvent mettre en œuvre en utilisant les degrés de certitude. Sur ce point précis, une recherche menée conjointement avec des spécialistes de l'évaluation devrait nous permettre d'avoir le point de vue des étudiants sur leur perception de l'utilisation des degrés de certitude dans ce cours et sur leur manière de les utiliser. Mettent-ils vraiment en jeu des outils d'expert ?

Plus généralement, un des objectifs essentiels de ce module est de permettre aux étudiants de percevoir l'impact des savoirs mathématiques appris durant le cours pour leur enseignement futur. Malgré nos efforts, même si la majorité des étudiants apprécie le cours (70 % d'avis favorables lors de l'évaluation qualité mentionnée ci-dessus), il n'est pas évident pour eux de faire des liens entre les contenus du cours et leur enseignement. Ces résultats ont été obtenus à l'issue de la première occurrence du module et nous n'en avons malheureusement pas de plus récents. Nous ne pouvons donc pas savoir si les modifications apportées, principalement au niveau des pré-tests dont les questions portent le plus souvent possible sur des situations de classe, mais aussi avec les sondages et le vote électronique pendant le cours, ont modifié la perception des étudiants. C'est possible, mais probablement pas suffisamment pour nous satisfaire.

Le dernier objectif du groupe de travail mis en place autour de ce module était de préparer la mise en œuvre du volet mathématique du nouveau plan d'études qui est opérationnel depuis l'automne 2012. Au vu de ce qui précède, il a été décidé de garder un axe fort sur les liens entre mathématiques et enseignement en créant un module pour les étudiants de première année intitulé « Savoirs mathématiques et enseignement ». Ce module est constitué en parts égales d'un cours en grands effectifs qui reprend globalement les contenus du module décrits dans ce chapitre et de séminaires (groupes de 25 à 30 étudiants) dans lesquels une partie des contenus du cours sont repris, mais dans des contextes d'enseignement. En particulier dans le cadre d'analyses de tâches proposées aux élèves et dans le cadre d'analyses curriculaires.

Pour certifier ce nouveau module, nous utiliserons un examen standardisé en utilisant la plateforme *DoCiMo* qui a succédé à la plateforme *ExAMS*. L'utilisation des degrés de certitude pour des questions de didactique a soulevé quelques craintes dans l'équipe chargée de préparer ce nouveau module mais, après la construction et l'analyse de quelques questions, il a été décidé de relever ce nouveau défi. Un nouveau groupe de formateurs a été constitué pour préparer des questions en lien avec le travail effectué dans les séminaires et une nouvelle recherche a été lancée pour essayer d'évaluer les conséquences de l'apparition de ces questions d'un nouveau type sur l'utilisation des degrés de certitude par les étudiants pendant l'examen.

À un autre niveau, une nouvelle difficulté est apparue lors de la construction des examens pour les sessions qui ont suivi la première. Comment s'assurer que la difficulté des nouveaux examens est similaire à celle des premiers ? Pour répondre à cette question, nous envisageons d'analyser *a posteriori* les résultats de nos questions et de nos tests à l'aide d'outils statistiques spécifiques à la théorie des réponses aux items comme le modèle de Rasch.

Références

Ball, D. L., Thames, M. H. & Phelps, G. (2008). Content knowledge for teaching : What makes it special ? *Journal of Teacher Education, 59*(5), 389–407. doi : 10.1177/0022487108324554.

Beaufret, J. (2011). *Le fondement philosophique des mathématiques.* Paris : Seuil.

Bodin, A. (2010). *Taxonomie pour les énoncés de mathématiques – Classement par niveaux hiérarchisés de complexité cognitive.* <http://www.irem.univ-mrs.fr/IMG/pdf/Taxonomie_A-_Bodin2010.pdf> [consulté le 9 septembre 2010].

Clivaz, S. (2011). *Des mathématiques pour enseigner, analyse de l'influence des connaissances mathématiques d'enseignants vaudois sur leur enseignement des mathématiques à l'école primaire.* Thèse de doctorat, Université de Genève, Genève. <http://archive-ouverte.unige.ch/unige:17047>

Clivaz, S. & Deruaz, M. (2013). Des mathématiques à leur enseignement, l'algorithme de la multiplication. *Grand* N, 91.

Danalet, C., Dumas, J.-P., Studer, C. & Villars-Kneubühler, F. (1999). *Mathématiques 4e année : livre du maître, livre de l'élève et fichier de l'élève.* Neuchâtel : Corome.

Deruaz, M. & Clivaz, S. (2012). *Un cours de savoirs disciplinaires en mathématiques en formation des maîtres primaires.* Texte présenté au colloque Enseignement des mathématiques et contrat social : enjeux et défis pour le XXIe siècle – Actes du colloque EMF2012, Genève.

Dias, T. & Deruaz, M. (2012). Dyscalculie : et si les enseignants reprenaient la main ? *ANAE Approche neuropsychologique des apprentissages chez l'enfant,* 120–121.

Gilles, J.-L. (2010). *Qualité spectrale des tests standardisés universitaires.* Saarbrücken : Éditions Universitaires Européennes.

Gilles, J.-L., Detroz, P., Crahay, V., Tinnirello, S. & Bonnet, P. (2011). La plateforme ExAMS, un *assessment management system* pour instrumenter la construction et la gestion de la qualité de l'évaluation des apprentissages. Dans J.-G. Blais & J.-L. Gilles (dir.), *Évaluation des apprentissages et technologies de l'information et de la communication* (pp. 12–40). Laval : Presses de l'Université de Laval.

Learning Mathematics for Teaching (2008). *Mathematical Knowledge for Teaching (MKT) Measures : Mathematics relesased items 2008.* Ann Arbor, MI : University of Michigan.

Leclercq, D. (1986). *La conception des questions à choix multiple.* Bruxelles : Labor.

Leclercq, D. (1993). Validity, reliability and acuity of self-assessment in educational testing. Dans D. Leclercq & J. Bruno (dir.), *Item banking : Interactive testing and self-assessment,* NATO ASI Series (pp. 113–131). Heidelberg : Springer.

Perec, G. (1998). *Nouveaux jeux intéressants.* Paris : Zulma.

Poincaré, H. (1902). *La science et l'hypothèse.* Paris : Flammarion.

Robert, A. (2008). Une méthodologie pour analyser les activités (possibles) des élèves en classe. Dans F. Vandebrouck (dir.), *La classe de mathématiques : activités des élèves et pratiques des enseignants* (pp. 45–57). Toulouse : Octarès.

Robert, A., Lattuati, M. & Penninckx, J. (1999). *L'enseignement des mathématiques au lycée : un point de vue didactique.* Paris : Ellipses.

Shulman, L. S. (1986). Those who understand : Knowledge growth in teaching. *Educational Researcher, 15*(2), 4–14.

Shulman, L. S. (2007). Ceux qui comprennent : le développement de la connaissance dans l'enseignement [Those who understand : Knowledge growth in teaching]. *Éducation et didactique, 1*(1), 97–114.

Vandebrouck, F. (dir.). (2008). *La classe de mathématiques : activités des élèves et pratiques des enseignants.* Toulouse : Octarès.

Micheline-Joanne Durand
Nathalie Loye
Sébastien Stasse
Marie-Ève Dupuis

Dispositif de formation numérique au 1er et 2e cycle universitaire : structuration, outils d'évaluation et perception des étudiants

1. Introduction

L'apport des technologies de l'information (TI) au domaine de l'éducation se constate par le nombre imposant d'articles et de congrès se rapportant à l'apprentissage, à l'enseignement et aux différents dispositifs numériques mis en place dans les milieux scolaire et universitaire. Toutefois, le développement d'une instrumentation pour l'évaluation adaptée au contexte numérique et à la formation en ligne demeure embryonnaire. Le but de cette recherche-développement est de présenter un dispositif de formation numérique permettant d'intégrer l'instrumentation pour l'évaluation au processus d'apprentissage (outil d'autoévaluation) tout en favorisant les interactions entre les différents acteurs. Nous chercherons aussi à recueillir les perceptions des étudiants en regard de ce dispositif afin d'apporter les ajustements nécessaires.

Certaines recherches concernant l'évaluation à l'aide des technologies portent sur l'utilisation de QCM (questions à choix multiples) dans des systèmes dits « intelligents » permettant à l'étudiant d'obtenir une rétroaction rapide et adaptée dans le contexte d'une évaluation formative. Dans certains cas (Ash, 2012), plutôt que de fournir directement la bonne réponse, le système dirige l'apprenant vers des ressources lui permettant de trouver la réponse par lui-même, ou l'invite à réviser sa compréhension d'une partie précise de la matière. Dans d'autres cas, un système de testing adaptatif puise dans une banque de questions de manière à proposer à l'apprenant celles qui permettront d'estimer son niveau d'habileté le plus efficacement. Dans tous les cas recensés, ces systèmes sont utilisés à des fins d'évaluation diagnostique ou formative, complémentaire au cours donné en classe ou suivi en ligne. Les TIC constituent alors l'outil approprié pour ce type de système qui se limite cependant à des questions à choix multiples ou à réponses brèves. Cette façon de faire permet donc difficilement d'opérationnaliser des réponses construites et élaborées plus conformes aux besoins d'une évaluation de compétences.

D'autres recherches utilisent l'enregistrement des processus mobilisés pour observer, à différents moments, la démarche d'un ou de plusieurs apprenants, les ressources utilisées ou les habiletés métacognitives mises en œuvre afin de documenter le jugement de l'évaluateur. Un laboratoire de science cadre par exemple bien avec une telle approche. Dans de tels cas, la vidéographie (*screencast*) permet d'emmagasiner la démarche d'un apprenant à différents moments de l'année et de rendre compte de la progression de ses apprentissages. Plus qu'un rapport d'expérience traditionnel, la vidéo ou l'enregistrement des actions d'une tâche à l'écran, avec ou sans présence des commentaires audio, permet de garder autant de traces servant, par la suite, à l'évaluateur à dresser un portrait des processus mis en application par l'apprenant. Cette collecte d'informations pourrait par exemple prendre la forme d'un portfolio numérique.

Plusieurs recherches ont d'ailleurs porté sur le portfolio numérique au cours des dernières années (Durand, 2011) car il permet à la fois d'enregistrer une grande quantité d'informations et de la conserver, et d'amener l'apprenant à participer au choix des artéfacts démontrant ainsi sa compétence. L'évaluateur dispose alors de nombreux éléments multimédias (tels que le son, les photos, les vidéos, les graphiques, les textes numériques, les liens hypertextes, les comptes rendus journaliers, les notes d'apprentissage, les expériences, les questions, etc.) lui permettant de dresser un portrait fidèle du niveau des compétences d'un apprenant. Un grand avantage de la version électronique du portfolio d'apprentissage réside principalement dans son aspect interactif permettant à plusieurs intervenants de participer et de collaborer activement à la rétroaction sur des éléments du contenu tout au long de son élaboration (Durand & Chouinard, 2012).

Au-delà de l'outil technologique permettant de contribuer à des étapes précises du processus d'évaluation des compétences, un usage plus global de la technologie dans le domaine pédagogique s'est développé au cours des dernières années autour du concept de dispositif. Lebrun (2005, p. 12) présente cette notion en la décrivant plus globalement comme un « ensemble cohérent constitué de ressources, de stratégies, de méthodes et d'acteurs interagissant dans un contexte donné pour atteindre un but ». L'auteur décrit une démarche permettant de mettre en place un dispositif pédagogique en mettant l'emphase sur l'aspect technologique lors des étapes de l'élaboration. Toutefois, il reste plutôt vague sur les outils permettant l'intégration ou la mobilisation, faisant référence à des plateformes comme *Claroline* ou *Moodle.* Plutôt que de voir le dispositif comme un élément unique permettant de contribuer à un élément du processus d'évaluation, il y aurait peut-être intérêt à voir ce dispositif comme un outil soutenant la démarche globale d'évaluation, ce qui conduit à redéfinir la notion de dispositif utilisée dans le cadre de cette expérimentation. Par la suite, nous cernerons la structure d'un dispositif pédagogique en e-learning et déterminerons les caractéristiques des situations de compétences mises en place à la formation en évaluation. Ensuite, l'expérimentation tant au 1er cycle qu'au 2e cycle universitaire sera décrite puis les résultats seront présentés. Finalement, nous indiquerons les nouvelles voies que prendront nos prochaines recherches.

2. Nature d'un dispositif pédagogique de formation numérique

L'engouement actuel pour les cours en ligne mène à une certaine prolifération des termes utilisés pour définir ou qualifier différentes plateformes qui permettent de gérer, d'organiser ou de déployer des ressources permettant l'apprentissage (voir annexe 1). Alors que le terme dispositif ne faisait récemment pas partie du langage utilisé en éducation, l'apparition de systèmes complexes de formation en ligne a sans aucun doute contribué à l'usage de ce terme. Mais, comme le souligne Demaizière (2008), on peut se demander quelle est la différence entre le dispositif et le système de formation en l'absence d'une définition précise du terme utilisé dans un contexte d'apprentissage et d'évaluation. De plus, Develotte et Pothier (2004) ont pu observer qu'un logiciel pédagogique est parfois appelé « dispositif », le terme entrant même en concurrence avec « ressource ». Il existe également une confusion terminologique pour certaines expressions utilisées sur le Web de façon interchangeable : *environnement numérique d'apprentissages* (ENA), *Massive Open Online Course* (MOOC) et *apprentissage en ligne ou e-learning.*

L'expression *environnement numérique d'apprentissage* (ENA) regroupe « l'ensemble des applications et logiciels informatiques utilisés au service de l'enseignement et de l'apprentissage [et] englobe tant les plateformes de gestion de cours et de gestion de contenu que les logiciels outils » (CREPUQ, 2007, p. 8). Une autre application possible est le MOOC (*Massive Open Online Course*). Il s'agit d'un cours en ligne ouvert favorisant l'apprentissage en réseau (connectivisme). Selon Vaufrey (2012), ce type de cours centré sur l'apprenant favorise le partage de ressources entre les participants et les facilitateurs afin de contribuer à la construction des connaissances. Le MOOC utilise la puissance des médias sociaux et des plateformes de partage en ligne. Finalement, l'e-learning est défini par le Laboratoire de soutien à l'enseignement par télématique (2006, p. 9) comme un « apprentissage en ligne centré sur le développement de compétences par l'apprenant et structuré par les interactions avec le tuteur et les pairs ». L'e-learning est nécessairement ancré dans un contexte pédagogique précis et rejoint un public plus large.

En regard de ces précisions terminologiques, la définition retenue dans le cadre de cette recherche est la suivante : *Un dispositif pédagogique numérique ou de formation numérique (DFN) est une plateforme numérique permettant l'hébergement, la consultation et le téléchargement d'un contenu visant à accompagner des apprenants dans un processus d'apprentissage et d'évaluation structuré.* Le DFN peut aussi être constitué d'un ensemble de services ou de modules permettant, entre autres, l'édition et la création de contenus en ligne, l'interaction entre les utilisateurs ou une communauté, un contrôle d'accès aux ressources et la gestion de documents administratifs.

La grande différence entre un DFN et un environnement numérique d'apprentissage (ENA) tient en la nécessité que ce dernier respecte la norme SCORM (*Sharable Content Object Reference Model*), une spécification de codage visant à répondre à des exigences d'accessibilité, d'adaptabilité, de durabilité, d'interopérabilité et de réutilisabilité pour faciliter les échanges entre plateformes. Cette définition a donc comme grand avantage de regrouper sous le terme de dispositif de formation numérique (DFN) l'ensemble des plateformes numériques d'apprentissage tout en reconnaissant les initiatives de développeurs, d'enseignants ou de formateurs qui utilisent des plateformes numériques simples visant à faire réaliser des apprentissages sans que l'outil ne réponde à des normes spécifiques. La figure 1 représente ce concept et ceux sous-jacents. La nature du dispositif de formation numérique étant définie, il est alors possible de construire la structure appropriée aux besoins de la formation dans le cadre de l'enseignement supérieur.

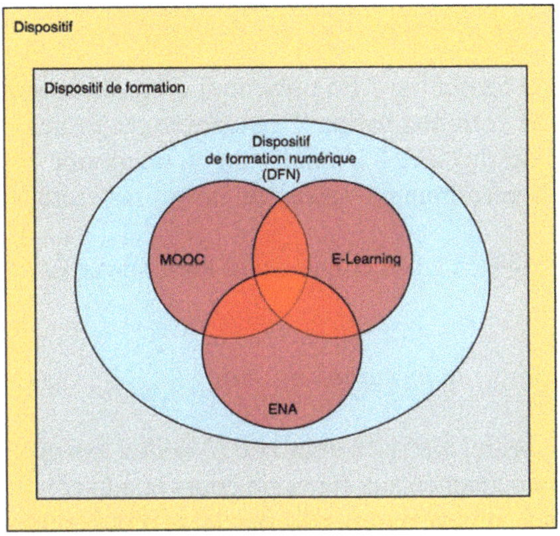

Figure 1. Réseau notionnel du concept de dispositif.

3. Structure d'un dispositif pédagogique en e-learning

Le projet[1] *Apprentissages en ligne et formation à distance : le cas de l'évaluation des compétences* s'intéresse à l'intégration des technologies dans l'enseignement supérieur, et, de façon plus spécifique, à proposer une situation de compétence qui amène les apprenants à s'engager dans leurs apprentissages, à construire leurs connaissances et à confronter leurs idées tout en privilégiant une démarche réflexive. Il ne s'agit pas de faire davantage avec les TIC, mais plutôt de reproduire la même structure péda-

1 Ce projet, présenté par Micheline-Joanne Durand, Nathalie Loye et Michel Laurier, professeurs en mesure et évaluation, et par Sébastien Stasse et Marie-Ève Dupuis, étudiants à la maîtrise à l'Université de Montréal, a pu bénéficier de fonds d'initiatives pédagogiques et d'environnement numérique d'apprentissage du BENA (UdeM).

gogique utilisée en salle de classe. Sachant que l'apprentissage en ligne permet de miser sur la connectivité, c'est-à-dire la capacité des enseignants et des étudiants à aborder les contenus pédagogiques de façon nouvelle, en utilisant les technologies pour améliorer les processus d'apprentissage, plusieurs questions se posent alors aux développeurs :

- Quel type de formation ? En présentiel ou en distanciel ?
- Quel outil de communication ? Synchrone ou asynchrone ?
- Quel est le destinataire ? Un individu ou un groupe ?
- Quel type d'encadrement ? Avec tuteur ou sans tuteur (tutoré ou non tutoré)
- Quelle est la visée ? Les contenus ou les dispositifs ?

3.1 Un compromis : la formation hybride

La formation hybride, métissée ou mixte (*blended learning*) semblait particulièrement bien adaptée aux types de cours et à la conduite des travaux pratiques tels que ceux vécus en salle de classe. Pour le développeur pédagogue, la maîtrise des principaux logiciels n'est pas suffisante car ce type de formation exige aussi l'utilisation de moyens de communication (interactivité) et des technologies (Web 2.0) qui y sont liés. Deux nouvelles questions surgissent alors :

- Quel type d'interactivité est souhaité ? Étudiant/étudiant, étudiant/tuteur, étudiant/équipe, étudiant/classe, équipe/tuteur, équipe/classe, classe/tuteur ?
- Quels outils du Web 2.0 sont exploités ? Vidéos, forum de discussion, carte conceptuelle, wiki, blogue, cyberquêtes, questionnaire, sondage en ligne, e-portfolio, travail en équipe, etc. ?

C'est à partir des discussions autour de ces questions que s'est construit notre dispositif pédagogique numérique. Comme le souligne Lebrun (2005, p. 12), le but était de faire apprendre « quelque chose » à « quelqu'un » ou mieux permettre à « quelqu'un » d'apprendre « quelque chose », « quelque part » et à « n'importe quel moment ». De façon plus spécifique, il s'agissait de proposer une situation de compétence qui amène les apprenants à s'engager dans leurs apprentissages, à construire leurs connaissances et à confronter leurs idées tout en privilégiant une démarche réflexive.

3.2 Formation à l'évaluation des apprentissages et des compétences au 1er et 2e cycle universitaire

À la formation initiale des maîtres, les modules de formation visent l'appropriation de pratiques évaluatives novatrices tandis qu'à la formation supérieure il est davantage question de changement de pratique. À cet effet, les dispositifs de formation au 2e cycle doivent rassembler plusieurs caractéristiques pour susciter des changements de pratiques et des gains dans les apprentissages des élèves. Ils doivent notamment proposer des réponses directes à des problématiques vécues en classe, être un soutien à l'enrichissement des pratiques en classe, s'inscrire dans la durée, offrir une régulation basée sur les apprentissages des élèves et mettre les cadres conceptuels au service de l'interprétation du contexte d'apprentissage et du développement des pratiques (Darling-Hammond, Wei & Bransford, 2005; Guskey, 2002 ; Cole, 2004). De plus, ils doivent permettre de faire évoluer simultanément la vision, les savoirs, les pratiques et la motivation des enseignants (Shulman & Shulman, 2004).

Sur le plan des visées spécifiques en termes d'apprentissage professionnel, la recherche de Wiliam et Thompson (2007), portant sur l'évaluation comme outil d'aide à l'apprentissage, propose quatre stratégies efficaces auprès des enseignants de diverses disciplines et de multiples niveaux, soit 1) la clarification des objectifs d'apprentissage, 2) l'utilisation du questionnement et des discussions, 3) l'utilisation de rétroaction écrite et orale ainsi que l'évaluation par les pairs et l'autoévaluation. Ces différents aspects ont donc été intégrés à des niveaux variables lors de l'élaboration des situations de compétences qui doivent prendre en compte certaines caractéristiques.

4. Caractéristiques de la situation de compétences

Pour Scallon (2004), les situations pour l'évaluation s'inscrivent dans un continuum de complexité : situations de connaissances, d'habiletés et enfin de compétences. La distinction entre ces deux dernières est liée à la complexité de la situation présentée pour l'élève (nombre de ressources à mobiliser, problèmes plus ou moins bien définis). Dans ce contexte, « on tentera de concevoir des situations d'évaluation qui favorisent la manifestation maximale des apprentissages qu'on veut évaluer » (Laurier, Tousignant & Morissette, 2005, p. 63). En ce sens, Durand et Trépanier (2011), dans une précédente étude, ont élaboré une grille d'analyse des caractéristiques d'une situation d'apprentissage et d'évaluation en vue de la valider (voir annexe 2). Les critères de cette grille ont guidé l'élaboration des situations de compétences présentées dans ce projet. Voici les cinq critères retenus :

- La complexité : la situation propose un défi cognitif sous la forme d'un problème qui exige la mobilisation d'un ensemble de ressources permettant le transfert.
- La contextualisation : la situation propose un contexte réaliste ou authentique abordant une thématique susceptible d'amener l'engagement de la clientèle visée.
- La conformité : les compétences du référentiel en enseignement identifiées sont développées et évaluées explicitement dans la situation.
- La pertinence de la structure : toutes les activités dans les phases de préparation, réalisation et intégration des apprentissages sont en lien avec l'intention et sont bien développées.
- L'efficacité des instruments pour l'évaluation : les critères d'évaluation sont reformulés en éléments observables spécifiques à la situation. Des grilles descriptives permettent à l'enseignant de porter un jugement éclairé sur les compétences ciblées. Les outils d'autoévaluation sont adaptés à la compétence et au destinataire et permettent une prise de conscience et une démarche réflexive.

4.1 Structure de la situation de compétence

Les situations de compétences proposées en ligne présentent des activités de préparation, de réalisation et d'intégration liées à une intention pédagogique. Voici l'exemple de l'une d'entre elles portant sur la participation de l'élève à son évaluation :

Lors de la première étape, la thématique du module de formation en ligne et l'intention pédagogique (figure 2) sont présentées.

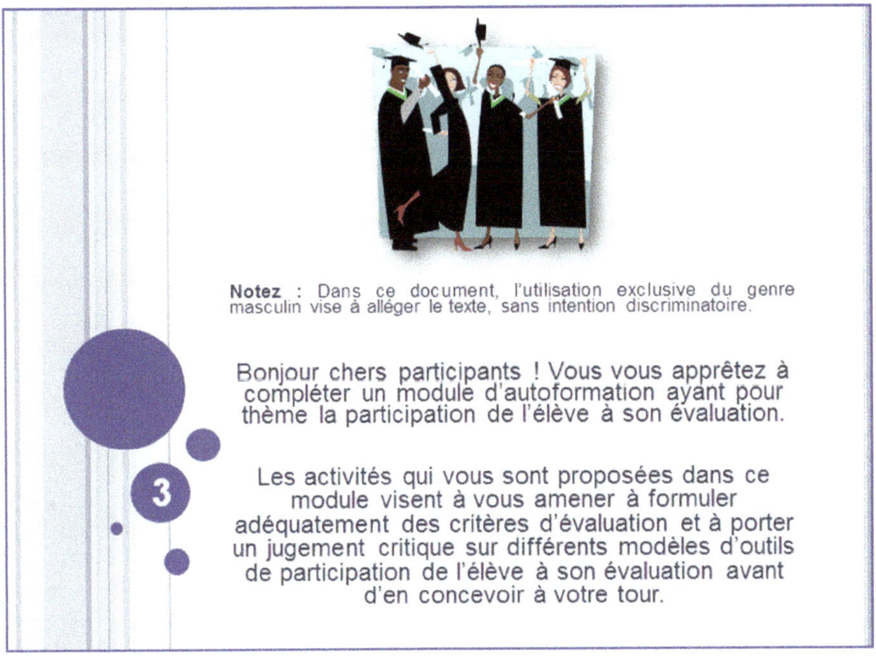

Figure 2. Exemple d'intention pédagogique.

Par la suite, des objectifs spécifiques sont formulés de la façon suivante :

Cette formation vous amènera précisément à :

- ✓ *Vous approprier les critères d'évaluation et leur formulation en tenant compte des compétences à évaluer.*
- ✓ *Développer votre réflexion critique à partir de modèles de grilles d'autoévaluation et de coévaluation.*
- ✓ *Concevoir des outils de participation de l'élève à son évaluation qui soient efficaces et adaptés aux élèves.*

À la deuxième étape, la planification des activités pour chacune des phases de la démarche d'apprentissage est détaillée au fur et à mesure de la réalisation du module de formation. La figure 3 illustre la structure du module de formation.

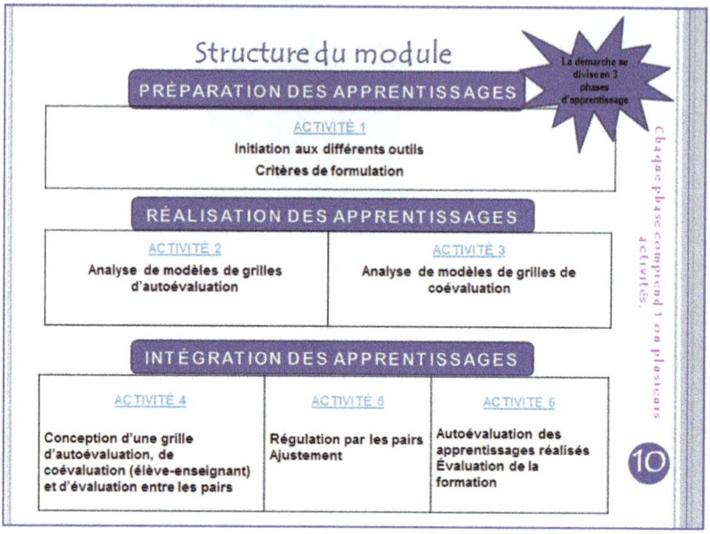

Figure 3. Exemple d'une structure du module.

Lors de la troisième étape, les ressources internes et externes spécifiques à l'ensemble des activités du module de formation sont décrites (figure 4) en tenant compte des savoirs, savoir-faire et savoir-être à mobiliser.

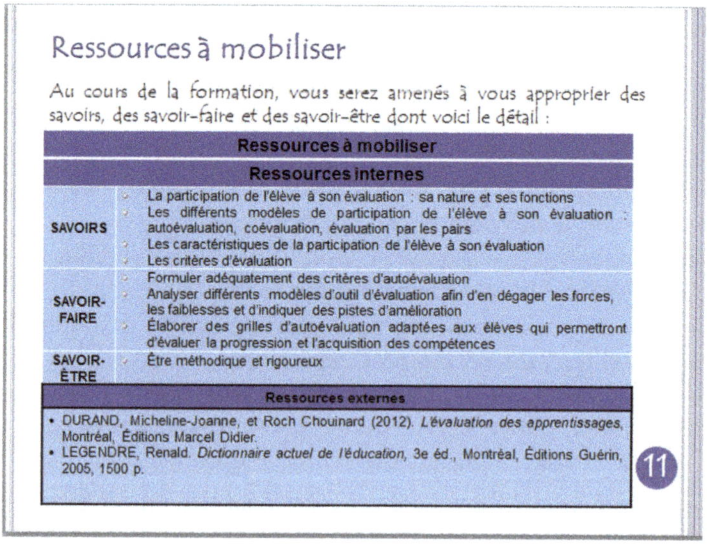

Figure 4. Exemple des ressources à mobiliser.

À la quatrième étape, un cahier du participant (figure 5) permet à l'étudiant de suivre le déroulement des activités à réaliser. L'étudiant le complète, puis le transmet au formateur via la plateforme numérique.

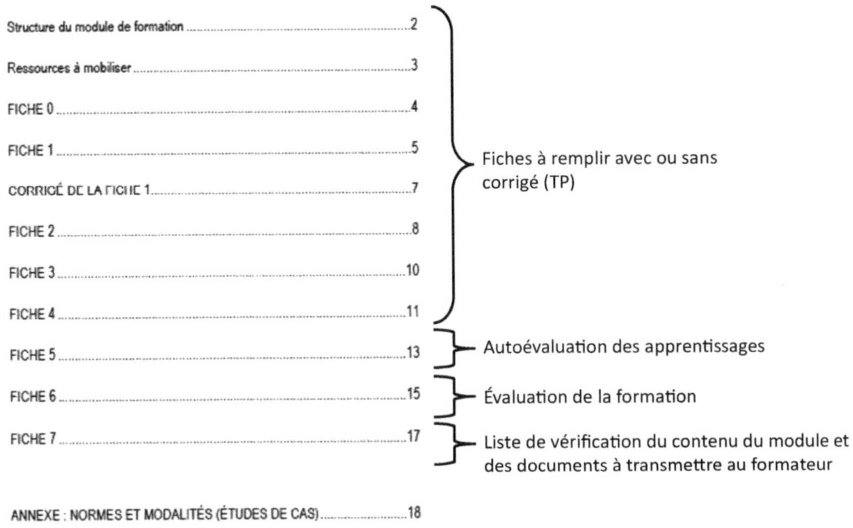

Figure 5. Exemple d'un livret du participant.

Lors de la cinquième étape, un outil de participation de l'étudiant à son évaluation est proposé (voir figure 6). Celui-ci est composé d'énoncés favorisant la métacognition et comprenant trois phases : la prise de conscience, une démarche réflexive et l'autorégulation des apprentissages. Le contenu de l'outil d'autoévaluation des étudiants du 2e cycle d'un autre module de formation sera analysé ultérieurement.

À la sixième étape, les étudiants doivent évaluer la formation reçue en ligne. Précisons que ces modules de formation ont été planifiés de façon non tutorée, c'est-à-dire que l'étudiant se réfère au manuel de base et aux consignes inscrites dans le cahier du participant. Il s'engage dans une démarche d'apprentissage de façon autonome. Certaines activités doivent être réalisées en équipe et d'autres de façon individuelle. Le contenu des outils d'évaluation de la formation des étudiants du 1er cycle sera analysé ultérieurement. La figure 7 présente le questionnaire utilisé pour l'évaluation de la formation.

Lors de la septième étape, une évaluation des apprentissages a été intégrée à l'aide d'une grille d'appréciation descriptive critériée (tableau 1) qui permet de donner une certaine rétroaction aux participants en situant leurs forces et leurs difficultés.

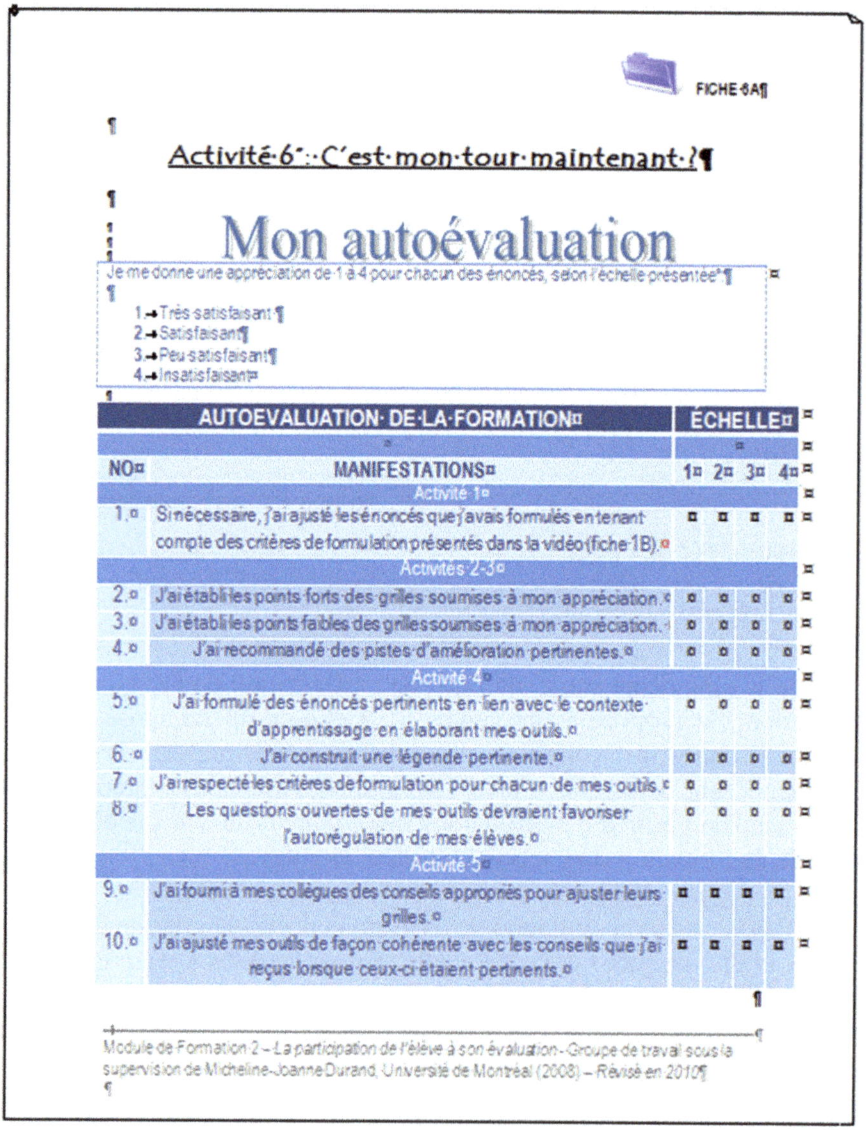

FICHE 6A

Activité 6 : C'est mon tour maintenant !

Mon autoévaluation

Je me donne une appréciation de 1 à 4 pour chacun des énoncés, selon l'échelle présentée*

1. Très satisfaisant
2. Satisfaisant
3. Peu satisfaisant
4. Insatisfaisant

AUTOEVALUATION DE LA FORMATION		ÉCHELLE			
NO	MANIFESTATIONS	1	2	3	4
	Activité 1				
1.	Si nécessaire, j'ai ajusté les énoncés que j'avais formulés en tenant compte des critères de formulation présentés dans la vidéo (fiche 1B).				
	Activités 2-3				
2.	J'ai établi les points forts des grilles soumises à mon appréciation.				
3.	J'ai établi les points faibles des grilles soumises à mon appréciation.				
4.	J'ai recommandé des pistes d'amélioration pertinentes.				
	Activité 4				
5.	J'ai formulé des énoncés pertinents en lien avec le contexte d'apprentissage en élaborant mes outils.				
6.	J'ai construit une légende pertinente.				
7.	J'ai respecté les critères de formulation pour chacun de mes outils.				
8.	Les questions ouvertes de mes outils devraient favoriser l'autorégulation de mes élèves.				
	Activité 5				
9.	J'ai fourni à mes collègues des conseils appropriés pour ajuster leurs grilles.				
10.	J'ai ajusté mes outils de façon cohérente avec les conseils que j'ai reçus lorsque ceux-ci étaient pertinents.				

Module de Formation 2 – *La participation de l'élève à son évaluation* - Groupe de travail sous la supervision de Micheline-Joanne Durand, Université de Montréal (2008) – *Révisé en 2010*

Figure 6. Exemple d'une fiche d'autoévaluation de l'étudiant.

Que retenez-vous de l'ajustement que vous avez apporté à vos outils ? À quoi vous faudra-t-il particulièrement prêter attention la prochaine fois ?

Comment pouvez-vous transférer vos acquis par rapport aux critères dans votre pratique ? À quoi ces connaissances serviront-elles ?

Pourriez-vous demander à vos élèves de construire leurs propres outils d'autoévaluation ? Si oui, comment vous y prendriez-vous ? Sinon, pourquoi ?

Module de Formation 2 – *La participation de l'élève à son évaluation* - Groupe de travail sous la supervision de Micheline-Joanne Durand, Université de Montréal (2008) – *Révisé en 2010*

FICHE 6B

Nom : ______________________________ **Date :** ____________

Activité 6 : Evaluation de la formation

Votre formateur devrait maintenant rétroagir sur votre module de formation en complétant la section qui lui revient dans la coévaluation (fiche 6A). Pendant ce temps, vous êtes invité à remplir la grille d'évaluation de votre formation. Votre formateur pourra ainsi en tenir compte afin d'améliorer ses actions pédagogiques et de réinvestir vos commentaires lors d'une prochaine animation de ce module.

a) Cochez dans la case qui représente votre jugement (très satisfaisant, satisfaisant, peu satisfaisant) pour chaque énoncé.
b) Écrivez, s'il y a lieu, d'autres commentaires, qu'ils soient généraux ou spécifiques.

GRILLE D'EVALUATION DE LA FORMATION			
Énoncés	Très satisfaisant	Satisfaisant	Peu satisfaisant
Le document WEB expliquait clairement l'intention pédagogique au début de la formation et précisait l'objectif visé pour chaque activité.			
Mon formateur m'a apporté un soutien approprié tout au long de la formation, notamment en me fournissant de la régulation ou de la rétroaction, des encouragements, des explications claires et des réponses à mes questions.			
Je me suis senti bien accueilli dans le groupe. L'ambiance des leçons était propice à l'apprentissage, au partage des idées et à la participation active.			
Les lectures m'ont semblé pertinentes pour acquérir les connaissances visées.			
De façon générale, les activités proposées étaient motivantes et pertinentes.			
Les outils d'évaluation étaient adéquats pour vérifier l'atteinte des objectifs et le développement de mes compétences professionnelles. Ils étaient en lien avec les activités d'apprentissage proposées.			
De façon générale, je trouve que ce module de formation m'a aidé à développer mes compétences professionnelles; je me sens mieux outillé qu'avant.			

Module de Formation 2 – *La participation de l'élève à son évaluation* - Groupe de travail sous la supervision de Micheline-Joanne Durand, Université de Montréal (2008) – *Révisé en 2010*

Figure 7. Exemple d'une fiche d'évaluation de la formation.

Autres commentaires ou suggestions
• Ce que j'ai apprécié de ce module de formation, c'est…
• Ce que je trouve qui devrait être amélioré, c'est…
• Ce qui m'a le plus motivé, c'est…
• Ce qui m'a désintéressé, c'est…
• Ce que je recommande pour améliorer cette formation, c'est…

Module de Formation 2 – *La participation de l'élève à son évaluation* - Groupe de travail sous la supervision de Micheline-Joanne Durand, Université de Montréal (2008) – *Révisé en 2010*

Indicateurs *Le participant…*	*Dimensions*	*Le participant…*	*Le participant…*	*Le participant…*	*Le participant…*
s'approprie les différents concepts.	Qualité du lexique	décrit correctement tous les concepts en indiquant des références selon plusieurs auteurs.	décrit correctement tous les concepts en n'utilisant qu'une seule référence.	décrit, de façon parfois incomplète, plusieurs concepts en n'utilisant qu'une seule référence.	définit peu de concepts, de façon souvent incomplète, en n'utilisant pas toujours une référence.
apprécie les grilles présentées.	Exactitude des données	dégage les points forts et les limites et propose des recommandations intéressantes.	dégage les points forts et les limites et propose quelques recommandations. Certains propos pourraient être davantage nuancés.	dégage les points forts, les limites et les recommandations. Certains propos sont confus ou incomplets.	dégage quelques points forts et limites. Ses recommandations sont peu élaborées et pertinentes.
élabore ses grilles.	Efficacité de l'outil de participation de l'élève	utilise un vocabulaire juste et approprié au destinataire.	utilise un vocabulaire juste. Toutefois, les phrases sont parfois trop longues.	utilise un vocabulaire et des phrases occasionnellement vagues et peu compréhensibles.	utilise un vocabulaire confus et des phrases parfois mal construites, ce qui nuit à la compréhension.
		emploie des énoncés qui cadrent bien avec le contexte d'apprentissage. Tous les éléments de la démarche sont présents.	emploie des énoncés qui cadrent bien avec le contexte d'apprentissage. Toutefois certains éléments de la démarche sont absents.	emploie des énoncés qui cadrent bien avec le contexte d'apprentissage. Toutefois, certains éléments de la démarche sont absents ou se réfèrent à une autre compétence.	emploie des énoncés peu en lien avec le contexte d'apprentissage.

Indicateurs *Le participant…*	*Dimensions*	*Le participant…*	*Le participant…*	*Le participant…*	*Le participant…*
		construit un outil pertinent au contexte d'apprentissage et qui comprend une prise de conscience, une partie réflexive et des pistes de régulation.	construit un outil pertinent au contexte et qui comprend une prise de conscience et une partie réflexive.	construit un outil pertinent au contexte et qui comprend uniquement une prise de conscience.	construit un outil peu pertinent et qui comprend uniquement une prise de conscience.
apprécie ses propres outils d'évaluation.	Objectivité du jugement	annote de façon critique l'outil apprécié. Il propose des correctifs adéquats.	critique de façon constructive ou positive l'outil apprécié.	critique de façon positive ou négative l'outil apprécié.	critique de façon subjective l'outil apprécié.
apporte une réflexion critique sur sa mise à l'essai.	Pertinence de la réflexion	analyse de façon critique le déroulement de la mise à l'essai et apporte les correctifs nécessaires.	analyse de façon critique le déroulement de la mise à l'essai.	décrit de façon anecdotique le déroulement de la mise à l'essai.	décrit brièvement le déroulement de la mise à l'essai.

Tableau 1. Exemple d'une grille d'appréciation pour l'évaluation des participants.

5. Description de l'expérimentation

Un premier dispositif de formation numérique a été implanté petit à petit lors des semestres précédents auprès de plusieurs groupes d'étudiants du 2e cycle (maîtrise en évaluation des compétences), puis de façon formelle aux semestres d'automne 2010 et 2011. Un deuxième dispositif a été utilisé dès l'automne 2010 avec plusieurs groupes d'étudiants du 1er cycle au baccalauréat en enseignement (éducation préscolaire et enseignement primaire, adaptation scolaire, éducation physique et à la santé, enseignement du français, langue seconde). Dans ces deux programmes offerts par la Faculté des sciences de l'éducation de l'Université de Montréal, des modules de formation en ligne asynchrones ont été proposés à l'intérieur d'un cours hybride.

5.1 Dispositifs pédagogiques numériques développés au 2e cycle

L'expérimentation auprès des étudiants du 2e cycle s'est déroulée sur plusieurs périodes, permettant d'expérimenter diverses plateformes numériques. La formation offerte à ces étudiants contenait des modules de formation en lien avec les thématiques suivantes :

1. Nature et fonctions de l'évaluation ;
2. La participation de l'élève à son évaluation ;
3. La situation d'apprentissage et d'évaluation ;
4. La différenciation pédagogique.

Lors d'une première tentative, ces quatre modules de formation ont été élaborés et déposés sur *WebCT*, puis sur *Sakai*. En effet, il était question à l'époque de remplacer la plateforme *WebCT* utilisée par l'Université de Montréal par *Sakai*, ce qui, finalement, n'a pas été fait. Les modules de formation développés pour ces plateformes ont donc par la suite été reformatés afin d'être réutilisés. Cette problématique technologique a beaucoup ralenti le travail de développement et a conduit à explorer d'autres solutions en dehors du cadre universitaire à cause du contexte d'incertitude lié au choix de la plateforme par l'université.

Une plateforme externe qui permettait de déposer des situations de compétences contenant des séquences vidéo a donc été sélectionnée afin de ne pas retarder les avancées du projet. Le dispositif *Zoom sur l'expertise pédagogique* est un centre de formation pour les enseignants qui offre des vidéos présentant des pratiques pédagogiques innovatrices en milieu scolaire pouvant prendre la forme de conférences, d'interviews et d'activités de formation. Ce dernier format semblait particulièrement intéressant, car en plus d'utiliser les vidéos comme démarche d'analyse des pratiques, il offrait de véhiculer la complexité du contexte de la situation de compétences par l'intégration de capsules de formation (Santagata, 2009 ; Sherin, 2007 ; Sherin & Van Es, 2009). Toutefois, même si ce dispositif est disponible en tout temps, quel que soit l'endroit, il ne permet pas le dépôt par les étudiants de leurs fichiers numériques ni les interactions entre les différents acteurs. Les modules de formation portant sur 1) *Le rôle de l'enseignant régulateur* et 2) *La participation de l'élève à son évaluation* ont été développés sur Zoom sur l'expertise pédagogique.

Les modules de formation ont été complétés lors de deux années consécutives (2010 et 2011) auprès de 34 étudiants inscrits aux programmes de 2e cycle (Micro, DESS et M.Éd) en évaluation des compétences. Les activités étaient réalisées en ligne, puis les étudiants déposaient leurs fichiers sur le site de l'UdeM. Les contenus de l'outil d'autoévaluation, du module de formation portant sur *Le rôle de l'enseignant régulateur*, sont analysés à la prochaine section.

5.2 Dispositif pédagogique numérique développé au 1er cycle

Trois modules de cours en ligne asynchrones ont été proposés sur *Studium* à des étudiants en formation initiale inscrits dans le cours ETA 3550, Évaluation des apprentissages, prévu en présentiel. Ces modules portaient sur 1) Les normes et modalités de l'évaluation, 2) La rencontre de parents et 3) La différenciation pédagogique. Ils incluaient des travaux pratiques (TP), une fiche d'autoévaluation des apprentissages, ainsi qu'une fiche d'appréciation de la formation en ligne. Les TP inclus dans les modules étaient réalisés par tous les étudiants qui pouvaient ou non les déposer dans leur portfolio en vue d'une régulation de la part du professeur, puis d'une évaluation à la fin de la session. La place prise par ces artéfacts dans le portfolio final des étudiants ainsi que la perception de ces derniers relativement à la formation reçue en ligne, à partir de l'analyse du contenu des fiches d'appréciation, sont présentées.

L'analyse concerne les travaux de 63 étudiants de la 3e année à la formation des maîtres, au baccalauréat en enseignement en éducation physique et à la santé, inscrits au cours ETA 3550, Évaluation des apprentissages, d'une durée de quarante-cinq heures. Ces étudiants vivaient leur première expérience avec des modules de cours en ligne. Ces modules se situaient aux 3e et 13e cours de la formation. Le 1er et le 2e modules portaient respectivement sur *Les normes et modalités* et *La rencontre de parents* et comprenaient un travail pratique et une réflexion, tandis que le 3e module, traitant de *La différenciation pédagogique*, exigeait uniquement la réalisation d'un travail pratique. Les étudiants déposaient huit travaux dans leur portfolio : deux obligatoires et six au choix parmi tous les travaux réalisés dans tous les cours (y compris ceux en ligne). Ils sélectionnaient cinq travaux pratiques et leur coévaluation, une réflexion au choix et réalisaient l'autoévaluation de leur portfolio tel qu'illustré par la figure 8.

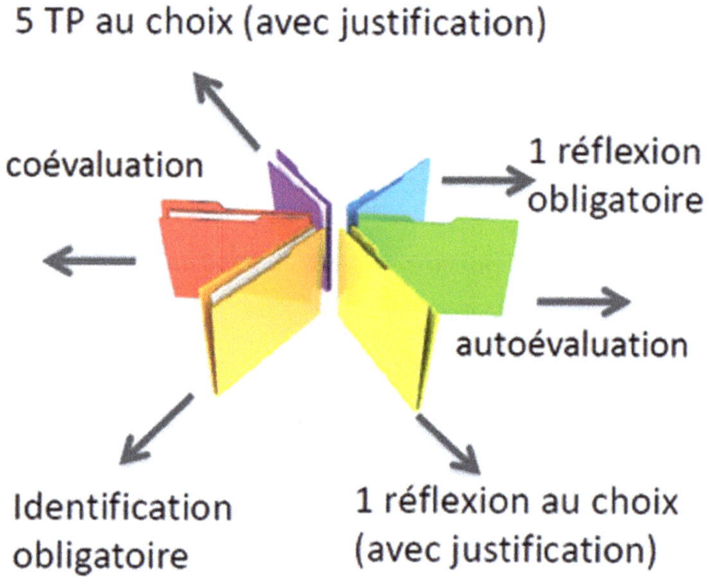

Figure 8. Illustration des travaux du portfolio.

La figure 9 illustre les travaux pratiques retenus par les étudiants dans leur portfolio. Elle met en évidence le fait que seulement dix travaux pratiques réalisés en ligne ont été choisis.

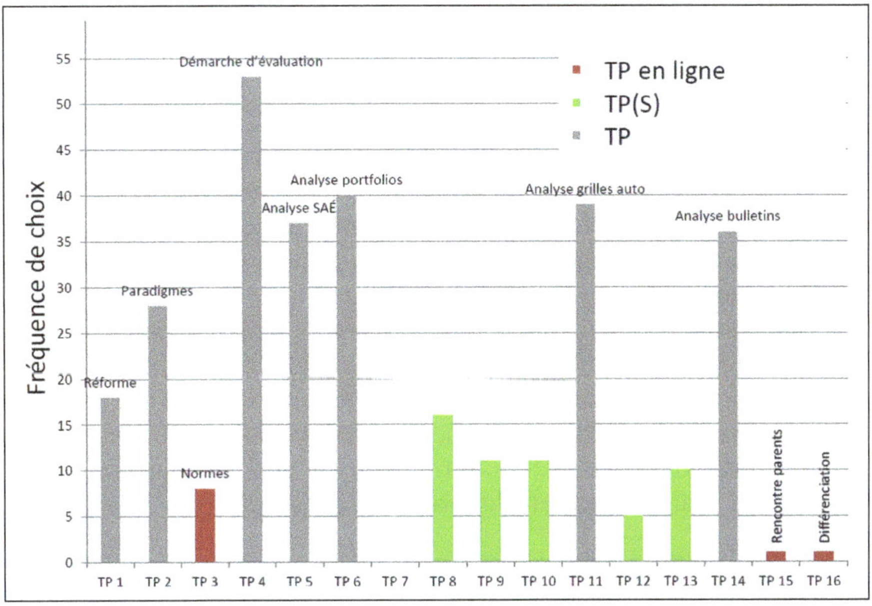

Figure 9. Importance relative des travaux pratiques réalisés dans les cours en ligne.

Par ailleurs, les raisons évoquées par les étudiants qui ont choisi ces dix travaux ont été regroupées sous trois catégories dans le tableau 2. Il est intéressant de constater que cette nouvelle stratégie d'apprentissage a été indiquée plusieurs fois par les étudiants.

Tableau 2. Les raisons des choix des TP en ligne.

	Just. 1	Just. 2	Just. 3	Just. 4	Just. 5	Just. 6	Just. 7	Just. 8	Just. 9	Just. 10
Nouvelle façon d'apprendre	X				X	X	X		X	
Intérêt pour le contenu		X	X			X		X		X
Temps consacré					X					

Ce sont les résultats concernant l'appréciation des trois modules de formation qui sont analysés à la section suivante.

6. Présentation des résultats

L'objectif de cette étude est, dans un premier temps, d'intégrer des outils d'autoévaluation aux processus d'apprentissages des étudiants du 2e cycle. Pour chacun des énoncés du questionnaire d'autoévaluation, les étudiants ont répondu à l'aide d'une échelle à trois niveaux qu'ils devaient par la suite justifier. Ils répondaient ensuite à des questions ouvertes les amenant à réfléchir sur les stratégies déployées.

Dans un deuxième temps, nous désirions cerner l'appréciation des trois modules de formation complétés par les étudiants du 1er cycle. Pour ces derniers, l'appréciation des modules se faisait à l'aide d'une échelle à trois niveaux de satisfaction, puis des commentaires ont été émis et plusieurs recommandations ont été proposées. Ce sont les analyses de ces données qui sont décrites dans les prochaines sections.

6.1 Expérimentation auprès des étudiants du 2e cycle

L'expérimentation auprès de deux groupes d'étudiants du 2e cycle (dont le nombre totalise 34) s'est déroulée lors des semestres d'automne de 2010 et de 2011. Ce module de formation en ligne a été réalisé lors du troisième cours et, pour la majorité des étudiants, c'était leur première expérience avec une formation en ligne. Une démonstration a d'abord été faite en salle de classe et un retour était planifié lors du cours suivant. Les étudiants devaient s'inscrire sur le site pour avoir accès aux activités du module de formation et télécharger le livret du participant sur leur ordinateur. Plusieurs activités utilisaient la vidéo pour illustrer des pratiques exemplaires filmées auprès d'enseignantes des classes de la 5e année du primaire.

6.1.1 Résultats de la prise de conscience

Les activités de la phase de préparation (1, 2, 3 et 4) visaient à faire comprendre les concepts entourant la régulation. Les activités de la phase de réalisation (5, 6 et 7) ciblaient le développement du regard critique, tandis que les activités de la phase d'intégration (8 et 9) avaient pour but l'application en classe d'une rétroaction efficace à partir des nouvelles capacités d'observation et de dépistage développées. Pour chaque énoncé, les étudiants pouvaient répondre oui, plutôt ou non, et devaient justifier leur réponse. Pour la présente étude, cinq activités ont été ciblées. Le tableau 3 présente les résultats obtenus.

Tableau 3. Pourcentages de réponses obtenus aux énoncés.

Activités	*Énoncé*	*Oui*	*Plutôt*	*Non*
Activité 2 Les interventions en salle de classe	J'ai été en mesure d'identifier les différents types de régulation et de distinguer ceux qui favorisaient le développement des compétences, de façon à faire le lien avec les régulations que j'utilise moi-même en classe.	41 %	59 %	0
Activité 3 Les fonctions de l'évaluation + **Activité 4** Les régulations interactives ou rétroactions	Je me suis basé(e) sur les lectures proposées et les visionnements à ma disposition pour comprendre les différentes fonctions de l'évaluation et élargir ma compréhension des types de régulation.	76 %	24 %	0
Activité 5 Présentation du contexte	À l'aide des vidéos présentées, j'ai réussi à relever des interventions régulatrices pour chacune des phases d'apprentissage (préparation, réalisation, intégration).	44 %	47 %	3 %
Activité 8 Planifier ses rétroactions	J'ai prévu des régulations qui pouvaient permettre à l'élève de prendre conscience de sa difficulté et de trouver seul une solution pour y remédier.	53 %	32 %	15 %

Lors de l'activité 2, les étudiants ont indiqué des interventions réalisées quotidiennement en classe, puis ils ont identifié celles de l'enseignante sur la vidéo. Ils ont mentionné qu'ils pratiquaient naturellement les différents types de régulation sans en connaître la forme exacte et qu'ils sont maintenant plus habiles pour les distinguer « en majeure partie grâce aux vidéos proposées ». C'est ce qui explique le pourcentage important à la réponse « plutôt ». Ils ont aussi indiqué qu'ils avaient pris conscience de la prépondérance d'un type particulier d'intervention qu'ils utilisaient fréquemment et qu'ils vont tenter de les varier à l'avenir « et même de choisir celles qui sont plus favorables au développement des compétences des élèves ».

Les activités 3 et 4 permettaient aux étudiants de s'approprier les fonctions de l'évaluation et les types de régulation à l'aide de lectures. Une majorité d'étudiants ont mentionné qu'ils ont bien compris l'importance de pratiquer des régulations pour amener les élèves à s'autoréguler. Une étudiante ajoute que « par ailleurs, en visionnant les extraits vidéos, [elle a] été plus à même de faire des liens avec [son] expérience pratique en classe et cela [l]'a entre autres aidée à trouver des exemples de régulation applicable pour [sa] situation » de compétences.

Les commentaires des étudiants en regard des activités de la phase de préparation mettent en évidence un premier état de déstabilisation (59 % ont répondu plutôt) qui a par la suite été suivi d'une assez bonne compréhension des concepts (76 % ont répondu oui). Cette appropriation a été facilitée par les lectures et les vidéos. Lors de la 2e année d'expérimentation, des consignes plus claires ont été données aux étudiants.

À l'activité 5, les étudiants ont relevé les rétroactions des enseignants et les ont reformulées si nécessaire. Les résultats à cet énoncé sont plus mitigés, car les étudiants ont mentionné qu'il était difficile dans un même temps d'écouter les interventions de l'enseignant, de les transcrire sur papier et de les catégoriser, et que cette procédure a pris beaucoup de temps. Par contre, un étudiant a mentionné qu'il a « noté au même moment [qu'il] visionnait les vidéos les interventions [qu'il] remarquait et [il a] bien aimé le fait de pouvoir mettre la vidéo sur pause ou la reculer [s'il] avait besoin d'améliorer [ses] notes ».

Cette activité de la phase de réalisation a été plus ou moins bien réussie (44 % ont répondu oui et 47 % plutôt) selon la façon de faire des étudiants. Lors de la deuxième année d'expérimentation, des sous-titres ont été insérés dans la vidéo pour indiquer les rétroactions sans toutefois les identifier. De cette façon, l'activité a été mieux réussie et il y avait beaucoup moins de perte de temps.

À l'activité 8, les participants devaient planifier des pistes de régulation dans une situation de compétences en identifiant des moments où les élèves pourraient éprouver des difficultés. Un étudiant a mentionné que : « Pour chaque difficulté ciblée, [il a] prévu une rétroaction qui permettrait d'aider l'élève à se réajuster dans sa démarche d'apprentissage. » Cette activité a permis aux participants de prendre conscience que l'enseignant ne peut être la référence pour tous les problèmes exprimés par l'élève et que ce dernier doit être outillé pour en résoudre un bon nombre.

Lors de cette activité d'intégration, 53 % des étudiants se sont dits capables d'apporter des rétroactions efficaces dans le contexte d'une situation d'apprentissage et d'évaluation réalisée en salle de classe. Ils devaient identifier des obstacles éventuels à l'apprentissage et indiquer la rétroaction qui pourrait être apportée. Ce travail était ensuite remis au formateur qui apportait, à son tour, des pistes de régulation aux étudiants.

6.1.2 *Réflexion à partir des stratégies*

Par la suite, les participants répondaient à cinq questions ouvertes concernant les stratégies utilisées et à développer et ajoutaient des commentaires généraux sur la formation. Dans le contexte de l'évaluation en aide à l'apprentissage, il est important de cerner tant le processus que le produit final. Étant donné que cette formation était offerte en ligne, ces questions permettaient d'observer des traces des processus mobilisés. De la même façon, le développement des habiletés métacognitives des étudiants les amenait à mieux appréhender leur façon de faire. Les extraits retenus mettent en évidence les stratégies utilisées par les participants et l'apport du format du cours en ligne.

1) À la question « Quelles stratégies avez-vous développées pour mieux vous approprier vos lectures ? », les participants ont répondu en fonction de deux moments distincts : avant et pendant la lecture. Avant la lecture, un étudiant a mentionné : « je survole le chapitre ou la section pour prendre connaissance des volets qui seront traités et ainsi me faire une idée globale de ce que je vais apprendre ». Pendant la lecture, d'autres étudiants prenaient des notes « sur les éléments importants [à] retenir » et utilisaient différentes couleurs « pour distinguer la théorie et les réflexions [qu'ils] faisaient ou les questions qui [leur] venaient en tête ».
2) À la question « Quelles stratégies avez-vous développées pour mieux faire progresser vos élèves dans le développement de leurs compétences ? », un étudiant a indiqué qu'il regroupait les élèves ayant des difficultés « pour leur expliquer la connaissance ou l'habileté qu'il leur manque pour pouvoir progresser ».
3) À la question « Quelles stratégies devrez-vous développer pour une mise en œuvre efficace de l'évaluation formative dans votre classe ? », c'est l'autorégulation et la corégulation qui ont été des découvertes

pour les participants. Une étudiante écrit à ce propos : « je garde en tête l'importance de la régulation par les pairs et que je ne suis pas la seule régulatrice dans la classe. Il est aussi très bénéfique pour les élèves de se donner de la rétroaction ».

4) À la question « Quelles stratégies devrez-vous développer pour évaluer l'efficacité de votre régulation ou de vos annotations écrites en classe ? », plusieurs moyens ont été évoqués. Par exemple, l'utilisation d'une grille de consignation « pour garder des traces des régulations faites aux élèves sur une difficulté particulière », l'observation de la progression des productions des élèves à la suite des régulations ou la comparaison d'un travail avant et après la rétroaction.
5) À la question « Quelles stratégies devrez-vous développer pour évaluer la validité ou la fidélité de vos pratiques évaluatives ? », un consensus s'établit autour du fait que la planification de l'apprentissage se fait de façon concomitante à l'évaluation, que des critères d'évaluation soient formulés clairement et que l'intention soit précisée : « je dois au préalable me questionner sur ce que je veux qu'ils produisent comme preuve de maîtrise de la compétence ».

Finalement, les participants pouvaient inscrire d'autres commentaires (généraux ou spécifiques) sur la formation. On mentionne, dans un premier temps, les bénéfices des vidéos qui apportent des exemples réels de pratiques exemplaires : « J'ai bien apprécié de voir des situations d'apprentissage réelles filmées dans des classes. Il est rare dans notre travail que nous voyions ce qui se fait dans d'autres classes et c'est très formateur car ça offre un modelage. »

Dans un deuxième temps, le format du cours est questionné en mettant en évidence les avantages d'un cours en ligne et des vidéos : « Le format de cours en ligne me plaît par la liberté qu'il me donne. Pouvoir travailler sur un concept et y revenir plus tard, réécouter un même extrait, consacrer plus de temps sur ce que je trouve plus difficile, passer plus rapidement sur ce que je comprends bien, fait que ce cours en ligne répond bien à mes besoins personnels de formation. »

En troisième lieu, les outils d'évaluation intégrés à la formation sont commentés : « Enfin, cette grille d'évaluation me fait faire un bilan sur les apprentissages que j'ai faits, sur ce qui me reste à consolider, sur les stratégies acquises et les modifications que je dois apporter à ma pratique pour rendre mes élèves plus autonomes dans leur régulation. »

6.1.3 Synthèse de l'expérimentation au 2e cycle

Comme mentionné précédemment, certains ajustements techniques ont été apportés à la suite de la première expérimentation : les vidéos ont été reformatées afin que l'extrait à visualiser soit plus accessible et des annotations ont été intégrées aux séquences pour identifier les types de régulation. Ce module de formation favorisait la relation étudiant/tuteur dans un contexte de régulation des apprentissages. Un deuxième module de formation portant sur la participation de l'élève à son autoévaluation a été produit et expérimenté par les mêmes étudiants. Une activité de corégulation par les pairs a été introduite afin que les étudiants puissent échanger sur les instruments élaborés et les bonifier à la suite des commentaires d'un collègue. La relation étudiant/étudiant était ainsi favorisée. Quelques étudiants se sont plaints de cette modalité, car le collègue n'avait pas entrepris la démarche demandée. C'est le genre de situation qui peut se produire lorsqu'on responsabilise l'apprenant.

6.2 Expérimentation auprès des étudiants du 1er cycle

Les modules de cours en ligne étaient déposés sur *Studium*, plateforme de type *Moodle*, utilisée depuis 2011 pour tous les cours offerts par l'Université de Montréal.

6.2.1 Premier module en ligne

Le premier module comprenait les consignes pour le travail d'équipe, le cahier du participant, les vidéos de rétroaction et un diaporama constitué des contenus de formation. Il s'agissait de faire un consensus en équipes de trois autour d'une étude de cas représentant une problématique reliée aux normes et modalités d'évaluation. Le travail d'équipe pouvait se réaliser suivant un des modes opératoires ci-dessous :

- Équipe réunie dans un lieu au choix des étudiants avec ordinateur et accès Internet
- À distance en utilisant un document partagé sur Google.doc
- À distance en créant et utilisant un blog sur le site <http://fr.wordpress.com/signup/>

Les étudiants complétaient ensuite un questionnaire afin d'identifier leur niveau de satisfaction en regard de sept aspects de la formation (voir figure 10). Il est possible de remarquer que le point le plus satisfaisant est l'ambiance de l'équipe et que le moins satisfaisant se rapporte au soutien du formateur. Il faut noter ici que la réalisation de ce module n'exigeait pas l'intervention du formateur, car l'encadrement prévu pour ce module était non tutoré. Certains étudiants n'avaient pas intériorisé cette balise.

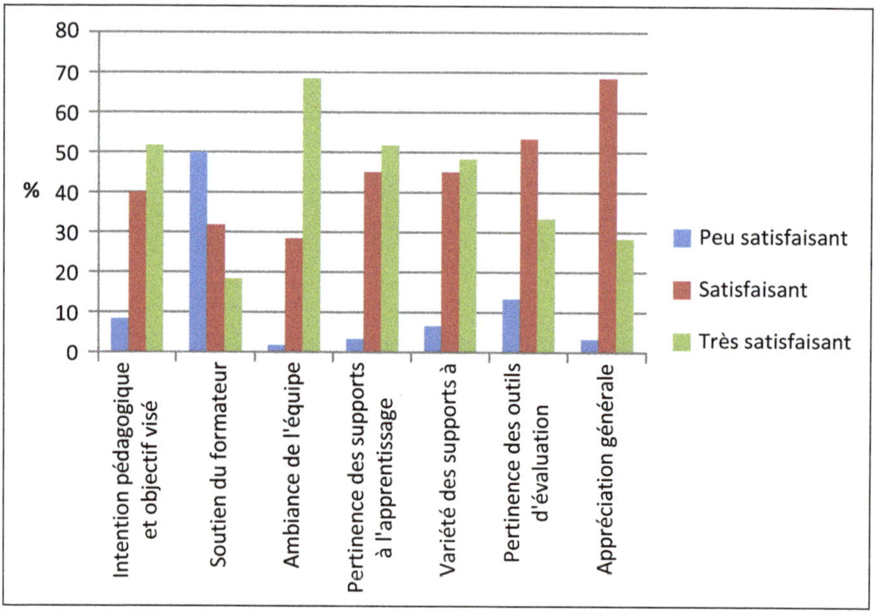

Figure 10. Évaluation du module en ligne 1 (N = 60).

6.2.2 *Deuxième module en ligne*

Contrairement au premier module, celui-ci se réalisait de façon individuelle. Les activités qui étaient proposées visaient à outiller les étudiants pour mieux préparer, organiser et réaliser d'éventuelles rencontres de parents. Des séquences vidéo permettaient aux étudiants de comparer les actions à porter selon le type de rencontre et de jeter un regard critique sur les modèles présentés. Trente-quatre étudiants ont réalisé ce module de cours en ligne. Leur degré de satisfaction est très élevé à l'égard de l'intention pédagogique et de l'objectif visé (voir figure 11). Cela peut s'expliquer par le fait que c'est un sujet qui préoccupe beaucoup les futurs enseignants et pour lequel ils n'avaient jamais eu de formation.

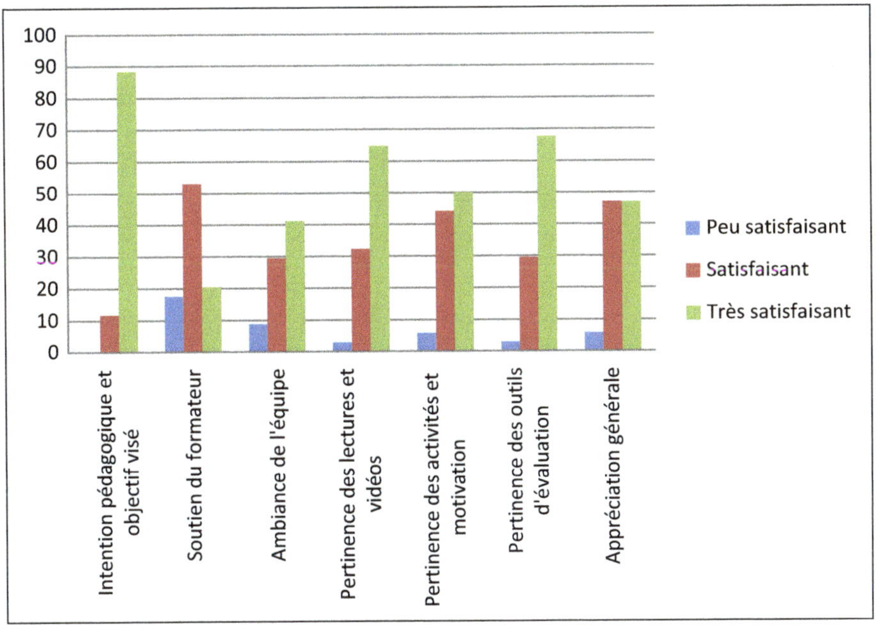

Figure 11. Évaluation du module en ligne 2 (N = 34).

6.2.3 Troisième module en ligne

Les activités proposées dans ce module de formation visaient à amener l'étudiant à comprendre ce qu'est la différenciation, à saisir son importance et à développer ses compétences à différencier des situations d'apprentissage. Les étudiants devaient répondre à un petit problème de la vie courante qui les amenait à se questionner sur les concepts d'équité, de justice et d'égalité, à la base de la différenciation. Ils devaient également partager leur réponse à leurs collègues par l'entremise de GoogleDocs et débattre de la façon la plus judicieuse de procéder. Les 33 étudiants qui ont apprécié cette activité ont été en général très satisfaits pour cinq aspects et satisfaits pour les deux autres (voir figure 12). C'est aussi la première fois qu'ils étaient familiarisés avec la problématique de la différenciation pédagogique.

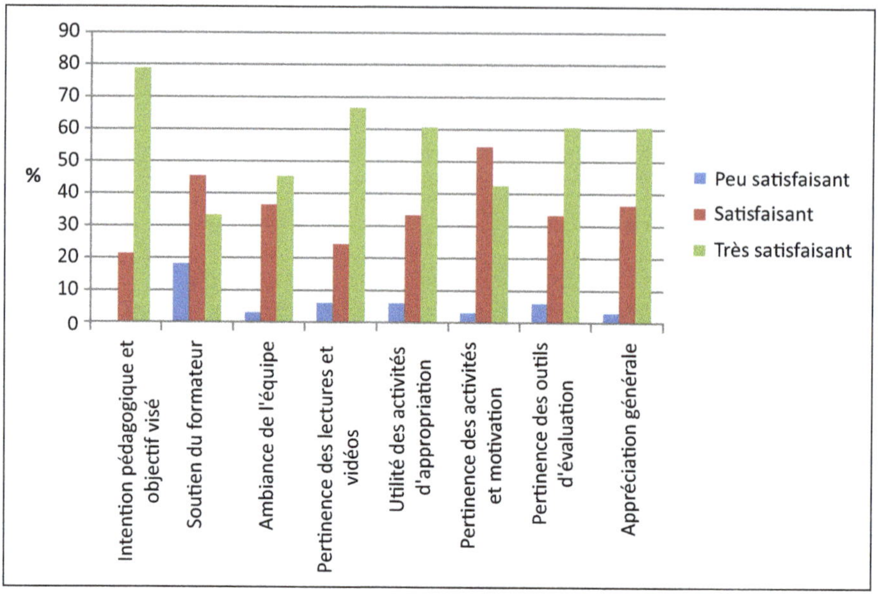

Figure 12. Évaluation du module en ligne 3 (N = 33).

6.2.4 *Commentaires exprimés sur la fiche d'appréciation*

À la suite de leur appréciation des modules, les étudiants ont émis des commentaires plus généraux sur les aspects à améliorer, sur ce qui les a motivés et sur ce qui, au contraire, les a désintéressés. Ils ont également proposé plusieurs recommandations. Les divers commentaires ont été regroupés sous trois catégories :

1) Sous la rubrique *Appréciation et motivation*, les étudiants ont mentionné qu'ils ont trouvé cette nouvelle expérience intéressante, que la présentation dénotait un certain professionnalisme et que les activités permettaient d'intégrer la matière à un bon rythme et demandaient un niveau de réflexion élevé. Ils ont de plus apprécié l'accès facile aux corrigés, l'absence de contraintes de temps, le choix du moment et du lieu de formation (à la maison).
2) Sous la rubrique *Ce qui est à améliorer, ce qui a causé du désintéressement*, on retrouve deux types de commentaires, un premier en regard de la gestion de l'activité et un deuxième concernant les problèmes

techniques. Précisons que certaines activités avaient été prévues pour être réalisées en équipe, ce qui n'a pas plu à plusieurs participants. Au contraire de ce qui se passe une fois l'équipe formée en classe, quelques étudiants n'ont pas réalisé le travail d'équipe prévu, ce qui a amené certains à travailler seuls. D'autre part, les difficultés techniques étaient monnaie courante, surtout pour ceux qui avaient peu d'habiletés fonctionnelles avec un ordinateur ou ceux qui n'avaient pas de système d'exploitation suffisamment puissant pour le téléchargement des vidéos. Ces aspects techniques ont occasionné une certaine lourdeur dans le travail et augmenté le temps nécessaire pour compléter les nombreux documents.

Le caractère impersonnel de la formation en ligne a été mentionné par plusieurs étudiants qui ont indiqué une préférence pour l'interaction directe avec le professeur, le besoin de faire un retour en classe sur le contenu de formation ou de faire une partie du travail en classe.

3) Sous la rubrique *Recommandations*, les étudiants du 1er cycle ont émis des suggestions se rapportant principalement aux aspects décrits précédemment. Voici quelques-unes de leurs suggestions :
   - Au niveau de la gestion de l'activité : les consignes et objectifs devraient être mieux synthétisés et tenir dans un seul document de travail (au lieu de plusieurs fiches). De plus, les corrigés devraient être systématisés et disponibles après que le travail a été réalisé.
   - Au niveau de la gestion des étudiants : laisser le choix des équipes et rendre l'activité obligatoire. Aussi, favoriser les interactions avec l'enseignant (formule tutorat) ou systématiser un temps d'appropriation lors du retour en classe.
   - Au niveau technique : apporter un support technique et une assistance disponible pour résoudre les différents problèmes techniques rapportés par les étudiants.

6.2.5 Conclusion de l'expérimentation au 1er cycle

Les résultats rapportés ici sont ceux du groupe d'étudiants en éducation physique et à la santé. L'expérimentation a aussi été réalisée auprès de plusieurs autres groupes des autres programmes en enseignement, ce qui nous a permis de bonifier certains outils et de fournir davantage de corrigés pour les fiches. De plus, une meilleure préparation est faite lors du cours précédent et un suivi est prévu lors du cours suivant. Cette façon de faire rassure les étudiants et il a été possible de constater une progression du travail en ligne parmi les choix à insérer dans le portfolio.

7. Conclusion

La mise en place de cours en ligne exige une bonne compréhension de la nature et des fonctions du dispositif de formation souhaité. Dans notre cas, nous désirions miser sur l'interactivité pour conserver les approches pédagogiques utilisées en présentiel. De plus, dans le développement de nos situations de compétences, nous avons aussi pris pour acquis les habiletés technologiques des étudiants. Les commentaires de ces derniers nous ont permis d'apporter les ajustements nécessaires et de proposer une modélisation lors du cours précédent le cours en ligne afin d'accompagner les étudiants vers une démarche plus autonome.

L'expérience des modules de cours en ligne au 1er cycle universitaire versés sur la plateforme *Studium* de l'UdeM montre que les avis sont partagés quant au choix de proposer des modules de cours en ligne et la nécessité de garder des cours en présentiel. Un obstacle majeur concerne les problèmes techniques qui pourraient être résolus en fournissant un soutien en temps réel. De plus, il y a un besoin important d'outils intégrés à la plateforme pour les interactions, y compris celles avec le professeur (tuteur).

En ce qui concerne les étudiants du 2e cycle, ils ont apprécié la plateforme hébergeant le dispositif de formation numérique et la possibilité de visionner des séquences vidéo de pratiques exemplaires. Par contre, ils ont aussi relevé les limites quant aux interactions entre les étudiants et entre les étudiants et le formateur (tuteur).

Cet accompagnement s'est avéré une condition gagnante dans le développement de l'instrumentation en évaluation dans la mise en place de cours en ligne. Une nouvelle recherche qui vise à développer des situations de compétences en ligne à partir d'un dispositif pédagogique pour les technologies mobiles (iPad) à l'enseignement secondaire se préoccupera de cet enjeu : accompagner le changement des pratiques évaluatives des enseignants. Dans ce contexte, une évaluation intégrée à l'apprentissage nécessitera d'utiliser de multiples façons de suivre la progression des élèves, dans le cours même des activités d'apprentissage. Par ailleurs, cela exigera de la part de l'enseignant une grande capacité de réflexion, de remise en question et d'adaptation. Le dispositif de formation proposé vise donc à accompagner le personnel enseignant dans la mise en œuvre de pratiques évaluatives qui exploitent ces nouvelles ressources au service de l'apprentissage. Il intègre cinq composantes : 1) la prise en compte des pratiques actuelles et de ce qu'elles permettent de dire sur les apprentissages, 2) l'exploration et l'expérimentation de divers usages des technologies pour documenter le processus d'apprentissage, 3) l'interprétation du contexte d'apprentissage et des traces pour comprendre les ressources et processus mobilisés par les élèves ainsi que la portée des pratiques pédagogiques, 4) la convocation des cadres conceptuels appropriés pour éclairer cette interprétation (établir des liens de la pratique vers la théorie) et 5) l'identification de pistes de développement des pratiques dans une perspective de différenciation pédagogique et de régulation des apprentissages. Il est à souhaiter que ce projet, qui débutera à l'automne 2013, apporte de nouvelles propositions pour évaluer à l'aide des technologies de l'information.

Références

Agence wallonne des télécommunications, la plateforme ICT de la Wallonie, *Guide E-Learning*, <http://www.awt.be/web/edu/index.aspx?page=edu,fr,gui,080,010>.

Ash, K. (2012). *Rethinking testing in the age of the iPad*. Site de l'Education Week, Digital direction, <http://www.edweek.org/dd/> [consulté le 10 juillet 2012].

Blandin, B. (2007). *Comprendre et construire les environnements d'apprentissage*. Nanterre, France : Université Paris X–Centre de recherche éducation et formation (CREF).

Cole, P. (2004). Professional development : A great way to avoid change (pp. 1–24). <http://local37.teachers.ab.ca/SiteCollectionDocuments/Local37/20092010/Notices%20and%20registration%20forms/Rpt%20%20Joint%20PD%20Framework%20Attachment%20X.pdf>.

CREPUQ (2007). Normes, standards et interopérabilité pour les environnements numériques d'apprentissage. Rapport du Groupe de travail sur l'interopérabilité entre les environnements numériques d'apprentissage. <http://www.profetic.org/IMG/pdf/StandardsInteroperabilite27sept.pdf>.

Darling-Hammond, L. & Bransford, J. (2005). *Preparing teachers for a changing world : What teachers should learn and be able to do.* San Francisco : Jossey-Bass, 565 pages.

Demaizière, F. (2008). Le dispositif, un incontournable du moment. *Apprentissage des langues et systèmes d'information et de communication.* Alsic.u-strasbg.fr, vol. 11, n° 2, pp. 157–161. <strasbg.fr/v11/demaiziere/alsic_v11_02-poi1.htm, mis en ligne le 30 mars 2008>.

Develotte, C. & Pothier, M. (dir.). (2004). La notion de ressources à l'heure du numérique. *Notions en Questions*, ENS de Lyon, n° 8, juin.

Durand, M.-J. (2011). Le portfolio numérique, outil d'évaluation et de régulation des apprentissages. Dans J.-G. Blais (dir), *Évaluation des apprentissages et technologies de l'information et de la communication*, tome II. Québec : Les presses de l'Université Laval.

Durand, M.J. & Chouinard, R. (2012). *L'évaluation des apprentissages, de la planification de la démarche à la communication des résultats (2d).* Montréal : Éditions Marcel Didier inc.

Durand, M.-J. & Trépanier, I. (2011). Validité des situations de compétences : élaboration d'une grille d'analyse. Dans G. Raîche, K. Paquette-Côté & D. Magis, *Des mécanismes pour assurer la validité de la mesure en éducation*, chapitre 4. Québec : Presses de l'Université du Québec.

Guskey, T. (2002). Professional development and teacher change. *Teachers and Teaching : theory and practice, 8*(3).

Laboratoire de soutien à l'enseignement par télématique (LabSET) (2006). *L'e-learning dans l'enseignement supérieur – Environnement international francophone.* Rapport de synthèse rédigé pour l'Agence wallonne des télécommunications. <http://www.awt.be/contenu/tel/edu/e-learning_labset.pdf>.

Laurier, M., Tousignant, R. & Morissette, D. (2005). *Les principes de la mesure et de l'évaluation des apprentissages.* Montréal : Gaëtan Morin éditeur, 3e édition.

Lebrun, M. (2005). *E-learning pour enseigner et apprendre.* Louvain-la-Neuve : Academia-Bruylant.

Lebrun, M., Smidts, D. & Bricoult, G. (2011). *Comment construire un dispositif de formation.* Belgique : de Boeck.

Santagata, R. (2009). Schools designing video-based professional development for mathematics teachers in low-performing. *Journal of Teacher Education, 60*(1), 38–51.

Scallon, G. (2004). *L'évaluation des apprentissages dans une approche par compétences*. Saint-Laurent : ERPI.

Sherin, M. G. (2007). New perspectives on the role of video in teacher education. Dans J. Brophy (dir.), *Advances in research on teaching : Using video in teacher education* (pp. 1–27). Oxford, UK : Elsevier.

Sherin, M. G. & Van Es, E. A. (2009). Effects of video club participation on teachers' professional vision. *Journal of Teacher Education, 60*(1), 20–37.

Shulman, L. & Shulman, J. (2004). How and what teachers learn : A shifting perspective. *Journal of Curriculum Studies, 36*(2), 257–271.

Vaufrey, C. (2012). Le MOOC, mode d'emploi. ThotCursus, <http://cursus.edu/article/18180/mooc-mode-emploi/> [consulté le 30 octobre 2012].

William, D. & Thompson, M. (2007). Integrating assessment with instruction : What will it take to make it work ? In C. A. Dwyer (dir.), *The future of assessment : Shaping teaching and learning* (pp. 53–82). Mahwah, NJ : Erlbaum.

Annexe 1

Quelques dispositifs de formation numérique

Nom	Caractère distinctif	Référence
Claroline	*Claroline* est un logiciel open source permettant de déployer facilement une plateforme dédiée à l'apprentissage et au travail collaboratif en ligne.	<http://www.claroline.net>
Chamilo	*Chamilo* est un logiciel open source de gestion de l'apprentissage et du contenu d'apprentissage.	<http://www.chamilo.org/fr>
Dokeos	*Dokeos* est une plateforme d'apprentissage en ligne organisée de façon modulaire. Chaque module a une mission spécifique.	<http://www.dokeos.com/fr>

Nom	Caractère distinctif	Référence
Sakai	*Sakai* est une solution de formation en ligne et de travail collaboratif, comprenant des outils de collaboration et de gestion de contenus en logiciels libres.	<http://www.sakaiproject.org>
Moodle	*Moodle* est une plateforme d'apprentissage en ligne sous licence libre servant à créer des communautés s'instruisant autour de contenus et d'activités pédagogiques.	<https://moodle.org>
WebCT	*WebCT* est une plateforme d'apprentissage en ligne.	<http://www.blackboard.com>
Didacti	*Didacti* est un réseau social éducatif entièrement sur Internet.	<http://www.didacti.org>
iTunes U	*iTunes U* est un service pour les établissements d'enseignement afin de permettre la gestion d'un large éventail de contenu audio, vidéo, PDF, ePub organisé sous forme de cours.	<http://www.apple.com/ca/fr/education/itunes-u/>

Annexe 2

Grille descriptive analytique pour l'évaluation de situations d'apprentissage et d'évaluation (version 2) selon Durand et Trépanier (2011)

Critères d'évaluation	*A : SAÉ exceptionnelle*	*B : SAÉ pertinente*	*C : SAÉ à retravailler*	*D : SAÉ à refaire*
COMPLEXITÉ des tâches proposées	La situation propose un défi qui exige la mobilisation d'un ensemble de ressources permettant de résoudre un problème ouvert.	La situation propose un défi qui exige la mobilisation d'un ensemble de ressources permettant de résoudre un problème semi-ouvert.	La situation propose une série d'activités interreliées permettant de résoudre des problèmes variés mais fermés.	La situation propose une série d'activités permettant de résoudre un problème fermé.

Critères d'évaluation	*A : SAÉ exceptionnelle*	*B : SAÉ pertinente*	*C : SAÉ à retravailler*	*D : SAÉ à refaire*
	La production attendue est personnelle et en lien avec l'intention.	La production attendue est identifiée, variée et en lien avec l'intention.	La production attendue est identique pour tous.	Aucune production n'est attendue dans le cadre de la situation.
SIGNIFIANCE de la situation	La situation propose un contexte authentique suscitant l'engagement de l'apprenant.	La situation propose un contexte réaliste, motivant pour l'apprenant.	La situation est partiellement contextualisée et peu motivante.	La situation est décontextualisée.
CONFORMITÉ du contenu	La planification de l'apprentissage comporte explicitement tous les éléments suivants : intention visée, compétences ciblées, ressources internes et externes identifiées.	La planification de la situation décrit brièvement les éléments suivants : intention visée, compétences ciblées, ressources internes et externes identifiées.	La planification de la situation identifie les éléments suivants : intention visée, compétences ciblées, ressources internes et externes identifiées.	La planification de la situation omet un ou plusieurs des éléments suivants : intention, compétences ou ressources internes et externes.
PERTINENCE de la structure	Toutes les activités sont en lien avec l'intention visée et bien développées, et ce pour chacune des phases : préparation, réalisation et intégration.	Les activités sont en lien avec l'objectif visé et peu développées, et ce pour chacune des phases : préparation, réalisation et intégration.	On ne retrouve qu'une activité de préparation et une activité de réalisation.	On ne retrouve que des activités de préparation.

Critères d'évaluation	*A : SAÉ exceptionnelle*	*B : SAÉ pertinente*	*C : SAÉ à retravailler*	*D : SAÉ à refaire*
EFFICACITÉ des outils d'évaluation	La situation prévoit plusieurs outils d'évaluation, grilles descriptives analytique ou globale, pour la ou les compétences ciblées.	La situation prévoit des grilles d'évaluation selon une échelle uniforme pour la ou les compétences ciblées.	La situation prévoit un outil d'évaluation sous la forme d'une échelle dichotomique.	La situation prévoit un corrigé.
	Les critères d'évaluation ciblés sont reformulés en éléments observables et les traces des apprentissages sont prévues.	Les critères d'évaluation ciblés sont présents et les traces des apprentissages sont prévues.	Trois critères d'évaluation ciblés sont présents.	Moins de trois critères d'évaluation sont prévus.
	Un outil de participation adapté à l'apprenant et comprenant une prise de conscience et une démarche réflexive est proposé.	Un outil de participation de l'apprenant comprenant une prise de conscience et une démarche réflexive est proposé.	Un outil de participation de l'apprenant comprenant une prise de conscience sous forme de liste de vérification est proposé.	La situation ne prévoit pas d'outil pertinent de participation de l'apprenant à son évaluation (autocorrection, autosatisfaction ou autonotation).

Martin Riopel
Patrice Potvin
François Boucher-Genesse

Développement du jeu vidéo Mécanika conçu pour intervenir sur des conceptions identifiées au moyen d'un test standardisé en enseignement des sciences

1. Introduction

Dans la société actuelle, les jeux vidéo occupent de plus en plus de place comme activité ludique, au point de pouvoir prétendre au titre du loisir le plus populaire, du moins chez les jeunes adultes. Par exemple, dans les pays plus développés comme les États-Unis et le Canada, McGonigal (2010) mentionne qu'un enfant aura consacré en moyenne 10 000 heures à des jeux en ligne avant l'âge de 21 ans, c'est-à-dire environ autant que le nombre d'heures passées en classe pour la totalité de son cheminement scolaire. Cette équivalence étonnante soulève des questions intéressantes pour le domaine de l'éducation. Plus particulièrement, on peut se demander si une fraction du temps consacré à ces jeux pourrait contribuer utilement et significativement à la formation des étudiants.

Le jeu vidéo Mécanika a été développé dans cet esprit suite à une collaboration entre le Laboratoire mobile pour l'étude des cheminements d'apprentissage en sciences (LabMÉCAS) de l'Université du Québec à Montréal et la compagnie CRÉO de Montréal qui se spécialise dans le développement de jeux vidéo éducatifs en sciences. Le premier objectif de ce projet de recherche était de concevoir un jeu vidéo pour intervenir spécifiquement sur les conceptions des élèves identifiées par le test du *Force Concept Inventory* (Hestenes, Wells & Swackhamer, 1992), un questionnaire standardisé en éducation portant sur l'apprentissage des lois de Newton en physique. Le second objectif était de mettre à l'essai le jeu en classe, dans des conditions réelles, afin d'évaluer son impact sur les performances à ce même test standardisé.

La suite de ce texte présente plus en détail les considérations théoriques et méthodologiques qui ont mené au développement du jeu Mécanika ainsi que certains résultats obtenus.

2. Recherches sur les jeux vidéo en mécanique

La définition de jeu utilisée pour cette recherche est celle de Juul (2003) qui provient d'une méta-analyse détaillée tenant compte des aspects les plus importants de ce concept. Elle est traduite ici librement :

> Un jeu est un système formel basé sur des règles et produisant des résultats variables et quantifiables, où chaque résultat est associé à une valeur différente, où le joueur fait des efforts pour influencer les résultats, où le joueur ressent un attachement pour les résultats, et où les conséquences de l'activité sont optionnelles et négociables. (Juul, 2003, p. 35)

Un jeu vidéo se distingue d'un simple jeu par le fait que la majorité de ses règles sont gérées par un système électronique. Toujours selon Juul (2003), cette gestion automatisée permet aux jeux vidéo d'offrir des règles beaucoup plus complexes aux joueurs qui, n'en étant plus responsables, peuvent les découvrir tout en jouant. Étonnamment, un jeu vidéo ne doit pas nécessairement comporter une partie vidéo, au sens littéral du terme. C'est pourquoi Salen et Zimmerman (2003) lui préfèrent plutôt l'expression « jeu digital », qui est cependant beaucoup moins utilisée par les chercheurs du domaine.

Pour bien cerner le concept de jeu vidéo, il faut aussi remarquer qu'il se distingue du concept de simulation par la valorisation des résultats. En effet, bien qu'une simulation offre un environnement informatisé reposant sur des règles formelles, elle n'indique pas de préférence pour un état de la simulation par rapport à un autre. Pour progresser dans un jeu vidéo, on propose toujours des obstacles qu'il faut franchir, des tâches qu'il faut réussir, des énigmes qu'il faut résoudre, etc.

Dans leur recension des recherches sur l'efficacité des jeux vidéo éducatifs, Hays (2005) de même que Young *et al.* (2012) ont constaté que, pour les sciences et les mathématiques, la plupart exprimaient des opinions sur le potentiel de ces jeux sans disposer de résultats empiriques et statistiquement significatifs. Parmi les quelques recherches empiriques, celles qui portent spécifiquement sur la physique mécanique sont encore plus rares et méritent d'être présentées brièvement dans ce qui suit.

2.1 Le vaisseau spatial de White (1984)

Les travaux de White (1984) utilisent un jeu où le joueur contrôle un petit vaisseau dans un espace sans gravité et sans friction au moyen d'impulsions fixes. Quatre touches du clavier permettent de choisir l'une des quatre directions cardinales pour l'impulsion. Le jeu a été testé sur une trentaine d'élèves âgés d'environ 16 ans et séparés en deux groupes. Le premier groupe d'élèves répondaient à un test écrit conçu par les chercheurs, utilisaient le jeu pendant une heure sans l'assistance d'un enseignant, et répondaient une seconde fois au même test. Le second groupe répondait aux mêmes tests sans enseignement et sans utiliser le jeu. Les élèves du groupe expérimental ont vécu un gain important entre le pré-test et le post-test, comparativement au groupe de contrôle ($t = 3,94$; $ddl = 30$; $p < ,001$).

Cette étude comporte évidemment certaines limites. Tout d'abord, l'échantillon utilisé est assez restreint. Ensuite, White rapporte que le test utilisé reprenait systématiquement les mises en situation du jeu impliquant un vaisseau dans l'espace. De plus, bien que les résultats indiquent un effet significatif, l'expérimentation ne permet pas de comparer avec au moins un autre type d'enseignement. Enfin, comme l'apprentissage est mesuré juste après l'intervention, on ne peut pas en estimer la rétention à plus long terme.

2.2 La balle de Rieber et Noah (1997)

Rieber et Noah (1997) ont conçu un jeu portant sur les concepts de vitesse et d'accélération. Ce jeu très simple est présenté dans la figure 1. L'élève doit cliquer sur des flèches pour modifier l'accélération d'une balle en mouvement rectiligne afin que sa vitesse s'annule dans une zone précise, le plus souvent possible avant la fin du jeu.

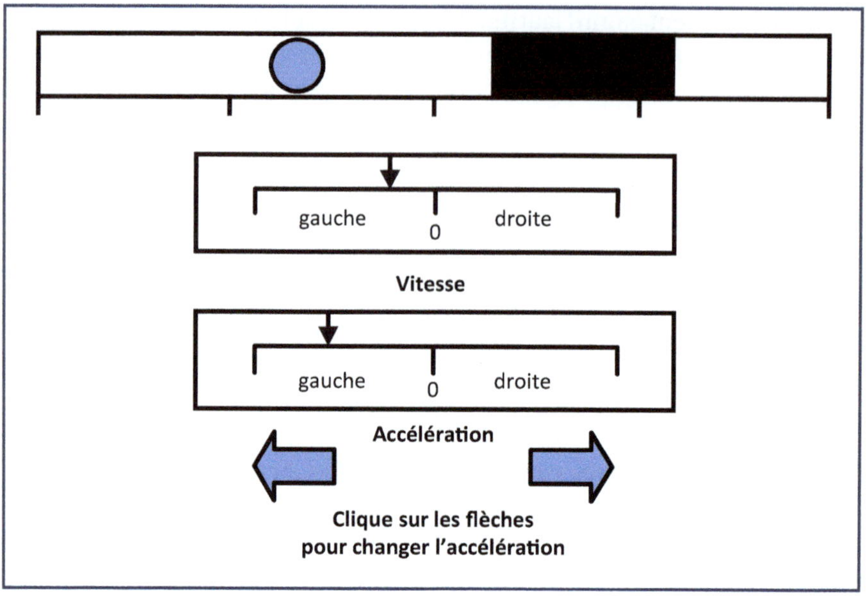

Figure 1. Le jeu conçu par Rieber et Noah (1997).

Les chercheurs ont utilisé un test construit spécifiquement pour cette expérience à laquelle ont participé 70 étudiants universitaires. Ceux-ci ont d'abord répondu au test. Ils ont ensuite joué à dix séquences de deux minutes. Ils ont enfin répondu une seconde fois au test. La particularité de cette étude reposait sur le fait que les étudiants n'utilisaient pas tous la même version de l'application. La moitié utilisait la simulation sans objectif particulier alors que l'autre moitié utilisait la version complète. Les chercheurs tentaient ainsi de comparer les mérites du jeu aux mérites d'une simulation par ailleurs identique.

Les résultats ont permis de démontrer un niveau de plaisir significativement plus élevé pour les étudiants qui avaient utilisé le jeu complet. Cependant, les apprentissages correspondants ont été significativement inférieurs. Les auteurs expliquent ces résultats en indiquant que l'objectif du jeu avait pris trop de place par rapport à la réflexion favorisant les apprentissages ; que cette réflexion avait vraisemblablement plus de place dans la version simulation. On peut en conclure que les développeurs, en s'écartant des objectifs originaux du jeu, ont nui aux apprentissages visés. Ces conclusions invitent à une grande prudence dans la conception de jeux éducatifs afin que, tel que mentionné dans la recension de Hays (2005), le contenu à apprendre ne soit pas simplement représenté dans le jeu, mais fasse partie intégrante de sa conception et de ses objectifs.

Les principales limites de cette étude sont essentiellement les mêmes que celles de White en ce qui a trait à la taille de l'échantillon, le test non standard utilisé, la comparaison avec un autre type d'enseignement et la mesure de la rétention des apprentissages.

2.3 Le projet SURGE de Clark et al. (2011)

Le projet *Scaffolding Understanding by Redesigning Games for Education*, ou plus simplement SURGE, se veut une suite logique du projet de White. Ces travaux de Clark *et al.* (2011) ont reçu un financement important de la Fondation nationale pour la science des États-Unis. Comme précédemment, les joueurs contrôlent des impulsions à donner à un vaisseau dans l'espace, mais ces impulsions sont plus variées au niveau de l'intensité et de l'orientation.

Cette étude de Clark *et al.* (2011) a impliqué un groupe d'environ 250 élèves âgés entre 13 et 14 ans et un protocole semblable à celui de White, à la différence que les chercheurs ont eu recours à des questions provenant d'un test standardisé développé par Hestenes *et al.* (1992), le test du *Force Concept Inventory*, plutôt que leur propre test. Ce choix visait à corriger une limite de l'étude de White et à faciliter la comparaison et l'interprétation des résultats obtenus. Les résultats ont démontré un apprentissage significatif (t = 2,70 ; ddl = 250 ; p = ,004) et suggèrent qu'un jeu vidéo éducatif portant sur l'apprentissage de la physique newtonienne peut être efficace pour provoquer une évolution significative des conceptions initiales des élèves.

Bien que cette étude ait corrigé plusieurs limites caractérisant l'étude de White, elle en conserve deux principales, soit, premièrement, une expérimentation qui ne permet pas de comparer avec au moins un autre type d'enseignement et, deuxièmement, un apprentissage mesuré juste après l'intervention qui ne permet pas d'en estimer la rétention à plus long terme.

Au niveau de la conception, le jeu développé dans le projet SURGE possède aussi quelques lacunes. Il commence, par exemple, dans un espace sans gravité. Bien que très simple du point de vue des règles physiques en jeu, on peut faire l'hypothèse qu'il soit complexe pour les élèves qui n'ont jamais fait l'expérience de l'apesanteur. Une autre lacune pourrait être la réaction toujours rapide qui est demandée des élèves lorsque le vaisseau est en mouvement, ce qui peut les encourager à agir en fonction de réflexes plutôt que de réflexions. Une des recommandations de White (1984) dans la conclusion de son étude était justement de prévoir une option qui permette aux élèves d'arrêter le jeu complètement pour prendre le temps de réfléchir. Il est regrettable que cette proposition n'ait pas été retenue pour le projet SURGE.

2.4 La baleine spatiale de Potvin et al. (2010)

Potvin *et al.* (2010) ont développé un jeu différent des précédents qui exige que les élèves choisissent la totalité des impulsions pour l'ensemble du trajet avant que le mouvement ne commence. Cette façon de faire répond à la suggestion de White et donne aux élèves tout le temps de réfléchir. L'objectif du jeu (présenté dans la figure 2) est de se déplacer dans l'espace jusqu'à atteindre une cible en mouvement.

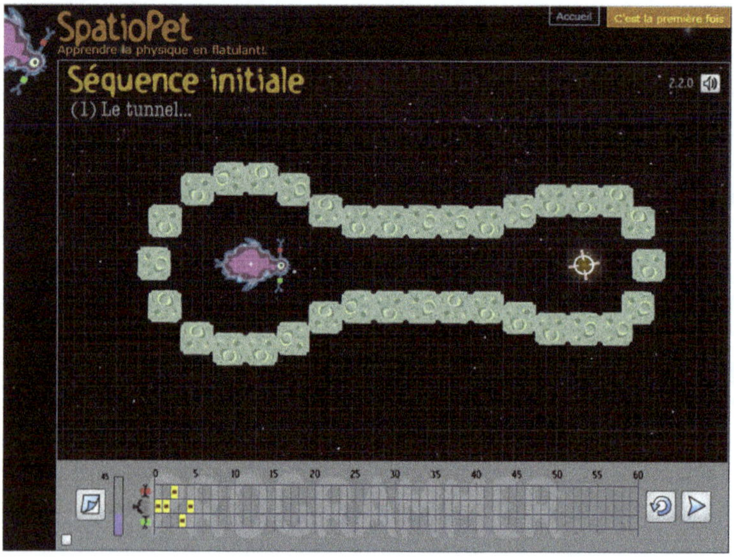

Figure 2. La baleine spatiale de Potvin et al. (2010).

La programmation par les élèves des « plans de vols » à l'aide de cases à cocher pousse la baleine à toujours se déplacer d'un nombre entier ou demi-entier de cases pour chaque unité de temps, permettant alors d'effectuer des dénombrements simples pour décrire les déplacements ainsi que les vitesses. La « baleine » laisse d'ailleurs des traces de son passage (à chaque unité de temps) permettant de mieux visualiser les déplacements.

Les chercheurs ont étudié les effets de ce jeu sur l'apprentissage en utilisant le test du *Force Concept Inventory* et en prenant soin d'intégrer le jeu dans le contexte d'un cours, au lieu de tester son utilisation de façon séparée. Des tableaux adaptés au cours étaient donnés en devoir aux élèves du groupe expérimental ($N = 58$), et des devoirs papier équivalents étaient donnés aux élèves du groupe témoin ($N = 61$). Enfin, contrairement aux autres études analysées, les chercheurs ont étudié la rétention des apprentissages à l'aide d'un second post-test qui a été passé environ trois semaines après le post-test.

Les résultats n'ont pas montré de différence significative entre les moyennes aux post-tests des deux groupes. Ils ont toutefois observé des différences significatives et durables pour quelques items précis reliés au concept d'impulsion. Ces résultats, mêmes s'ils sont plus modestes, semblent montrer qu'un enseignement assisté par un jeu vidéo pourrait être, dans certains cas, plus efficace qu'un enseignement traditionnel. Ces conclusions étaient impossibles à obtenir avec les expérimentations des études précédentes.

Cette étude présente évidemment quelques limites. Une première limite est de ne pas avoir prévu de groupe sans intervention, comme les études précédentes, afin de contrôler l'effet cumulatif des tests multiples. Cependant, comme le mentionne Henderson (2002), cet effet est pratiquement négligeable pour le test du *Force Concept Inventory.* Une seconde limite est de n'avoir pas imposé des contenus de devoirs aux enseignants, ce qui introduit une regrettable variabilité dans les résultats. Enfin, comme le mentionnent les chercheurs, le nombre d'élèves ayant participé à l'étude n'était peut-être pas suffisant.

Le tableau 1 permet de comparer certains éléments des protocoles expérimentaux pour les études présentées. On peut y remarquer que les protocoles des études plus récentes comportent plus de sujets et utilisent un test standardisé. Cependant, même pour ces études, les différences qui subsistent compliquent l'interprétation comparée des résultats obtenus.

Tableau 1. Comparaison des protocoles expérimentaux.

Auteurs	*Nombre de participants*	*Test standard*	*Prof.*	*Jeu*	*Prof.+Jeu*	*Rétention*
White (1984)	30			X		
Rieber et Noah (1997)	70			X		
Clark *et al.* (2011)	250	X		X		
Potvin *et al.* (2010)	119	X	X		X	X

L'analyse de ce dernier tableau invite à conduire une nouvelle étude avec un nombre suffisant de sujets et dans laquelle, en plus d'utiliser un test standard, on pourrait comparer trois conditions, soit : enseignement sans jeu, jeu sans enseignement, et enseignement combiné au jeu. Le protocole pourrait aussi idéalement permettre de mesurer la rétention des apprentissages.

3. Recherches sur l'identification des conceptions en mécanique

Depuis le début du XXe siècle, plusieurs travaux fondateurs en didactique des sciences (Piaget, Bachelard, etc.) ont suggéré que les conceptions erronées des élèves à propos des phénomènes scientifiques sont très résistantes avant et après un enseignement. Au début des années 1980, dans le prolongement de cette tradition, Posner *et al.* (1982) ont proposé quatre conditions (insatisfaction, intelligibilité, plausibilité, fécondité) nécessaires pour faire évoluer les conceptions des élèves. Ce premier modèle du changement conceptuel a par la suite donné lieu à un imposant courant de recherche encore très actif au XXIe siècle (Vosniadou, 2008).

En mécanique, la reconnaissance de l'importance et de la résistance des conceptions initiales et souvent erronées des élèves a poussé des chercheurs à tenter de les recenser (Clement, 1982 ; Halloun & Hestenes, 1985). Une des particularités qui rend l'étude de ces conceptions intéressantes est que plusieurs élèves partagent les mêmes conceptions initiales. Il est ainsi possible d'établir un curriculum qui tienne compte de ces conceptions fréquentes et populaires pour aider un plus grand nombre d'élèves à comprendre les phénomènes étudiés. Les travaux de diSessa (1993) et de Hestenes *et al.* (1992) ont permis de construire deux taxonomies distinctes basées sur ces conceptions initiales des élèves en physique mécanique.

Les études de diSessa (1993) suggèrent que ces conceptions sont fondées sur des ressources cognitives qu'il nomme « primitives phénoménologiques », ou *p-prims*. Ces *p-prims* sont des fonctions élémentaires utilisées pour décrire certaines situations. Par exemple, la *p-prim* « force as a mover » est la croyance que les objets se déplacent dans la direction où ils sont poussés, peu importe leur vitesse initiale. Les listes de *p-prims* élaborées par diSessa permettent aux concepteurs de situations pédagogiques de les considérer dans leurs développements.

Dans le même esprit, Hestenes *et al.* (1992) ont eux aussi produit une taxonomie des conceptions initiales qui peuvent être identifiées à l'aide d'un questionnaire standardisé. Cette taxonomie est particulièrement intéressante puisqu'elle est directement liée à un instrument reconnu en recherche, le test du *Force Concept Inventory*. Comme il s'agit probablement, selon Heller et Huffman (1995), du questionnaire le plus utilisé et le mieux validé dans ce domaine, il semble tout indiqué pour mesurer l'impact d'un jeu vidéo développé en mécanique.

Plusieurs auteurs ont remarqué que les résultats au test sont remarquablement constants entre différents groupes. Hake (1998), par exemple, a observé des résultats très similaires pour un groupe de plus de 6000 élèves suivant des cours avec une dizaine de professeurs différents. Cette stabilité du test ainsi que l'analyse des réponses en entrevue ont permis d'établir que le test mesure précisément la compréhension des concepts newtoniens de force. Ainsi, la possibilité d'une réponse fausse à un item donnée à tort (faux négatif) est estimée à moins de 10 %, alors que la possibilité d'une bonne réponse à un item donnée à tort (faux positif) est un peu plus haute, considérant qu'un choix au hasard donne 20 %. Dans ce test, chacun des choix de réponse à chacune des questions est associé aux conceptions d'élèves les plus fréquentes.

La conception initiale CI3, par exemple, indique que la dernière force à interagir avec un objet déterminera complètement sa trajectoire (ce qui correspond à la *p-prim* « Force as a mover » de diSessa). L'une des questions porte sur une rondelle de hockey vue du dessus qui se déplace à une vitesse constante vers la droite, tel qu'illustré à la figure 3.

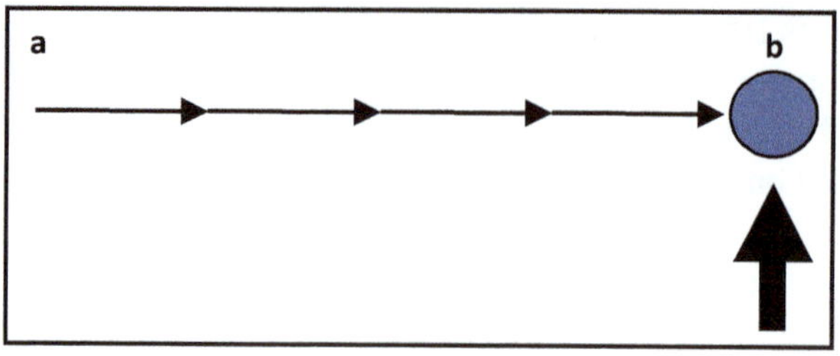

Figure 3. Un exemple de question du *Force Concept Inventory.*

Selon la conception CI3, un coup de bâton au point b vers le haut déterminera complètement sa trajectoire. La figure 4 illustre le choix de réponse correspondant. Pour ce choix, la vitesse initiale horizontale est complètement ignorée, puisque la dernière force, le coup de bâton, agit seulement dans l'axe vertical.

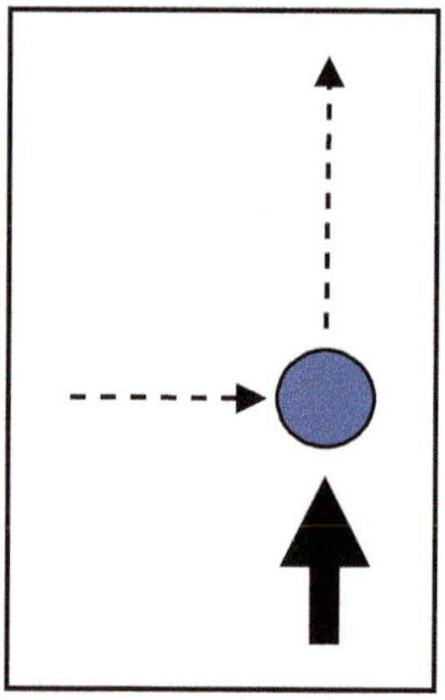

Figure 4. Un choix de réponse correspondant à la conception initiale CI3.

Lors de la comparaison des performances au test du *Force Concept Inventory*, Hestenes et Halloun (1995) ont proposé d'utiliser le ratio entre le gain moyen et le gain maximum possible.

$$h = \frac{\%\ post - \%\ pré}{100 - \%\ pre}$$

Avec ce ratio, un gain normal suite à une instruction « traditionnelle » est de l'ordre de $h = 0{,}25$. En développant un enseignement optimisé (*modeling intruction*) pour modifier les conceptions liées au test, Hestenes (2006) a observé un gain corrigé supérieur à la normale de l'ordre de 0,35. Des gains corrigés encore plus importants de 0,56 ont été observés pour les enseignants les plus efficaces qui ont utilisé cet enseignement optimisé durant plusieurs années.

4. Développement du jeu Mécanika

Ce sont les considérations précédentes à propos des recherches sur les jeux vidéo et sur l'identification des conceptions des élèves en mécanique qui ont permis de préciser les objectifs de la recherche. Celle-ci visait dans un premier temps à développer un jeu vidéo, nommé Mécanika, pour intervenir spécifiquement sur les conceptions des élèves identifiées par le test du *Force Concept Inventory* et, dans un deuxième temps, à mettre le jeu à l'épreuve afin d'observer l'impact de son utilisation dans un contexte scolaire.

Le développement de Mécanika a été réalisé avec le langage Actionscript de Flash. Au moment d'entreprendre le développement, ce choix se justifiait, tel qu'expliqué dans Riopel *et al.* (2010), par la présence dominante de ce langage dans les navigateurs Web pour les principales plateformes. Les simulations du jeu utilisent l'engin physique Box2D (Catto, 2010) qui reproduit de façon plutôt crédible le monde mécanique qui nous entoure.

Le développement de Mécanika s'est étalé sur une période d'environ deux années durant laquelle quelques adultes et une quarantaine d'élèves ont testé les versions préliminaires du jeu. De multiples versions ont été nécessaires afin de s'assurer que les joueurs ne consacraient pas la majorité de leur temps à comprendre l'interface du jeu mais bien à résoudre les problèmes de physique qu'ils avaient sous les yeux.

La construction de la plupart des niveaux de Mécanika est basée sur une conception initiale particulière, et ces niveaux sont regroupés en cinq séries. Une série comprend environ une dizaine de niveaux et porte sur un thème particulier. Le tableau 2 présente les thèmes de ces séries, ainsi que les concepts associés selon la terminologie du ministère de l'Éducation, du Loisir et du Sport (2006).

Tableau 2. Les séries de niveaux de Mécanika.

Série	*Thème*	*Concepts associés*
A	Les mécanismes du jeu	- Lois de Newton - Équilibre et résultante de plusieurs forces
B	L'impact des impulsions sur la trajectoire et la vitesse, sans force gravitationnelle	- Lois de Newton - Équilibre et résultante de plusieurs forces - Mouvement rectiligne uniforme
C	L'impact des forces continues et du mouvement circulaire sur la trajectoire et la vitesse, sans force gravitationnelle	- Lois de Newton - Équilibre et résultante de plusieurs forces - Mouvement rectiligne uniformément accéléré - Mouvement des projectiles - Force centripète
D	Les concepts de force gravitationnelle et d'accélération gravitationnelle, en particulier pour des objets de masses différentes	- Lois de Newton - Équilibre et résultante de plusieurs forces - Mouvement des projectiles - Force gravitationnelle - Force centripète
E	L'énumération des forces actives sur les objets	- Lois de Newton - Équilibre et résultante de plusieurs forces - Force gravitationnelle - Force centripète - Force de frottement

La figure 5 présente l'écran d'accueil de Mécanika. On peut y observer un parcours d'étoiles sur lesquelles l'élève doit faire passer les petits robots « éclaireurs » en se servant des robots plus gros aux pouvoirs « spéciaux », comme celui de donner une impulsion rapide, de produire du vent dans une direction précise, d'entraîner dans une rotation, d'annuler la gravité, etc. C'est au moment d'utiliser les robots spéciaux que l'élève peut mettre à l'épreuve ses conceptions. Les tableaux ont été soigneusement choisis afin de rendre possible la mise à l'épreuve de chacune des conceptions identifiées par le test du *Force Concept Inventory*.

Figure 5. Écran d'accueil du jeu Mécanika.

Dans le jeu, aucune formule et aucun calcul formel ne sont nécessaires pour résoudre les situations. L'apprentissage visé est à un autre niveau, plus intuitif, et correspondant mieux à celui d'un changement conceptuel. La figure 6, par exemple, présente le tableau B1 du jeu Mécanika et la tentative que pourrait faire un élève qui possède la conception CI3 du *Force Concept Inventory*. Cet élève, en plaçant un robot spécial « impulsion » directement au-dessus de la seconde étoile, pourra constater que les petits robots éclaireurs ne se déplacent pas dans la direction de l'impulsion donnée et ratent ainsi la seconde étoile.

Figure 6. Écran du tableau B1 du jeu Mécanika pour la conception CI3 du *Force Concept Inventory*.

En plus du jeu lui-même, des guides pédagogiques pour chaque niveau ont aussi été créés afin de permettre à l'élève et à l'enseignant de pousser la réflexion plus loin. La scénarisation de l'utilisation du jeu en classe ou en devoir s'en trouve ainsi facilitée.

5. Méthodologie

Tel que présenté précédemment, les considérations sur les recherches sur les jeux vidéo invitent à choisir idéalement un protocole expérimental avec un nombre suffisant d'étudiants, qui compare plusieurs conditions d'utilisation du jeu et qui mesure l'effet de rétention. Une expérimentation en plusieurs parties a permis de respecter tous ces critères. Le texte qui suit ne présente que la première partie.

5.1 Échantillonnage

Puisque la physique mécanique est enseignée au Québec à la cinquième année au secondaire, les élèves de cinquième secondaire du Québec constituent la population de la présente étude. L'âge ou le sexe des individus de cette population n'était pas un critère pour le recrutement mais les élèves devaient parler le français ou l'anglais afin de comprendre le jeu Mécanika qui n'est disponible que dans ces deux langues.

Les enseignants ont été recrutés sur une base volontaire afin d'augmenter autant que possible le nombre d'élèves participant à l'expérience. Deux enseignants ont démontré leur intérêt, pour un total de 8 classes et 251 élèves. Les parents de 205 de ces élèves ont donné par la suite leur accord pour que leur enfant participe à l'expérience, pour un taux de participation de 82 %.

5.2 Expérimentation

L'expérimentation s'est étalée sur une période d'environ trois mois commençant en janvier, au moment où débute normalement l'enseignement de la physique mécanique dans les écoles. Tous les élèves participants ont d'abord répondu à une version en ligne du test du *Force Concept Inventory*, au laboratoire d'informatique, et sous la supervision d'un enseignant suppléant ne participant pas à l'étude. Cette précaution était nécessaire pour que l'enseignant participant à l'étude n'ait pas accès au contenu du test.

Les étudiants d'un même enseignant ont ensuite été séparés en deux groupes de taille comparable. Dans le premier groupe, les enseignants ont utilisé le jeu Mécanika et les guides pédagogiques correspondants durant une période d'au plus trois mois. Ils ont ainsi donné un devoir visant à préparer les élèves à chaque série de tableaux du jeu, pour un total de cinq devoirs. Ces devoirs d'une durée d'au plus soixante minutes comportaient une période de jeu ainsi qu'une partie écrite. Les étudiants ont ainsi joué à Mécanika en moyenne deux heures. Les enseignants ont ensuite fait un retour en classe en répondant aux interrogations des élèves et en s'assurant que tous avaient compris. Entre les devoirs, les enseignants ont aussi utilisé le jeu pour illustrer en direct certains concepts, devant la classe et à l'aide d'un projecteur. Dans le second groupe et durant la même période, les enseignants ont été invités à donner leurs cours habituels sans utiliser le jeu ou en faire mention.

À la fin de la période de trois mois, les élèves des deux groupes ont répondu une seconde fois au test du *Force Concept Inventory* et dans les mêmes conditions que la première fois.

6. Résultats et discussion

Le tableau 3 présente les résultats obtenus au pré-test. La moyenne obtenue pour l'ensemble des élèves est de 24,4 %. Ce résultat est comparable à celui habituellement observé pour des élèves du même âge, qui est d'environ 26 % (Hestenes, 2006).

Tableau 3. Résultats obtenus au pré-test.

Groupe	*Nombre*	*Moyenne*	*Écart-type*
Expérimental	94	23,3 %	1,4 %
Contrôle	91	26,5 %	1,5 %
Total	185	24,4 %	1,5 %

On peut noter que le groupe expérimental, celui qui a utilisé le jeu dans le cadre des cours, a une moyenne de 23,3 % au pré-test, alors que le groupe de contrôle a une moyenne supérieure de 26,5 %. Cette différence n'est pas significative, mais sera néanmoins prise en compte lors des calculs des gains corrigés. En d'autres mots, le fait que les élèves du groupe expérimental aient un potentiel d'apprentissage plus important sera contrôlé par la formule du gain corrigé introduite précédemment, qui tient compte de cette différence initiale au pré-test.

Le tableau 4 présente les gains corrigés de performance obtenus. La comparaison de ces gains pour les deux groupes permet de déterminer si l'utilisation du jeu en classe favorise significativement les apprentissages par rapport aux cours habituels. En utilisant un test pour échantillon unique, on obtient que le gain pour le groupe expérimental ($N = 94$; $M = 0{,}10$; $ET = 0{,}02$) est significatif ($t(93) = 6{,}73$; $p < {,}001$; $d = 1{,}0$) et plus important que celui du groupe de contrôle ($N = 91$; $M = 0{,}02$; $ET = 0{,}02$) qui n'est pas significatif ($t(90) = 1{,}37$; $p = {,}175$; $d = 0{,}3$). Un test t à échantillons indépendants révèle que la différence entre le groupe expérimental et le groupe de contrôle est significative ($t(183) = 3{,}81$; $p < {,}001$). La taille de l'effet pour la différence produite par le jeu ($d = 0{,}6$) est supérieure au seuil de 0,5 proposé par Cohen (1988) comme limite pour un effet de taille moyenne.

Tableau 4. Gains corrigés de performance obtenus.

Groupe	*Gain moyen*	*Écart-type*	*ddl*	*t*	*p*	*d*
Expérimental	0,10	0,02	93	6,73	< ,001	1,0
Contrôle	0,02	0,02	90	1,37	,175	0,3
Différence	0,08	0,02	183	3,81	< ,001	0,6

Ainsi, les résultats obtenus permettent de conclure que l'utilisation du jeu Mécanika en classe a été bénéfique pour l'apprentissage des concepts newtoniens, tel que mesuré par le test du *Force Concept Inventory*. On peut aussi conclure que cet apprentissage a été supérieur à celui des cours habituellement donnés par les mêmes enseignants. Enfin, l'effet du gain associé à l'utilisation de Mécanika est à la fois significatif et important.

Il est intéressant de noter que le gain obtenu pour le groupe expérimental ($h = 0{,}10$) est comparable avec celui obtenu ($h = 0{,}13$) pour le *Modeling Instruction Project* dirigé par Hestenes (2006). Ce résultat est déjà surprenant quand on considère que le projet de Hestenes s'étalait sur un trimestre complet. Il faut aussi comprendre que ce projet exigeait un engagement important des enseignants qui devaient participer à une formation intensive de trois semaines pour intégrer le nouveau matériel pédagogique à leurs pratiques. En comparaison, au plus trente minutes ont été nécessaires pour expliquer aux enseignants les mécanismes du jeu Mécanika. L'obtention de gains comparables est donc particulièrement surprenante et on peut se demander si l'effet du jeu pourrait s'ajouter à l'effet d'une formation plus complète.

7. Conclusion

Ce projet de recherche visait à développer et à mettre à l'essai un jeu vidéo conçu spécifiquement pour intervenir sur les conceptions identifiées par le test du *Force Concept Inventory.* Les résultats obtenus pour la première partie de l'expérimentation montrent que l'utilisation du jeu Mécanika en classe a produit un effet significatif, important et supérieur sur l'apprentissage des élèves, par rapport à l'enseignement habituel des mêmes enseignants, dans des conditions équivalentes. Ces résultats obtenus dans un contexte scolaire réel suggèrent donc que le jeu pourrait vraiment contribuer à améliorer la formation donnée dans les écoles. Ce jeu est par ailleurs disponible gratuitement à l'adresse <http://www.mecanika.ca>

Suite à cette première expérimentation, on peut encore se questionner quant à l'utilisation optimale du jeu dans un contexte scolaire. En effet, les résultats obtenus à ce stade ne permettent pas de déterminer si l'apprentissage associé à l'utilisation du jeu directement par l'élève est indépendant de celui associé à l'enseignant qui fait référence au jeu dans ses cours. On peut aussi se demander si les apprentissages observés sont durables. D'autres expérimentations seront nécessaires pour répondre à ces questions.

Références

Catto, E. (2010). *Box2D : An open source engine for simulating rigid bodies in 2D.* <www.box2d.org>.

Clark, D. B., Nelson, B. C., Chang, H.-Y., Martinez-Garza, M., Slack, K. & D'Angelo, C. M. (2011). Exploring Newtonian mechanics in a conceptually-integrated digital game. *Computers & Education, 57*(2011), 2178–2195.

Clement, J. (1982). Students' preconceptions in introductory mechanics. *American Journal of Physics, 50*(1), 66.

Cohen, J. (1988). *Statistical power analysis for the behavioral sciences.* New Jersey : Lawrence Erlbaum.

diSessa, A. A. (1993). Toward an epistemology of physics. *Cognition and Instruction, 10*(2/3), 105–225.

Hake, R. R. (1998). Interactive-engagement vs traditional methods in mechanics instruction. *American Journal of Physics, 66*(1), 64–74.

Halloun, I. A. & Hestenes, D. (1985). The initial knowledge state of college physics students. *American Journal of Physics, 53*(11), 1043.

Hays, R. T. (2005). *The effectiveness of instructional games : A literature review and discussion.* Orlando, FL : Naval Air Warfare Center Training Division.<http://www.dtic.mil/cgi-bin/GetTRDoc?AD=ADA441935>.

Heller, P. & Huffman, D. (1995). Interpreting the Force Concept Inventory : A reply to Hestenes and Halloun. *The Physics Teacher, 33*(8), 503.

Henderson, C. (2002). Common concerns about the Force Concept Inventory. *The Physics Teacher, 40*(9), 542–547.

Hestenes, D. (1998). Who needs physics education research !? *American Journal of Physics, 66*(6), 465–467.

Hestenes, D. (2006). Notes for a modeling theory of science, cognition and instruction. Dans O. Slooten *et al.* (dir.), *Proceedings of the GIREP conference : Modelling in physics and physics education* (pp. 27–52). Amsterdam : Université of Amsterdam.

Hestenes, D. & Halloun, I. (1995). Interpreting the FCI. *The Physics Teacher, 33*, 502–506.

Hestenes, D., Wells, M. & Swackhamer, G. (1992). Force Concept Inventory. *The Physics Teacher, 30*, 141–158.

Juul, J. (2003). The game, the player, the world : Looking for a heart of gameness. Dans M. Copier et J. Raessens (dir.), *Level up : Digital games research conference proceedings* (pp. 30–45). Utrecht : Utrecht University.

McGonigal, J. (2010). *Reality is broken : Why games make us better and how they can change the world*. Penguin Press HC, 400 pages.

Ministère de l'Éducation, du Loisir et du Sport (2006). *Programme de formation de l'école québécoise, Enseignement secondaire*. Québec : Gouvernement du Québec.

Posner, G. J., Strike, K. A., Hewson, P. W. & Gertzog, W. A. (1982). Accommodation of a scientific conception : Toward a theory of conceptual change. *Science Education, 66*, 211–227.

Potvin, P., Riopel, M., Charland, P., Ayotte, A. & Boucher-Genesse, F. (2010). Enhancing performance in the « Force Concept Inventory » test using homework gameplay while involving physics teachers in the level design process : SpaceFart. Présenté à *Meaningfulplay 2010*, East Lansing, MI.

Rieber, P. R. & Noah, D. (1997). Effect of gaming and visual metaphors on reflective cognition within computer-based simulations. Paper presented at the *AERA Conference*, Chicago.

Riopel, M., Potvin, P., Boucher-Genesse, F., Raîche, G. & Djédjé, V. (2010). Suivi informatique des cheminements pour la recherche en éducation scientifique. Dans M. Riopel *et al.* (dir.), *Utilisation des technologies pour la recherche en éducation scientifique* (pp. 223–248). Sainte-Foy, Québec : Presses de l'Université Laval.

Salen, K. & Zimmerman, E. (2003). *Rules of play : Game design fundamentals*. Cambridge : The MIT Press.

Vosniadou, S. (2008). Conceptual change research : An introduction. Dans S. Vosniadou (dir.), *International Handbook of Research on Conceptual Change*, xiii-xxviii. New York : Routledge.

White, B. Y. (1984). Designing computer games to help physics students understand Newton's laws of motion. *Cognition and Instruction, 1*(1), 69–108.

Young *et al.* (2012). Our princess is in another castle : A review of trends in serious gaming for education. *Review of Educational Research, 82*(1), 61–89.

Section 3 :
L'analyse de séquences filmées

Antoine Derobertmasure
Marc Demeuse

Au cœur de l'interaction entre un superviseur et de futurs enseignants : étude des séances de rétroaction vidéo par l'application de la fonction d'analyse de séquences de codes du logiciel QDA Miner®

1. Introduction et contextualisation

La formation initiale des enseignants est un enjeu qui dépasse les frontières d'une communauté ou d'une nation : l'Union européenne en a fait l'une de ses priorités lors de la déclaration de Bologne de 1999 et cinq orientations ont été identifiées : la masterisation du cursus de formation, le renforcement des liens entre le lieu de formation et le monde professionnel, l'intérêt du développement des compétences réflexives, l'encouragement à la mobilité internationale et, finalement, une incitation forte à développer une formation continue de qualité (Niclot, 2010). Différents courants de pensée se préoccupent de ces questions à travers l'intérêt qu'ils portent à la formation des enseignants. L'un d'eux, le cognitivisme, s'intéresse en particulier à « la pensée enseignante » (Tochon, 1993) et tente, dans une optique ethnographique, de décoder ce que l'enseignant a dans « la tête ». C'est dans ce cadre que s'inscrivent nos propres travaux.

Le concept de la réflexivité, notion centrale de cette recherche, n'est pas nouveau en ce sens qu'il a déjà fait l'objet de nombreuses analyses (notamment : Van Manen, 1977 ; Kirby & Paradise, 1992 ; Tochon, 1993 ; Schön, 1994 ; Richards & Lockhart, 1994 ; Hatton & Smith, 1995 ; Derobertmasure, 2012) dont les principaux résultats ont donné lieu à des essais de définitions, de modélisations, d'opérationnalisation et d'évaluation. Aussi, n'est-il pas étonnant que le modèle du praticien réflexif ne soit pas particulier à la Communauté française de

Belgique, mais bien un élément commun à différents programmes de formation des maîtres (Richardson & Placier, 2001, cités par Maurice, 2002).

En Communauté française de Belgique, la formation initiale des enseignants est mise en place par différents opérateurs dont la spécificité principale correspond au niveau d'enseignement auquel les futurs enseignants sont formés. En tant qu'opérateur de formation, l'Université de Mons organise l'agrégation de l'enseignement secondaire supérieur pour les disciplines universitaires dont elle décerne le diplôme de deuxième cycle. Le quatrième axe du décret (Communauté française de Belgique, 2001), relatif au savoir-faire, est entièrement sous la supervision du service de Méthodologie et Formation. Quatre cours distincts poursuivent l'acquisition des compétences relatives à ce quatrième axe : 1) micro-enseignement et analyse des pratiques pédagogiques, 2) stage préparatoire à l'enseignement, 3) stage préparatoire à la vie scolaire et 4) stage d'enseignement. Notre étude porte plus particulièrement sur deux de ces cours, à savoir, 1) le micro-enseignement et l'analyse des pratiques pédagogiques ainsi que 2) le stage préparatoire à l'enseignement, représentant un total de cinquante heures de formation pratique. Dans le cadre précis de ces cinquante heures de formation, le développement des deux compétences suivantes est visé : *a)* planifier, gérer et évaluer des situations d'apprentissage ; *b)* porter un regard réflexif sur sa pratique. La formation mise en place répond à plusieurs impératifs : premièrement, permettre au futur enseignant d'être confronté à des situations d'interactions avec des apprenants ; deuxièmement, favoriser la planification des situations d'apprentissage et, finalement, induire diverses démarches conduisant à une réflexion sur sa pratique de la part du futur enseignant.

Les activités pédagogiques centrales mises en œuvre dans ce dispositif sont les suivantes : une séance de micro-enseignement où le futur enseignant est filmé et une séance de rétroaction où la prestation est visionnée et discutée par le futur enseignant et un superviseur. Outre l'intérêt pédagogique qu'elles présentent, ces activités génèrent également des matériaux d'analyse pour la recherche (les séances de rétroaction étant elles-mêmes filmées). Dans le cadre de cet article, c'est la retranscription des échanges nés entre le futur enseignant et le superviseur de l'Université durant la rétroaction qui est soumise à l'analyse de contenu présentée à la suite.

2. Recours à l'analyse de contenu

2.1 Définition

La question de l'analyse de contenu est très documentée dans le domaine des sciences humaines, mais il reste cependant difficile d'en apporter une définition exhaustive consensuelle. D'aucuns s'accordent à considérer cette méthode comme une démarche visant à analyser le contenu d'un document, c'est-à-dire « rechercher les informations qui s'y trouvent, dégager le sens ou les sens de ce qui y est présenté, formuler et classer tout ce que "contient" ce document » (Mucchielli, 2006, p. 24) en évitant le recours à l'intuition et en éliminant la subjectivité.

La plupart des analyses de contenu procèdent par « découpage » du texte. Ce découpage peut être effectué en fonction d'unités de numération (le nombre de colonnes de tel ou tel article, le nombre de mots dans un titre, la longueur du message…) ou en fonction d'unités de codage, entendues comme le « segment de contenu à considérer comme unité de base en vue de la catégorisation et du comptage fréquentiel » (Bardin, 2001, p. 135). Concernant la question de l'unité de codage, la littérature ne livre pas de réponse univoque : certains privilégient l'idée du sens tandis que d'autres se basent sur des critères syntaxiques (mot, phrase, paragraphe, message) pour établir leur découpage. Chacune de ces méthodes comporte un avantage : les unités de sens correspondent à des unités de tailles différentes, ce qui permet une certaine flexibilité, tandis qu'un découpage basé sur une règle syntaxique assure une fiabilité de « découpage » du texte.

2.2 Outils d'analyse de contenu

L'analyse de contenu est désormais qualifiée d'outillée, dans le sens où l'utilisation croissante de l'informatique dans le domaine de l'analyse de contenu suscite l'apparition de nombreux outils permettant d'aider le chercheur (Séror, 2005).

2.2.1 Typologies des logiciels d'analyse de contenu

Derobertmasure et Demeuse (2011 identifient quatre typologies des logiciels d'analyse de contenu. Ces typologies sont proposées par Tesch (1991), Weitzman et Miles (1995), Jenny (1997) et Lejeune (2008).

La typologie de Tesch présente quatre « familles » de logiciels (Duriau & Reger, 2004). Elle est établie en fonction du type d'analyse pouvant être mené ; on y trouve les logiciels adéquats pour mener les analyses descriptives et interprétatives, les logiciels permettant les analyses exploratoires, les logiciels dotés d'un dictionnaire et, finalement, les logiciels intégrant les aspects linguistiques du langage.

La typologie de Weitzman et Miles (1995) distingue les logiciels en fonction du niveau de complexité des fonctionnalités proposées. Ils présentent un modèle structuré en six niveaux, souvent référencé dans la littérature (Klein, 1997 ; Popping, 1997 ; Weitzman, 1999 ; Duriau & Reger, 2004) : *Word processor, text retrievers, text base managers, code and retrieve program, codebase theory builders, conceptual network builders.*

La typologie de Jenny (1997) se base sur les courants théoriques sur lesquels repose le développement des logiciels. Ce modèle, visant à éviter « la dérive techniciste, qui confond les moyens et les fins » (p. 77), propose six familles constituées sur la base des « enjeux épistémologiques et théoriques sous-jacents à l'élaboration du logiciel d'analyse textuelle » (p. 80) : l'approche lexicométrique ; l'analyse thématique/sociosémantique ; l'analyse automatique des réseaux de mots associés ; l'analyse propositionnelle du discours ; les démarches généralistes d'analyse d'enquêtes sociologiques. Jenny (1997) ajoute une dernière famille : celle des logiciels spécifiquement conçus dans le cadre de recherches menées dans un domaine précis.

La typologie de Lejeune[1] (2008) repose sur le critère d'automatisation de la démarche. Trois familles sont proposées : l'analyse totalement automatisée, l'analyse réflexive située à l'autre extrême du continuum considérant l'encodage par l'analyse et, finalement, l'analyse recourant aux registres[2] (par exemple Cassandre®, Prospero®) qui « combinent la systématicité des outils automatiques et la finesse des analyses réflexives » (Lejeune, 2008, p. 594).

---

1 Voir également <http://analyses.ishs.ulg.ac.be/logiciels/> [consulté le 15 octobre 2009].

2 Il s'agit d'indicateurs textuels permettant d'effectuer des recherches transversales au sein d'un corpus de données textuelles (Lejeune, 2008).

Sur la base de ces typologies, Derobertmasure et Demeuse (2011 proposent une grille de lecture visant à clarifier le domaine des logiciels d'analyse de contenu.

2.2.2 *Vers une approche bidimensionnelle*

Plusieurs critères peuvent être retenus lorsqu'il s'agit de caractériser un outil d'analyse de contenu. Sur la base de l'articulation des typologies de Jenny (1997) et Lejeune (2008), Derobertmasure et Demeuse (2011 proposent une classification des logiciels (tableau 1) en retenant les critères relatifs à l'automatisation de la démarche et au courant théorique auquel appartient le logiciel. Cette classification présente l'avantage de structurer le domaine des outils d'analyse de contenu et de parvenir à une classification multi-critériée. Ce type de classification est peu disponible dans la littérature, notamment parce qu'elle demande une connaissance de nombreux logiciels (démarche coûteuse en temps de travail et en achat de ces logiciels).

Deux logiciels utilisés par notre équipe de recherche (Nvivo® et QDA Miner®) ont été positionnés dans ce tableau. Le logiciel QDA Miner® se retrouve dans plusieurs cases du tableau[3] : l'analyse lexicométrique automatisée et l'analyse thématique réflexive. Le positionnement de ce logiciel renvoie à sa richesse d'utilisation et aux nombreuses fonctionnalités qu'il possède : calcul de co-occurrences, recherche de mots-clés ou de segments de texte, analyse en fonction d'une grille de codage…

Le logiciel Nvivo® appartient à la famille des CAQDAS, laquelle constitue « le choix le plus courant des qualitativistes recourant à l'informatique » (Lejeune, 2008, p. 594). Cet outil présente de nombreuses fonctionnalités (Fielding, Fielding & Hughes, 2012) dont les avantages et inconvénients sont décrits par Gilbert (2002) et John et Johnson (2000). Ce type de logiciels est souvent utilisé dans le cadre d'analyses thématiques, consistant à « lire un corpus, fragment par fragment, pour en définir le contenu en le codant » (Fallery & Rodhain, 2007, p. 20). Cette catégorie d'outils peut être utilisée selon les deux logiques s'offrant à l'analyste dans ce type de démarche, c'est-à-dire selon une orientation inductive ou déductive (Miles & Huberman, 1994 ; Mukamurera, Lacourse & Couturier, 2006 ; Mucchielli, 2006). C'est pour cette raison que Nvivo® se trouve placé à l'intersection des approches réflexive et sémantique.

3 Le logiciel pourrait se retrouver dans davantage de « cases » du tableau si on l'utilise conjointement avec le logiciel WordStat proposé en extension de QDA Miner®.

Tableau 1. Approche multidimensionnelle des logiciels d'analyse de contenu d'après Derobertmasure et Demeuse (2011).

		Typologie de Lejeune		
		Approche totalement automatisée	Approche recourant aux registres	Approche réflexive
Typologie de Jenny	Approche lexicométrique	QDA Miner®		
	Approche thématique/ sociosémantique		QDA Miner®	Nvivo® QDA Miner®
	Approche automatique des réseaux de mots associés			
	Approche liée à l'analyse propositionnelle et prédicative			
	Approche généraliste d'analyse d'enquêtes sociologiques			
	Approche conçue dans le cadre de recherches menées dans un domaine précis			

2.3 Éléments de méthodologie : quelle utilisation des logiciels

La spécificité de la méthodologie proposée dans cet article concerne l'application de la fonctionnalité « séquence de codes » dont dispose QDA Miner®. Celle-ci ne peut être mise en place qu'à partir d'un codage thématique préalable. Ce codage a été organisé de manière déductive et se base sur un « *preliminary node tree based on the litterature* » (Dean & Sharp, 2006, p. 18), étoffé par l'adjonction de catégories construites au contact du corpus analysé. Les apports de la littérature ayant permis la construction de la grille d'analyse thématique sont les suivants :

- la typologie des processus réflexifs (Derobertmasure & Dehon, 2012) synthétisant les travaux de Kolb (1984), Van Manen (1977), Hatton et Smith (1995), Sparks-Langer *et al.* (1990), Korthagen et Vasalos (2005), McAlpine et Weston (2002) et McAlpine *et al.* (2004) (voir annexe 1) ;
- la modélisation de la situation d'enseignement-apprentissage (Derobertmasure & Dehon, 2012) ;

- le type d'intervention mis en place par le superviseur (adaptation de Blanchet, 1989, de Berthier, 2006, et de De Lièvre, 2005). Cette démarche est cependant restée attentive au réel va-et-vient entre l'outil créé et le matériau d'analyse nécessaire à la mise en place d'une analyse pertinente (Bardin, 2001 ; Miles & Huberman, 1994 ; Mucchielli, 2006).

Le codage thématique a été réalisé à l'aide du logiciel Nvivo 8®. Le choix de l'analyste s'est porté sur ce logiciel car il bénéficie d'une certaine validation par la communauté scientifique, au moins en sciences humaines, compte tenu du nombre important d'articles faisant état du recours à cet outil (ce logiciel est d'ailleurs d'autant plus utilisé qu'il existe déjà depuis un bon nombre d'années).

L'analyse des séquences de codes n'est cependant pas disponible avec Nvivo®. C'est en recherchant cette fonctionnalité précieuse et rare dans le domaine des logiciels que QDA Miner® est apparu comme un outil pertinent (Lewis & Maas, 2007 ; Péladeau, 2004). De plus, il s'avère que QDA Miner® propose un ensemble de fonctionnalités communes à celles proposées par Nvivo®, notamment au niveau de l'analyse thématique. Il aurait donc été possible de réaliser l'ensemble de la démarche avec un seul logiciel : QDA Miner®. Celui-ci est également doté d'une fonctionnalité intéressante, particulièrement dans le cas étudié : il permet, grâce à un autre logiciel gratuit[4], de transformer les résultats d'une analyse menée à l'aide du logiciel Nvivo® en « langage » QDA Miner®. Cette transformation permet d'appliquer les fonctionnalités de QDA Miner® sur la base du codage préalable réalisé avec Nvivo®.

Le recours au calcul des séries de codes permet à l'analyste de percevoir la structure du corpus analysé en lui donnant une information statistique sur la manière dont les codes « se suivent ».

Pour ce faire, le logiciel recourt à deux indices qu'il tient à l'analyste de croiser :

- une valeur Z correspond à une mesure standardisée de l'écart des fréquences observées par rapport aux fréquences attendues théoriquement. Plus cette valeur s'éloigne du zéro, plus la déviation est forte. Une valeur négative indique une série de codes plus rare que prévu, tandis qu'un chiffre positif indique une série de codes plus fréquemment observée qu'attendu ;

4 Nvivo® to QDA Miner® (disponible à l'adresse <http://provalisresearch.com/downloads/trial-versions/>).

- un indice de probabilité. Plus celui-ci est faible, plus la fréquence observée entre deux séquences s'écarte d'une répartition au hasard.

Les résultats proposés se présentent sous la forme de matrices. Ces matrices indiquent la probabilité selon laquelle le code sélectionné en colonne suit le code sélectionné en ligne. Les résultats communiqués dans chacune des cases du tableau informent de la note Z qui constitue une mesure standardisée de l'écart face à la fréquence théorique attendue (Moran, Dumas & Symons, 1992). À titre d'exemple, considérons deux codes : le code A, utilisé N fois par l'analyste, et le code B, utilisé P fois. Sur la base de leur fréquence respective d'apparition, le logiciel calcule une fréquence théorique d'apparition de la série de codes A-B qui correspond à la valeur X. Il compare cette valeur théorique X avec le nombre de fois où, effectivement, le code B suit le code A, soit la valeur de Y. Plus la valeur de Y est supérieure à la valeur de X, plus la valeur Z communiquée est importante et traduit la présence potentielle d'une série de codes qui n'est pas due au hasard. Idéalement, cette note est croisée avec l'indice de probabilité (plus il est faible, plus la relation de séquence observée entre les deux éléments n'est pas due au hasard).

Ce calcul peut être paramétré par deux éléments : la distance minimale et la distance maximale entre deux codes. La distance minimale correspond au chevauchement (c'est-à-dire que la fin d'un code peut correspondre au début d'un autre). Le paramétrage de la distance peut se faire selon les différentes unités (mots, codes…) séparant un code d'un autre.

Dans le cadre de ce type d'analyse, il semble opportun, selon les précautions proposées par Collin (2010) visant à éviter « que des résultats marginaux ne biaisent l'identification des patterns » (p. 27), de considérer avec précaution les séquences pour lesquelles Z est inférieur à 3 « afin d'exclure les séquences les plus faibles ». Le même auteur propose également d'être attentif à la représentativité des codes retenus dans l'analyse : en effet, « étant donné que l'analyse de séquences ne tient pas compte de la fréquence [absolue] des codes », il est nécessaire de s'intéresser à cet aspect lors de l'interprétation des résultats.

2.3.1 Condition de recueil : séance de rétroaction

Le contexte dans lequel les données sont recueillies est celui d'une séance de rétroaction de type réflexion partagée (Tochon, 1996). Cette activité pédagogique se distingue du rappel stimulé qui suppose que le recours à un support audiovisuel permet de revenir aux pensées qui guidaient l'action au moment où elle se déroulait ; distinctement, la réflexion partagée considère ce rappel comme peu probable et s'intéresse davantage à la manière dont l'acteur, accompagné par un superviseur, parvient à reconstruire son action.

Dans le contexte de cette étude, la consigne vise à entraîner la prise de parole spontanée du futur enseignant et de son superviseur. Cette consigne orale, énoncée par le superviseur en début d'entretien, est la suivante :

> Nous allons regarder ensemble le DVD de ta prestation en micro-enseignement. Durant ce visionnement, je te demande d'effectuer le commentaire de ton action ou de répondre à une sollicitation de ma part afin que nous arrivions à échanger vis-à-vis de ta pratique. Ton commentaire peut être lié à tout élément que tu juges intéressant d'énoncer durant cette séance et peut aussi bien être une observation, une évaluation, une justification, une question. Pour ce faire, tu appuies sur le bouton pause. C'est donc toi qui « as la main ». Cependant, si un élément attire mon attention ou si je souhaite obtenir ton avis sur un élément, je presserai également le bouton pause. Les consignes sont claires pour toi ?

2.3.2 L'initiative de la parole

Boutet et Gagné (2009 soulignent que la provenance du sujet de conversation est un signe de l'approfondissement réflexif : plus l'initiative revient au futur enseignant, plus elle constitue le signe d'un approfondissement réflexif. Dans le cadre de cette étude, il est apparu intéressant d'analyser cet aspect. En ce sens, trois catégories d'initiatives de parole ont été répertoriées en fonction de l'initiative de l'arrêt de la bande vidéo :

- une intervention proactive du futur enseignant (ou du superviseur) est caractérisée comme telle si c'est lui qui interrompt la bande et effectue le commentaire ;
- une intervention réactive du futur enseignant (ou du superviseur) est caractérisée comme telle lorsqu'il y a une prise de parole en retour du futur enseignant (ou du superviseur) suite à une intervention proactive du superviseur (ou du futur enseignant) ;
- les autres interventions sont considérées comme faisant partie des interventions interactives. Celles-ci apparaissent donc au troisième tour de parole : une manifestation proactive entraîne une intervention réactive laquelle entraîne à son tour une intervention de type interactive, jusqu'à l'épuisement de l'échange.

2.3.3 *Corpus analysé*

Le corpus analysé est constitué de la retranscription de dix rétroactions. Ces rétroactions durent de 31 minutes et 10 secondes à 72 minutes et 30 secondes (tableau 2). Ces rétroactions ont été organisées dans un délai de deux à trois semaines après la séance de micro-enseignement.

Tableau 2. Durée des rétroactions.

Rétroaction (n° du futur enseignant)	*Durée de la rétroaction (en minutes et secondes)*
1	50'53"
2	33'30"
3	31'10"
4	47'01"
5	60'41"
6	72'30"
7	46'41"
8	56'14"
9	35'02"
10	52'49"
Total	486'31"
Moyenne	48'32"

3. Analyse des séquences de codes

3.1 *Analyse de la structuration du corpus en regard des processus réflexifs*

Le premier type de résultat que la fonctionnalité « séquence de codes » permet concerne la structuration interne du corpus en termes d'utilisation des processus réflexifs (Derobertmasure & Dehon, 2012). Exprimé autrement, le but de cette analyse est de parvenir à saisir la manière dont les futurs enseignants organisent leurs propos en regard des processus réflexifs :

quel processus « suit » quel processus ? Quel processus « génère » quel processus ? etc.

Étant donné le nombre de codes utilisés dans l'analyse thématique, interroger le corpus sous l'angle des séries de codes sans aucun formatage initial entraînerait la création de matrices de résultats trop volumineuses pour être interprétées. Aussi, les données communiquées par l'analyse thématique constituent un point de départ pour paramétrer les analyses.

L'analyse thématique identifie ainsi le cas de trois futurs enseignants (individus n° 2, n° 8 et n° 5) pour lesquels la proportion de recours au processus « intentionnaliser » atteint des valeurs supérieures ou presque égales au processus « évaluer », lequel représente, par ailleurs, dans l'échantillon l'un des processus les plus fréquents. Ces futurs enseignants sont, également, ceux dont le processus « décrire » apparaît comme le plus utilisé[5]. Ces éléments amènent à s'interroger quant à l'existence d'un lien entre le processus « décrire » et le processus « intentionnaliser ».

Le tableau 3 présente les résultats obtenus après avoir utilisé QDA Miner®. Les éléments constituant les codes initiaux sont présentés en ligne alors que les codes formant la deuxième partie des séquences de codage sont présentés en colonne. Le tableau présente donc en ligne l'ensemble des processus réflexifs (sauf l'intentionnalisation) codés au moins une fois et, en colonne, les trois processus d'intentionnalisation déclinés selon l'initiative de la parole (interactif – proactif – réactif). Les valeurs Z présentées dans les cases grisées correspondent au croisement dont la probabilité d'apparition due au hasard est inférieure à 0,05.

L'interprétation du tableau indique que peu de processus réflexifs amènent à l'utilisation du processus « intentionnaliser » et que c'est principalement « décrire » et « évaluer » qui, statistiquement, précèdent le processus « intentionnaliser » (et non le contraire comme on le verra par la suite). La valeur communiquée par le tableau confirme également que la

5 L'ensemble des codes et des modèles dont ils proviennent sont présentés dans l'annexe 1. Pour une description plus détaillée des résultats de l'analyse thématique et des codes, la thèse de Derobertmasure (2012) est disponible à l'adresse suivante <http://halshs.archives-ouvertes.fr/view_by_stamp.php?&halsid=prknevm1pnjg3e77bm50hmtl81&label =SHS&langue=fr&action_todo=view&id=tel-00726944&version=1&view=extended_view>.

séquence de codes du processus « décrire » suivi de « intentionnaliser » est statistiquement plus fréquente que la séquence du processus « évaluer » suivi de « intentionnaliser ».

Tableau 3. Séquences de codes entre les processus réflexifs et le processus « intentionnaliser ».

Initiative de la parole du futur enseignant	*Processus*	*FEI intentionnaliser*	*FEP intentionnaliser*	*FER intentionnaliser*
Interactive	Décrire	2,72		
	Évaluer	1,82		
	Légitimer contexte			
	Légitimer préférence			
	Pointer difficultés			
	Prendre conscience			
	Proposer alternative			
	Questionner	0,91		
Proactive	Décrire		4,56	
	Évaluer		1,63	−1,2
	Explorer alternative			
	Légitimer contexte			
	Légitimer préférence		2,15	
	Pointer difficultés			
	Prendre conscience			
	Proposer alternative		2,15	
Rétroactive	Décrire			4,05
	Évaluer			3,35
	Explorer alternative			
	Légitimer contexte			
	Légitimer préférence			
	Pointer difficultés			
	Proposer alternative			
	Questionner			

Les trois extraits suivants correspondent à des séquences de codes des processus « décrire » (en italique) suivis de « intentionnaliser » (en gras).

> *Je leur ai fait écrire leur prénom* **pour que ce soit un peu plus sympathique, pour que je sois un peu plus proche d'eux, pour établir une sorte de contact**. (futur enseignant 4)
>
> *On a pris quelques livres, des informations sur internet pour avoir de la matière et puis on a essayé* **de la transformer en se disant « comment ? », de quoi allons-nous parler en premier ?** (futur enseignant 8)
>
> *On posait une question dessus* (le contenu)… **pour expliciter un peu**. (futur enseignant 10)

L'existence d'un lien « inverse » peut également faire l'objet d'une analyse spécifique. Il s'agit alors de s'interroger sur les séquences de codage initiées par le processus « intentionnaliser ». Le tableau 4 ne reprend que les processus pour lesquels une valeur Z est communiquée. Les différents acronymes utilisés dans ce tableau se comprennent comme suit : les deux premières lettres « FE » signifient « futur enseignant », la troisième « I », « P » ou « R » renvoie à l'initiative de la parole (respectivement « interactive », « proactive » et « réactive »). La lecture du tableau indique que quelques processus apparaissent comme conséquents du processus « intentionnaliser ». Si la majeure partie des valeurs de Z communiquées pour ces différentes séquences ont une probabilité d'apparition due au hasard très faible, il semble opportun selon les précautions proposées par Collin (2010) d'éviter « que des résultats marginaux ne biaisent l'identification des patterns » (p. 27). Compte tenu du fait que la fréquence d'apparition minimale d'une série de codes ne peut être paramétrée, il est nécessaire de s'intéresser à cet aspect lors de l'interprétation des résultats. On constate ainsi que certaines séquences identifiées par une note Z supérieure à 3 ne renvoient, de manière générale, qu'à un très petit nombre d'extraits : seule la proposition d'alternatives (interactive et proactive) renvoie à plus de dix extraits (respectivement 26 et 25 alors que les autres renvoient à 7, 3, 1, 7, 4, 8 et 1 extraits).

Tableau 4. Séquence de codes entre le processus « intentionnaliser » et les processus réflexifs.

	Initiative de la parole																
	Processus interactifs					Processus proactifs							Processus réactifs				
	Évaluer	Légitimer préférence	Pointer difficultés	Proposer alternative	Questionner	Décrire	Évaluer	Explorer alternative	Légitimer contexte	Légitimer préférence	Pointer difficultés	Prendre conscience	Proposer alternative	Légitimer préférence	Pointer difficultés	Proposer alternative	Questionner
Intentionnaliser interactif	–0,8	1,12	3,36	3,09	2,62	–0,7	–2			3,08	2,46		0,04			0,8	
Intentionnaliser proactif						0,73	0,25	5,06	3,48	1,33	0,96		3,33				
Intentionnaliser réactif														8,9		7,58	8,98

Il apparaît ainsi que la « proposition d'alternatives » est le processus le plus à même de se produire après le processus d'« intentionnalisation ». Cette analyse des résultats permet de décrire un aspect de la manière dont les futurs enseignants utilisent les processus réflexifs : une chaîne commençant par la « description » amène ensuite à l'« intentionnalisation » et se termine par la « proposition d'alternatives ». Il s'agit ici d'une apparition de séries de codes « en entonnoir » dans le sens où la proportion d'extraits répondant à cette règle est successivement moindre : de l'ensemble des éléments associés au code « décrire », seule une partie est suivie d'éléments associés au processus « intentionnaliser », dont une partie seulement est suivie de la « proposition d'alternatives ».

3.2 Analyse de l'interaction entre le superviseur et le futur enseignant dans le cadre de la rétroaction

Le deuxième objectif poursuivi par la recherche consiste à s'intéresser aux objets sur lesquels portent les propos du superviseur et du futur enseignant dans le but d'analyser la continuité ou la rupture thématique de leur propos. Pour y parvenir, la séquence de codes peut également être utilisée. Dans cette recherche, une grille de codage identique est utilisée pour coder les références faites par le superviseur et le futur enseignant par rapport aux objets de la situation d'enseignement-apprentissage. L'analyse des séquences de codes peut donc être ici appliquée en s'intéressant à deux couples de prise de parole : 1) les propos proactifs du futur enseignant et les propos réactifs du superviseur et 2) les propos proactifs du superviseur et les propos réactifs du futur enseignant. Si, au cours de ces échanges, l'un et l'autre se « comprennent » et échangent au sujet des mêmes aspects, cela doit être confirmé d'un point de vue statistique. Deux tableaux sont proposés à la suite. Ces tableaux sont conçus :

- en prenant en considération les aires « didactique », « psychopédagogique » et d'« objectivation » de la situation d'enseignement-apprentissage (Derobertmasure & Dehon, 2012) ;
- avec un paramétrage minimum interdisant le chevauchement (puisqu'il s'agit de tours de prise de parole) et un paramétrage maximum de trois codes ;

- en présentant uniquement la note Z communiquée par QDA Miner® mais en distinguant, par un remplissage grisé des cases, celles dont les valeurs Z correspondent à des séquences de codes dont la probabilité d'apparition due au hasard est inférieure à 0,05.

La lecture du tableau 5 indique que le superviseur, lorsqu'il répond au futur enseignant, est bien en accord avec lui. En effet, les résultats qui apparaissent dans les cases grisées du tableau correspondent toutes à la diagonale de ce même tableau. Ce résultat signifie qu'il n'y a pas de rupture entre les propos du futur enseignant et ce que lui répond le superviseur : le superviseur poursuit en regard du même objet.

L'exercice inverse partant des propos proactifs du superviseur vers les propos réactifs du futur enseignant montre des résultats différents (tableau 6) : non seulement les valeurs les plus élevées de Z n'apparaissent pas nécessairement sur la diagonale du tableau (par exemple : 2,87 pour le croisement de la « gestion de l'apprentissage » « manifestation compréhension ») mais, en plus, seules trois de celles-ci n'apparaissent pas comme potentiellement le fruit du hasard (valeur inférieure à 0,05).

Trois éléments sont importants à considérer vis-à-vis de ce résultat : tout d'abord, d'un point de vue statistique, il faut se rappeler que les propos du superviseur de type « proactif » sont moins nombreux (approximativement 12 % du corpus total) que ceux du futur enseignant ; ensuite, il faut considérer, par distinction avec l'exemple précédent, que le superviseur est logiquement plus à même d'identifier l'objet du propos tenu par le futur enseignant et d'y répondre, que l'inverse ; finalement, ce tableau permet également de constater que les références sur lesquelles la cohérence des propos est la plus forte se caractérisent par leur aspect relativement concret et observable durant la phase d'enseignement : il s'agit de « réponse des élèves sur un contenu », de la « dynamique corporelle » et du « rythme ».

Tableau 5. Séquence de codes entre les propos proactifs du futur enseignant et les propos réactifs du superviseur.

Superviseur réactif / **Futur enseignant proactif**	Choix et organisation des contenus	Discours didactique	Référence à la préparation de leçon	Support didactique	Action des élèves	Manifestation compréhension	Réponse des élèves sur un contenu	Acte de langage	Activité sur les contenus	Climat-espace	Dynamique corporelle	Gestion de l'apprentissage	Rythme-temps
Choix et organisation des contenus									1,4			2,9	
Discours didactique		2,4	0,8		1,2		1,2				–0,8		0,9
Référence à la préparation de leçon			7,5										
Support didactique				5,1									
Action des élèves		0,9			3,4						0,4		
Manifestation compréhension		2,9											
Réponse des élèves sur un contenu		0,3	1,6	0,0			3,6						
Acte de langage			1,82					5,8					0,7
Activité sur les contenus					0,66				5,9				
Climat-espace					1,45					5,18			1,19
Dynamique corporelle			0,8					0,08		0,8	3,9		0,8
Gestion de l'apprentissage							0,57					3,56	0,93
Rythme		1,61	1,61										3,25

Tableau 6. Séquence de codes entre les propos proactifs du superviseur et les propos réactifs du futur enseignant.

Futur enseignant réactif / **Superviseur proactif**	Choix et organisation des contenus	Discours didactique	Référence à la préparation de leçon	Support didactique	Manifestation compréhension	Réponse des élèves sur un contenu	Actes de langage	Activité sur les contenus	Dynamique corporelle	Gestion de l'apprentissage	Rythme
Choix et organisation des contenus	1,67	–0,4	0,48	–0,3				0,83		2,47	–0,7
Discours didactique											
Référence à la préparation de leçon	1,65	–0,2	1,05	–0,5				0,4		1,09	–0,6
Support didactique				1,91		2,22					
Manifestation compréhension											
Réponse des élèves sur un contenu				0,54		4,84					
Actes de langage											
Activité sur les contenus				1				0,91			
Dynamique corporelle									4,3		
Gestion de l'apprentissage					2,87			1,77			
Rythme		0,21			1,6			–0,4			4,01

Certains éléments du tableau, n'apparaissant ni dans la diagonale du tableau, ni même comme présentant un taux d'apparition dû au hasard de moins de 5 %, peuvent également avoir un caractère informatif. Ainsi, à titre d'exemple, si l'on s'intéresse à ce qui suit les propos du superviseur relatifs à la « préparation de leçon », on constate qu'un lien existe avec la référence aux propos concernant le « choix et organisation des contenus ». Ce lien est illustré par trois exemples. À la question du superviseur visant à comprendre comment les futurs enseignants ont préparé leur leçon, les réponses suivantes ont été relevées.

> *[…] on s'est dit qu'est-ce qu'il y a comme matière à enseigner sur ce sujet-là ? […]* (futur enseignant 8)
>
> *[…] j'ai fait des recherches déjà pour comprendre ce que c'était le sujet, voir les différents types d'enseignement et ce que reprenait le type 8. Quand j'ai vu que c'étaient troubles instrumentaux et troubles de l'apprentissage je me suis dit : on va d'abord revoir et expliquer tout ça […]* (futur enseignant 4)
>
> *[…] bon… relation école-entreprise, je me suis dit « qu'est-ce qu'on entend par relation école-employeur » et je me suis dit « certainement le cadre contrat d'apprentissage et le cadre CEFA » donc je me suis renseigné sur la réglementation, sur le contrat d'apprentissage sur le CEFA* (Centre d'éducation et de formation en alternance) (futur enseignant 5)

La première des préoccupations des futurs enseignants n'est donc pas de se référer aux documents cadres (programmes, compétences terminales…), à la prise en considération de compétences à développer et aux activités pédagogiques pouvant être mises en place, mais bien de sélectionner et définir théoriquement le sujet de la leçon. Ce constat renvoie à l'une des particularités des enseignants novices relevées dans la littérature (Fuller, 1969) : la centration sur le savoir au détriment de l'apprentissage.

3.3 Analyse des séquences de codage superviseur-futur enseignant sous l'angle des types d'intervention et des processus mobilisés

Le processus appliqué aux objets est ici appliqué aux types de propos : le type d'intervention mis en place par le superviseur et le processus réflexif mobilisé pour le futur enseignant. Deux tableaux sont proposés, le premier (tableau 7) présente l'analyse des séquences de codes de la phase interactive, le second (tableau 8) s'intéresse aux mêmes types d'analyse mais, cette fois, par rapport aux propos proactifs du superviseur et réactifs du futur enseignant.

Dans le premier tableau, trois notes Z apparaissent dans une zone grisée : elles concernent le lien entre, d'une part, les « questions liées à la situation », la « description » et l'« intentionnalisation » et, d'autre part, la « transmission » et la « légitimation selon le contexte ».

Tableau 7. Séquence de codes relatifs aux types de propos échangés durant la phase interactive.

Futur enseignant interactif / **Superviseur interactif**	Décrire	Évaluer	Intentionnaliser	Légitimer contexte	Légitimer préférence tradition	Pointer difficultés incapacités	Prendre conscience	Proposer alternative
Évaluation	0	0,35	0,57	1,03	0,9		0,9	–0,2
Question (justification)	–0,1	0,22	1,14		1,32	1,63	1,32	
Question (situation)	3,54	0,97	2,37				–0,1	
Question (métacognitive)	1,73		0,46					1,53
Transmission	–0,1	0,41	–0,9	2,99	0,34	0,6	2,73	0,67

En ce qui concerne les séquences de codes « superviseur proactif/futur enseignant réactif », le tableau indique, comme le précédent, que la description est souvent la réponse apportée par le futur enseignant. Les questions métacognitives amènent également des éléments de description, mais aussi d'évaluation (il s'agit des séquences de codes avec le Z le plus élevé et la probabilité due au hasard la plus faible).

Tableau 8. Séquence de codes relatifs aux types de propos proactifs du superviseur et réactifs du futur enseignant.

Futur enseignant réactif / **Superviseur proactif**	Décrire	Évaluer	Légitimer contexte	Intentionnaliser	Pointer difficultés incapacités	Prendre conscience	Proposer alternative	Questionner
Évaluation								
Question (justification)				5,78				
Question (situation)	4,52			1,03	1,88	3,26	3,3	
Question (métacognitive)	4,82	6,38	2,6	3,23	3,74	1,58	0,52	2,6
Transmission	3,09							

Ce type de tableaux peut également être questionné en ce qui concerne les « cases vides », c'est-à-dire l'absence de séquences entre les propos du superviseur et les réponses des futurs enseignants. Certains processus tels que l'évaluation et la transmission (qui est l'intervention la plus mobilisée par le superviseur) n'amènent pas forcément le futur enseignant à réagir en prenant la parole, comme le montre en particulier le dernier tableau. Si « faire parler le futur enseignant » n'est pas le seul but de l'entretien de rétroaction, il est cependant intéressant de relever ce type de résultat et de constater que le superviseur n'adopte pas nécessairement la stratégie la plus efficace pour amener le futur enseignant à verbaliser sa pratique.

En ce qui concerne les liens existant entre les types d'intervention du superviseur, aucune procédure systématique n'a été appliquée aux résultats. Quelques liens caractéristiques ont cependant été interrogés en regard de la valeur de R^2. Une seule relation, faible, semble se dégager. Il s'agit de la relation entre le pourcentage de mots concernant la transmission et le pourcentage de mots concernant le questionnement métacognitif (figure 1) : plus le pourcentage de transmission est élevé, moins les questions métacognitives sont présentes dans le discours du superviseur. Une interprétation de ce résultat pourrait consister à considérer que le superviseur, lorsqu'il estime important que son discours doit avoir pour objectif d'informer le futur enseignant à propos d'un aspect particulier de sa pratique, recourt à la méthode la plus directe, à savoir la transmission. À l'inverse, lorsque la situation ne l'impose pas ou que le futur enseignant semble mobiliser les compétences réflexives nécessaires, le superviseur amène davantage le futur enseignant à prendre du recul par rapport à ce qu'il a réalisé durant la séquence d'enseignement. Ce type de résultat souligne la tension entre la fonction de formation et la fonction de recherche que doit gérer le superviseur durant les interactions.

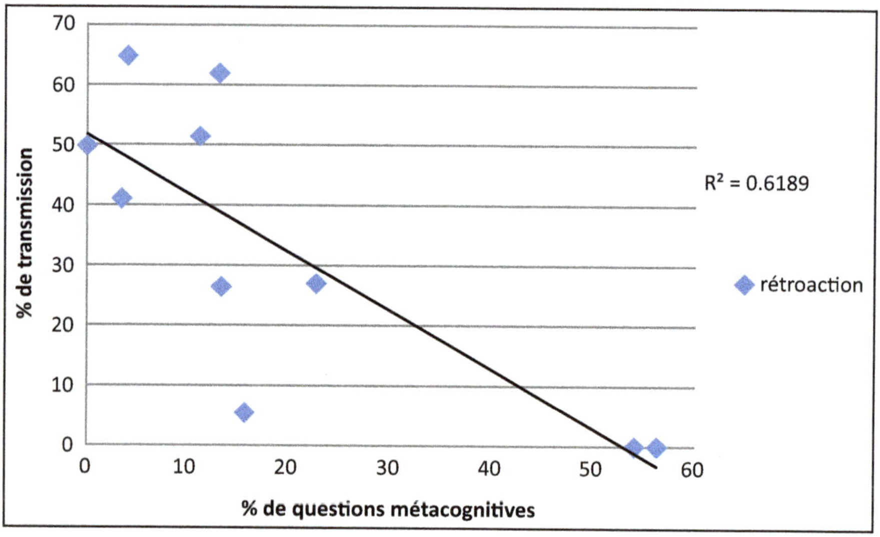

Figure 1. Propos du superviseur : lien entre la transmission et les questions métacognitives.

La manière de percevoir cette attitude de « transmission » par le superviseur ne renvoie pas à une logique « d'imposition », mais correspond davantage à ce que Correa Molina (2005, p. 3) conclut au sujet des superviseurs de son étude « qu'ils se considèrent avant tout comme étant des formateurs, car, plutôt que d'observer le stagiaire pour voir s'il répond ou pas à un certain nombre d'exigences, ils profitent de l'entretien post-observation pour, par exemple, lui donner des pistes d'amélioration » (2005, p. 3). La définition de l'entretien de rétroaction comme une « occasion » pour le superviseur de transmettre certains points aux futurs enseignants correspond pleinement avec ce qui a été observé ici.

4. Conclusion

Le logiciel QDA Miner® a permis de coupler des informations de nature statistique aux résultats du codage, notamment via le recours aux séquences de codes. Si ce type d'analyse peut être effectué « intuitivement », de façon non systématique et sans l'apport de statistiques avec d'autres logiciels comme Nvivo® (fonction des « requêtes composées »), QDA Miner® permet de baser « l'identification de patterns sur autre chose que "l'impression" que pourrait éprouver l'analyste lorsqu'un élément "lui saute aux yeux". L'identification de ces éléments repose sur une analyse » (Collin, 2010, p. 124).

Concernant le recours aux opérations statistiques de QDA Miner®, et comme l'exprime Collin (2010, p. 27), « il est possible de penser que l'analyse de séquences objective davantage les résultats obtenus que ne le ferait une approche purement interprétative, ce qui n'est toutefois pas sans limites ».

L'utilisation de logiciels d'analyse de contenu nécessite d'insister sur le statut « d'outil », comme le signale Aubert (2000). Le recours à un logiciel pour analyser un corpus écrit ne doit pas aboutir à un aveuglement technique ou encore, selon Weitzman (2003), à la certitude selon laquelle la mise en œuvre d'un tel logiciel signifie rigueur méthodologique. Comme le rappelle Bardin (1980, citée par Aubert, 2000, p. 33), « on n'obtiendra à la sortie que ce qui a été mis à l'entrée, le mauvais comme le bon, l'inutile comme l'utile ». Par ailleurs, tous les indices numériques ou statistiques générés à partir d'un corpus ne permettront l'économie d'un retour au texte afin de donner un sens pertinent aux résultats. Sans prudence méthodologique, le risque signalé par Garreau et Bandeira De Mello (2008) de voir, à la suite de l'utilisation de logiciels d'analyse de contenu, un chercheur incompétent se transformer en un chercheur encore plus incompétent, devient d'autant plus réel… comme c'est le cas avec le logiciel QDA Miner®, au moyen duquel une multitude de résultats statistiques peut être obtenue par quelques rapides opérations « presse-boutons ».

En termes de résultats, la démarche a permis d'étudier la structuration des propos réflexifs des futurs enseignants et un pattern semble se dégager : l'articulation successive des trois processus « décrire – intentionnaliser – proposition d'alternatives ». En ce qui concerne l'interaction entre le superviseur et le futur enseignant, les résultats dévoilent également deux aspects de cette relation pédagogique spécifique : il n'y a pas de rupture thématique lors des prises de parole du superviseur, ce qui indique que le superviseur accompagne le futur enseignant dans le développement de sa pensée. La position du superviseur ne se cantonne pas à ce seul rôle « d'accompagnement » de l'étudiant : les résultats montrent également l'apparition de ruptures thématiques provoquées par le superviseur. Ces ruptures sont nécessaires pour apporter un éclairage sur une situation vécue par le futur enseignant dont il n'appréhende qu'une partie. L'inverse ne se produit que beaucoup plus rarement : le futur enseignant ne parvient que difficilement à assurer la cohérence thématique. Ce résultat pourrait s'expliquer par ce que Correa Molina (2005, p. 5) désigne comme la « compréhension intuitive » du superviseur « qui lui permettrait de saisir rapidement la logique de la situation, son dynamisme ou sa genèse. Cela viendrait donc influencer son intervention lors de l'entretien de supervision ».

Ces résultats, s'ils sont intéressants, nécessitent un travail long et fastidieux que n'évite pas le recours à un outil informatique. Par ailleurs, des analyses plus complexes pourraient être menées en dépassant l'analyse d'un couple de codes et en travaillant sur un trio de codes, comme le proposent Vermersch, Martinez, Marty, Maurel et Faingold (2003) afin d'investiguer l'impact d'une relance sur le propos du futur enseignant. En d'autres termes, si la thématique A est avancée par le futur enseignant et que le superviseur s'engage sur une thématique B, que va-t-il advenir des propos du futur enseignant : va-t-il poursuivre et terminer son propos relatif à la thématique A ou l'intervention du superviseur prendra-t-elle le pas et le futur enseignant s'engagera-t-il alors dans un propos concernant la thématique B ?

Une autre option consisterait à s'intéresser aux apports de l'analyse interlocutoire de l'échange entre le superviseur et le futur enseignant. Celle-ci permettrait de « décrire la dynamique interlocutoire en contexte interactionnel » (Roux, 2003) en examinant comment, sur la base des échanges, les individus se saisissent de l'interaction pour apprendre. La logique de base de l'analyse interlocutoire est de considérer que la structure d'une conversation « se tisse par le déploiement d'une logique » (Kostulski & Prot, 2004, p. 429) et qu'il est donc possible de parvenir à une modélisation de l'architecture conversationnelle. Cette étude « au fil de la conversation » (Roux, 2003) est particulière dans le cadre d'un entretien de rétroaction, car, comme l'indiquent Yvon et Saussez (2010) au sujet de l'analyse interactionnelle d'autoconfrontation, il convient de distinguer deux activités : « une activité conversationnelle et une activité d'analyse. La conversation devient alors l'instrument qui permet d'alimenter l'activité d'analyse » (p. 79).

Références

Aubert, A. (2000). *Valeurs, validité, valence de l'expérience professionnelle et activités du conseil.* Toulouse : thèse doctorale (non publiée).

Bardin, L. (2001). *L'analyse de contenu.* Paris : Presses Universitaires de France (10e édition).

Baribeau, C. (1996). La rétroaction vidéo et la construction de données. *Revue des Sciences de l'Éducation, 22*(3), 577–598.

Berthier, N. (2006). *Les techniques d'enquête en sciences sociales : méthode et exercices corrigés.* Paris : Armand Collin.

Blanchet, A. (1989). L'entretien : la co-construction du sens. Dans C. Révault-d'Allonnes (dir.), *La démarche clinique en sciences humaines* (pp. 18–30). Paris : Dunod.

Boutet, M. & Gagné, L. (2009). Pour un dialogue réflexif entre superviseurs et supervisés. Rouen : Actes du 7e Colloque international de la Conférence des directeurs d'IUFM (CDIUFM), Le développement professionnel des enseignants. Le point de vue des sujets.

Collin, S. (2010). *L'interaction en ligne comme soutien à la pratique réflexive des enseignants-stagiaires.* Thèse de doctorat, Montréal. <https://papyrus.bib.umontreal.ca/jspui/bitstream/1866/4546/2/Collin_Simon_2010_these.pdf> [consulté le 17 mars 2011].

Communauté française de Belgique (2001). *Décret définissant la formation initiale des agrégés de l'enseignement secondaire supérieur.* <http://www.gallilex.cfwb.be/document/pdf/25595_000.pdf> [consulté le 15 mars 2013].

Correa Molina, E. (2005). Les savoirs du superviseur lors de l'entretien de postobservation. Dans C. Gervais & L. Portelance (dir.), *Des savoirs au cœur de la profession enseignante. Contextes de construction et modalités de partage* (pp. 289–304). Sherbrooke : Éditions du CRP.

Dean, A. & Sharp, J. (2006). Getting the most from NUD*IST/Nvivo. *The Electronic Journal of Business Research Methods, 4*(1), 11–22.

De Lièvre, B. (2005). *La qualité du tutorat : la complémentarité de la rigueur et de la diversité.* Bejaia : Second Séminaire euro méditerranéen d'approfondissement sur la formation à distance. <http://ute3.umh.ac.be/esprit/formation/f29/activ_218/articles/tut23.doc> [consulté le 18 novembre 2010].

Derobertmasure, A. (2012). *La formation initiale des enseignants et le développement de la réflexivité ? Objectivation du concept et analyse des productions orales et écrites des futurs enseignants.* Mons : Presses de l'Université de Mons. <http://halshs.archives-ouvertes.fr/view_by_stamp.php?&halsid=prknevm1pnjg3e77bm50hmtl81&label=SHS&langue=fr&action_todo=view&id=tel-00726944&version=1&view=extended_view>.

Derobertmasure, A. & Dehon, A. (2012). Développement de la réflexivité et décodage de l'action : questions de méthode. *Phronesis*, 2, 24–44.

Derobertmasure, A. & Demeuse, M. (2011). Utilisation conjointe de deux logiciels d'analyse de contenu dans le cadre de l'analyse de traces de réflexivité : éléments de comparaison. Dans J.-G. Blais & J.-L. Gilles (dir.) (2011). *Évaluation des apprentissages et technologies de l'information et de la communication : le futur est à notre portée* (pp. 163–189). Québec : Les Presses de l'Université Laval.

Duriau, V. J. & Reger, R. K. (2004). Choice of text analysis software in organization research : Insight from a Multi-Dimensional Scaling (MDS) Analysis. Dans G. Purnelle, C. Fairon & A. Dister (dir.), *Le poids des mots. Actes de la 7e édition des Journées internationales d'analyse statistique des données textuelles* (pp. 382–390). Louvain, Belgique : Presses Universitaires de Louvain.

Fallery, B. & Rodhain, F. (2007). *Quatre approches pour l'analyse de données textuelles : lexicale, linguistique, cognitive, thématique.* Montréal : 16e Conférence internationale de management stratégique. <http://www.strategie-aims.com/aims07/www.aims2007.uqam.ca/actes-de-la-conference/communications/falleryb300/at_download/article.pdf> [consulté le 15 février 2008].

Fendler, L. (2003). Teachers reflection in a hall of mirrors : Historical influences and political reverberations. *Educational Researcher*, *32*(3), 16–25.

Fenstermacher, G. (1996). Les arguments pratiques dans la transformation morale de l'enseignement d'une discipline. *Revue des Sciences de l'Education*, 22, 3, 617–634.

Fielding, J., Fielding, N. & Hughes, G. (2012). Opening up open-ended survey data using qualitative software. *Quality and Quantity*, 5.

Fuller, F. F. (1969). Concerns of teachers : A developmental conceptualization. *American Educational Research Journal, 6*(2), 207–226.

Garreau, L. & Bandeira De Mello, R. (2008). *Possibilités et pièges liés à l'utilisation des logiciels dans le processus d'analyse au travers de la théorie enracinée.* Communication lors de la XVIIe conférence <http://www.strategie-aims.com/> de l'Association internationale de management stratégique. <http://hal.archivesouvertes.fr/docs/00/33/98/51/PDF/BANDEIRAR_AIMS2008.pdf> [consulté le 25 février 2008].

Ghiglione, R. & Blanchet, A. (1991). *Analyse de contenu et contenus d'analyse*. Paris : Dunod.

Gilbert, L. (2002). Going the distance : « Closeness » in qualitative data analysis software. *International Journal of Social research Methodology, 5*(3), 215–228.

Hatton, N. & Smith, D. (1995). Reflection in teacher education : Towards definition and implementation. *Teaching and Teacher Education, 11*(1), 33–49.

Hensler, H., Garant, C. & Dumoulin, M.-J.(2001). La pratique réflexive, pour un cadre de référence partagé par les acteurs de la formation. *Recherche et formation, 36*, 29–42.

Jenny, J. (1997). Méthodes et pratiques formalisées d'analyse de contenu et de discours dans la recherche sociologique française contemporaine. État des lieux et essai de classification. *Bulletin de Méthodologie Sociologique, 54*, 64–112.

John, W. S. & Johnson, P. (2000). The pros and cons of data analysis sofware for qualitative research. *Journal of Nursing Scolarship, 32*(4), 393–397.

Jorro, A. (2005). Réflexivité et auto-évaluation dans les pratiques enseignantes. *Mesure et évaluation en éducation, 27* (2), p33–47.

Kirby, P. C. & Paradise, L. V. (1992). Reflective practice and effectiveness of teachers. *Psychological Reports, 70*, 1057–1058.

Klein, H. (1997). Classification of text analysis software. Dans R. Klar & O. Opitz (dir.), *Classification and knowledge organisation* (pp. 355–362). Berlin, Allemagne : Springer.

Kolb, D. A. (1984). *Experiential learning : Experience as the source of learning and development.* Englewood Cliffs (NJ) : Prentice-Hall.

Korthagen, F. & Vasalos, A. (2005). Levels in reflection : Core reflection as a means to enhance professional growth. *Teachers and Teaching : theory and practice, 11*(1), 47–71.

Kostulski, K. & Prot, B. (2004). L'activité conversationnelle d'un jury de validation d'acquis : analyse interlocutoire de la formation d'un concept potentiel. *Psychologie française, 49*, 425–441.

Lejeune, C. (2008). Au fil de l'inteprétation – L'apport des registres aux logiciels d'analyse qualitative. *Swiss Journal of Sociology, 34*(3), 593–603.

Lewis, R. B. & Maas, S. M. (2007). QDA Miner 2.0 : Mixed-Model Qualitative Data Analysis Software. *Field Methods, 19*(1), 87–108.

Maurice, J.-J. (2002). Le jugement des enseignants en interaction : relation entre jugement et prise de décision. Dans P. Bressoux (dir.), R. Amigues, M. Arnoux, C. Barré-De Miniac, J. Clanet, P. Dessus, J.-F. Halté, J.-J. Maurice, M.-J. Perrin-Glorian & F. Raby, *Les stratégies de l'enseignant en situation d'interaction* (pp. 29–45). Rapport de recherche pour Cognitique, programme École et sciences cognitives, ministère de la Recherche.

McAlpine, L. & Weston, C. (2002). Reflection : Issues related to improving professors' teaching and students' learning. Dans N. Hativa & P. Goodyear (dir.), *Teacher thinking, beliefs and knowledge in higher education* (pp. 59–78). Dordrecht : Kluwer Academic Publishers.

McAlpine, L., Weston, C., Berthiaume, D., Fairbank-Roch, G. & Owen, M. (2004). Reflection on teaching : Types and goals of reflection. *Educational Research and Evaluation, 10*(4), 337–363.

Miles, M. B. & Huberman, M. (1994). *Qualitative Data Analysis : A sourcebook of new methods.* Beverly Hills : Sage Publications (2e édition).

Moran, H., Dumas, J. E., Symons, D. K. (1992) Approaches to sequential analysis and the description of contingency in behavioral interaction. *Behavioral Assessment, 14,* 65–92.

Mucchielli, R. (2006). *L'analyse de contenu des documents et des communications.* Issy-les-Moulineaux : ESF (9e édition).

Mukamurera, J., Lacourse, F. & Couturier, Y. (2006). Des avancées en analyse qualitative : pour une transparence et une systématisation des pratiques. *Recherches qualitatives, 26*(1), 110–138.

Niclot, D. (2010). Modèle d'enseignants et enseignants modèles pour l'Union européenne du future. Dans G. Baillat, D. Niclot & D. Ulma (dir.), *La formation des enseignants en Europe* (pp. 33–52). Bruxelles : De Boeck.

Péladeau, N. (2004). *QDA Miner. Qualitative Data Analysis Software User's Guide*. Montréal, QC : Provalis Research.

Perrenoud, P. (2000). De la pratique réflexive au travail sur l'habitus. *Recherche et Formation, 36*, 131–162.

Popping, R. (1997). Computer programs for the analysis of texts and transcripts. Dans C. W. Roberts (dir.), *Text analysis for the social sciences : Methods for drawing statistical inferences from texts and transcripts* (pp. 209–224). New-Jersey, États-Unis : Lawrence Erlbaum.

Reitano, P. (2006). The value of video stimulated recall in reflective teaching practices. Actes du Australian Consortium for Social and Political Research Incorporated (ACSPRI), *Social Science Methodology Conference,* Sydney.

Richards, J.C. & Lockhart, C. (1994). *Reflective Teaching in Second Language Classrooms*. Cambridge: Cambridge University Press.

Roux, J.-P. (2003). Analyse interlocutoire, dynamiques interactives et étude des mécanismes des progrès cognitifs en situation asymétrique de résolution de problèmes. *L'orientation scolaire et professionnelle, 32*(3), 475–501. <http://osp.revues.org/index3343.html> [consulté le 7 mars 2012].

Schön, D. (1994). *Le praticien réflexif. À la recherche du savoir caché dans l'agir professionnel.* Montréal : Les Éditions Logiques.

Séror, J. (2005). Computers and Qualitative Data Analysis : Paper, pens and highlighters vs. screen, mouse and keyboard. *Tesol Quarterly, 39*(2), 321–328.

Sparks-Langer, G. M., Simmons, J. M., Pasch, M., Colton, A. & Starko, A. (1990). Reflective pedagogical thinking : How can we promote it and measure it ? *Journal of Teacher Education, 41*(5), 23–32.

Tesch, R. (1991). Introduction. *Qualitative Sociology, 14*(3), 225–243.

Tochon, F. V. (1993). *L'enseignant expert.* Paris : Nathan.

Tochon, F. V. (1996). Rappel stimulé, objectivation clinique, réflexion partagée. Fondements méthodologiques et applications pratiques de la rétroaction vidéo en recherche et en formation. *Revue des Sciences de l'Éducation, 22*(3), 467–502.

Van Manen, M. (1977). Linking ways of knowing with ways of being practical. *Curriculum Inquiry, 6*, 205–228.

Vermersch, P., Martinez, C., Marty, C., Maurel, M. & Faingold, N. (2003). Étude de l'effet des relances en situation d'entretien. *Expliciter, 49*, 1–30.

Weitzman, E. A. (1999). Analyzing qualitative data with computer software. *Health Services Research, 34*(5), 1241–1263.

Weitzman, E. A. (2003). Software and qualitative research. Dans N. K. Denzin & Y. S. Lincoln (dir.), *Collecting and interpreting qualitative materials* (pp. 310–339). Thousand Oaks, CA : Sage.

Weitzman, E. A. & Miles, M. B. (1995). *Computer programs for qualitative data analysis*. Thousand Oaks, États-Unis : Sage.

Yvon, F. & Saussez, F. (2010). Analyser le travail verbal des enseignants en classe : mise à l'épreuve de deux cadres d'analyse. Dans F. Yvon & F. Saussez (dir.), *Analyser l'activité enseignante. Des outils méthodologiques et théoriques pour l'intervention et la formation* (pp. 73–104). Québec : Presses de l'Université de Laval.

Annexe 1

Processus réflexif	*Modèles théoriques*
Narrer/ décrire sa pratique	*No descriptive language* ➔ Sparks-Langer et al., 1990 *Descriptive writing* ➔ Hatton & Smith, 1995 *Events labeled with appropriate terms* ➔ Sparks-Langer et al., 1990
Questionner	*Questioning* ➔ Jorro, 2005
Prendre conscience	*Become aware* ➔ Perrenoud, 2000 ; Hensler et al., 2001
Pointer ses difficultés/ses problèmes	*Identify his/her problems* ➔ Derobertmasure & Dehon, 2012

Processus réflexif	*Modèles théoriques*
Légitimer sa pratique selon une préférence, une tradition	*Explanation with tradition or personal preference* ➔ Sparks-Langer et al., 1990
Légitimer sa pratique en fonction d'arguments contextuels	*Explanation with consideration of context factors* ➔ Sparks-Langer et al., 1990
Légitimer sa pratique en fonction d'arguments pédagogiques ou éthiques	*Descriptive reflection* ➔ Hatton & Smith, 1995 *Explanation with principle or theory given as the rational, with principle/theory and consideration of ethical, moral, political issues* ➔ Sparks-Langer et al., 1990 *Critical reflexion* ➔ Van Manen, 1977 ; Fenstermacher, 1996
Intentionnaliser sa pratique	To give his/her intention about the practice ➔ Practical reflection (Van Manen, 1977)
Évaluer sa pratique	*To evaluate the practice* ➔ *Technical reflection* (Van Manen, 1977)
Diagnostiquer	*To diagnose* ➔ Derobertmasure & Dehon (2012)
Proposer une ou des alternatives à sa pratique	*To find (and evaluate) an alternative about his/her practice* ➔ *Dialogical reflection* (Hatton & Smith, 1995)
Explorer une ou des alternatives à sa pratique	
Théoriser	*To generalize* ➔ *Reflection on action* (Schön (1994) / *Generalization* (Kolb, 1984)

Arnaud Dehon
Damien Canzittu

Évaluer les pratiques de classes : typologie et utilisation de deux logiciels de codage et d'analyse de séquences vidéographiées

1. Introduction

Les discours, publics et parfois politiques, sur « le bon enseignant » laissent cours à de nombreux lieux communs où chacun y va de sa propre impression, s'inspirant bien souvent de sa propre expérience, empreinte évidemment d'un subjectivisme particulier, pour se forger une opinion sur l'efficacité enseignante : on trouve alors autant de spécialistes et de théories qu'il n'y a, pratiquement, d'écoliers ou d'étudiants. De ces « pensées » sont nés de nombreux courants pédagogiques qui ont défendu leur modèle du « bon enseignant » et des « bonnes pratiques de classe ». Bon nombre de pédagogues et de praticiens sont devenus des maîtres à penser de l'enseignement et ont presque été élevés au rang de légende.

L'intention n'est pas ici de s'attarder sur une critique de divers courants pour tenter de mettre en évidence « celui » qui serait le meilleur. Le but de ce chapitre est plutôt d'approcher l'évaluation des pratiques de classes en dépassant la subjectivité d'une observation uniquement basée sur une perception que l'on pourrait appeler « individualiste » des choses. En prenant un exemple peut-être un peu forcé, on pourrait observer une classe au sein de laquelle les élèves sont occupés à des tâches diverses, le tout dans une ambiance calme et sérieuse. On conclurait dès lors de cette observation que le climat est propice au travail et que les élèves apprennent en réalisant des tâches différentes, mais correspondant mieux à leurs besoins. La question n'est donc pas de savoir si cette observation est fondée ou erronée, si en effet l'intuition que l'observateur fait de cette situation est juste ou non, mais bien de se concentrer sur la technique d'observation employée et de déterminer comment il est possible d'évaluer les pratiques de classes dans un souci d'objectivité et de scientificité.

L'évaluation des pratiques enseignantes – et plus particulièrement l'effet-enseignant – a été au centre de nombreux travaux (Bissonnette, Richard & Gauthier, 2005 ; Gauthier, 2007 ; Klassen, Tze, Betts & Gordon, 2010 ; Teddlie, Kirby & Stringfield, 1989 ; Wayne & Youngs, 2003), ayant conduit à l'émergence de plusieurs courants de recherche (Bressoux, 2002 ; Ellet & Teddlie, 2003). Parmi ceux-ci, le courant *processus-produit* a conduit au développement de nombreuses grilles d'observation (Simon & Boyer, 1974) et de méthodologies d'observation spécifiques. Si désormais ce type de méthodologies semble davantage être utilisé en psychologie sociale, en psychologie clinique, en analyse des comportements, en sciences naturelles… pour observer les interactions et les échanges entre individus et animaux (McLin & McLin, 2005), l'observation des classes peut fournir des résultats intéressants tant au niveau des pratiques de classes qu'au niveau des apprentissages des élèves (Good & Brophy, 2008).

Avec le développement de l'informatique, les méthodes d'observation se sont développées et se sont affinées dans des domaines très larges : en biologie, dans l'étude du sport, en psychologie du travail… C'est précisément à cette question de la technique dans les méthodes d'observation que cette proposition tente d'apporter des éléments de réponse. Parmi les choix disponibles sur le marché, quels outils peuvent être une aide à l'évaluation des pratiques ? Selon le statut occupé par un utilisateur – formateur, enseignant ou chercheur – quelle solution est la plus adaptée ?

Pour apporter des éclaircissements à ces questions, la première partie propose la construction d'une typologie des logiciels d'observation. Il s'agit de caractériser différentes solutions informatiques – *e.g.* Observer XT®[1], Studiocode[2], Captiv[3], Elan[4], Dartfish[5], Mooses[6], eCOVE observer[7]… – pouvant être utilisées à des fins de recherche ou d'analyse (Edyburn & Basham, 2008 ; Kahng & Iwata, 1998 ; Lehner, 1998), en

1 <http://www.noldus.com/human-behavior-research/products/the-observer-xt>.
2 <http://www.studiocodegroup.com/?page_id=77>.
3 <http://www.teaergo.com/>.
4 <http://tla.mpi.nl/tools/tla-tools/elan/>.
5 <http://www.dartfish.com/fr/>.
6 <http://mooses.vueinnovations.com/>.
7 <http://www.ecove.net/>.

montrant les fonctionnalités des outils tout en considérant les liens entre la technique et les démarches de recherche (De Bruyne, Herman & De Schoutheete, 1974).

Ensuite, dans une seconde partie, le chapitre se focalise sur une comparaison entre le logiciel The Observer XT 10® et le logiciel Captiv L-2100. Le premier a été développé spécifiquement pour la recherche en psychologie, éthologie, management… (Noldus, 1991 ; Zimmerman, Bolhuis, Willemsen, Meyer & Noldus, 2009) alors que le second est davantage un outil destiné à l'observation dans le domaine de l'ergonomie. Cette comparaison s'appuie sur leurs différences au niveau théorique et méthodologique, au niveau de leur utilisation et au niveau des résultats engendrés et des possibilités qu'ils offrent pour la recherche et l'évaluation des pratiques de classe : entre technologies de l'information et de la communication pour l'enseignement et logiciels adaptés à la recherche. Ainsi, des cas concrets issus de deux recherches portant sur 1) l'analyse des pratiques de classe en formation d'enseignants et 2) l'analyse des comportements d'enseignants du secondaire sur la base de leur variabilité didactique sont présentés. Dans cette partie, un point abordera également l'usage de ces logiciels à des fins de formation à la recherche et à l'observation.

Finalement, la conclusion et les perspectives mettront en évidence certaines caractéristiques des grilles d'observation – fiabilité et fidélité – ainsi que l'intérêt d'autres logiciels complémentaires qui permettent d'affiner les résultats déjà engendrés avec Observer et Captiv en termes, entre autres, d'analyse séquentielle (Bakeman & Gottman, 1997).

2. Observation et logiciels d'observation

L'observation occupe une place importante dans bon nombre de domaines, qu'il s'agisse de la recherche scientifique en général, du sport, des médias, du travail… On peut procéder à des observations fines de comportements d'animaux, à l'observation de peuplades en partageant leur quotidien, les ralentis nous permettent de décrire avec une précision sans cesse accrue les gestes d'un sportif ou encore l'observation de débats télévisés, et plus particulièrement le décodage d'éléments non verbaux vient compléter l'analyse du discours. Le recours à l'observation dans ce type de situations a vu se développer tout un ensemble de théories, variablement fondées sur une base scientifique ou non, et de techniques plus ou moins rigoureuses. Sans entrer dans le débat de la véracité scientifique d'une théorie ou d'une autre (Lardellier, 2008) ni dans le but d'épiloguer sur la rigueur d'une technique particulière, le propos dans cette partie est de se centrer sur les outils informatiques disponibles et permettant l'observation. En effet, le développement de l'informatique a entraîné un développement de logiciels spécifiques à l'observation. Bien que le recours à une solution informatique puisse être une aide non négligeable, parmi les offres disponibles, l'utilisateur n'a pas toujours les balises lui permettant de faire un choix adéquat qui corresponde à ses besoins.

En ce sens, cette partie présente la construction d'une typologie de solutions informatiques destinées à l'observation. Cette typologie proposée a pour but de permettre à tout utilisateur de caractériser un logiciel afin d'en déterminer les limites et avantages et de voir éventuellement si d'autres solutions ne seraient pas plus opportunes. L'objectif n'est donc pas de construire un guide d'achat, mais de fournir des balises aux utilisateurs.

2.1 L'observation

Déjà au XIXe siècle, Darwin procédait à l'observation d'animaux (Coutu, Provost & Bowen, 2005). De nos jours, nous possédons les moyens techniques pour observer image par image des mouvements d'une rapidité considérable. Dans le domaine de l'éducation, les formateurs peuvent recourir à l'observation d'étudiants dans le but de les évaluer, à l'aide notamment de grilles critériées. Au travers de ces quelques exemples, on peut constater que toute observation n'est pas similaire et ne répond pas aux mêmes objectifs, et ne recourt pas non plus aux mêmes procédures.

L'observation, telle qu'elle est définie dans cette partie, est proche de l'observation directe et systématique qui a émergé vers la seconde moitié du XXe siècle (Thompson, Felce & Symons, 2000). Si elle peut se définir comme une méthode intégrant quatre tâches (Peretz, 2004) – 1) elle se réalise en situation, 2) par l'observation des événements sans les modifier, 3) en les enregistrant, 4) pour en réaliser une synthèse –, elle se définit, plus largement dans cette partie, comme toute méthode de récolte d'informations organisée portant sur des éléments visibles et/ou audibles d'une situation et dont la visée est de donner du sens à cette situation. Cette définition n'exclut donc pas que l'observation puisse avoir des objectifs différents – description, compréhension, évaluation... – ni qu'elle puisse être réalisée en situation (en direct) ou en différé par le recours à un matériel d'enregistrement audiovisuel. Si cette définition se distingue quelque peu de la définition *stricto sensu* de l'observation directe, le recours à un matériel d'enregistrement permet cependant la captation directe d'images pouvant être traitées ultérieurement. Cette composante est ajoutée car le recours à l'enregistrement peut maximiser l'exploitation des données en permettant une lecture répétée des vidéos, une réinterprétation des informations et un accès à une information difficilement perceptible par une observation directe (Rasoulifar, Meillon, Thomann & Villeneuve, 2009). Il est alors indispensable de déterminer les sujets ou les objets de l'observation afin de capter l'information nécessaire : « l'observation est une opération de prélèvement et de structuration des données de façon à faire apparaître un réseau de signification » (Postic & de Ketele, 1988, p. 19). Cette définition renseigne principalement sur la méthode de prélèvement de l'information, la typologie étant davantage concentrée sur les phases qui suivent, à savoir le traitement et l'analyse de l'image, c'est-à-dire la focalisation sur les logiciels qui permettent, à partir d'un flux audiovisuel, « l'observation systématique qui répond à des exigences précises de rigueur scientifique » (Coutu *et al.*, 2005, p. 322) : c'est ce qu'on nomme plus couramment les logiciels *d'annotation*, excluant les logiciels dont la fonction est d'acquérir et/ou de lire les fichiers audiovisuels ou de réaliser des montages audiovisuels.

N'excluant pas que tout logiciel puisse potentiellement être adapté à différentes observations menées dans le domaine plus particulier de l'évaluation des pratiques de classe, se concentrer sur les ressources informatiques conduit à obstruer un pan de la recherche dans le domaine, en excluant de nombreux instruments d'observation (Simon & Boyer, 1974) ne recourant pas à l'outil informatique. Cela ne signifie pas que ces instruments soient dénués d'intérêt, mais le recours à l'informatique peut permettre 1) de réduire le temps et le coût du travail, 2) d'élargir le répertoire des comportements observés, 3) de standardiser les procédures d'observation, 4) de transposer plus aisément les stratégies dans la pratique et 5) de renforcer le lien entre le traitement et l'évaluation des comportements observés (Kratochwill, Doll & Dickson, 1985). Aussi, l'informatique peut réduire le travail, en comparaison d'observations dites « papier-crayon », et améliorer la fiabilité et l'exactitude de ces observations (Kahng & Iwata, 1998).

2.2 Construction d'une typologie

La construction de la typologie se base donc sur les caractéristiques en termes d'utilisation de logiciels dans une démarche d'observation plutôt que sur une comparaison basée sur le cadre de référence utilisé. Pour reprendre la terminologie empruntée à De Bruyne et ses collaborateurs (1974), la typologie vise à comparer les logiciels au niveau de leur potentiel technique et non théorique, c'est-à-dire que les logiciels sont analysés sur une base méthodologique liée à leur utilisation dans une procédure empirique d'observation. Cette comparaison technique prend donc racine dans les différences méthodologiques existant entre les procédures d'observation. Il s'agit de fournir une typologie mettant en évidence certaines fonctionnalités et certaines utilisations, comme proposées dans les normes ISO 9126-1 (Dipper, Götze & Stede, 2004), en s'intéressant respectivement à la relation outil-tâche et à la relation outil-utilisateur (Reidsma, Jovanovic & Hofs, 2004).

Trois temps structurent une procédure d'annotation vidéo : la configuration, le codage et l'analyse (Rasoulifar *et al.*, 2009). En référence, la typologie suit cette structuration, à laquelle sont adjointes plusieurs caractéristiques.

2.2.1 La configuration

La configuration est l'étape conduisant à l'élaboration de la grille de codage. Cette étape varie en fonction des possibilités permises par le logiciel. La description de plusieurs logiciels (Corvis[8], Donàt, 1991 ; Edyburn & Basham, 2008 ; Kahng & Iwata, 1998) amène à retenir deux formes principales de configuration du codage : par « transcription textuelle » et par « codage catégoriel ». La première configuration fait référence à une procédure qui laisse la possibilité à l'utilisateur d'intégrer à l'observation d'un élément des données descriptives textuelles : mots, phrases, commentaires… Par exemple, la transcription d'une partie d'un discours ou une description de la situation : « la chaise grince et le sujet pose une question » pour donner un exemple. La seconde configuration signifie que pour un élément observé un code préalablement défini lui est attribué.

8 <http://icar.univ-lyon2.fr/projets/corvis/logiciel_annotation.html> [consulté le 8 avril 2013].

À titre d'exemple, on peut associer à un mouvement de bras d'un sujet le code « geste ». Selon le degré de précision du logiciel, ce code « geste » pourra intégrer des modalités plus précises, comme « geste déictique » ou « geste iconique », ou être intégré à une catégorisation plus générale comme « comportement non verbal ».

Selon les logiciels, l'élaboration de la grille de codage pourra être totalement libre – l'utilisateur définit les différents éléments – ou fermée si les catégories sont proposées par le logiciel ; certains logiciels proposant des catégories prédéfinies mais acceptant des ajouts de l'utilisateur pourront être qualifiés de semi-fermés. De plus, on peut également rencontrer des logiciels qui mettent le focus sur plusieurs sujets, il est alors possible de spécifier et multiplier les sujets observés. Il en est de même avec des logiciels capables de multiplier les pistes observées.

À propos des logiciels, on rencontre parfois les termes « automatique » ou « manuel » (Hinze, Heese, Luczak-Rösch & Paschke, 2012). Peu clairement définis lorsqu'il s'agit de logiciels destinés à l'observation, ces deux termes sont davantage explicités dans la typologie de Lejeune relative aux logiciels d'analyse de contenu (Derobertmasure & Demeuse, 2010). En appliquant cette typologie à l'observation, peuvent être classés dans l'ensemble des logiciels à forte automatisation les systèmes qui à partir d'algorithmes sont capables de reconnaître des éléments observés – comme les mouvements des bras, la position d'un individu dans l'espace, la direction des regards – ou qui permettent l'utilisation de capteurs de mesures physiologiques par exemple. Les logiciels d'annotation dont l'utilisateur construit et utilise une grille sont quant à eux classés comme logiciels manuels. Enfin, les logiciels dits semi-automatiques englobent les systèmes qui intègrent à la fois des modules automatiques et des modules manuels. Ce critère est un critère de flexibilité dans l'élaboration des grilles de codage (Reidsma *et al.*, 2004).

2.2.2 Le codage

Outre que la différence de configuration a des répercussions sur le deuxième temps – le codage – puisque, selon le type de configuration, l'utilisateur aura la possibilité, pour un élément observé, d'annoter et/ou de choisir la catégorie correspondant dans sa grille de codage (en cliquant ou par raccourci clavier), il ne faut pas négliger dans le choix du logiciel les questions relatives au design de recherche et aux types de comportements observés (Bakeman & Gottman, 1997). Ceux-ci ont, en complément des options techniques, des influences sur la suite du travail de recherche : la distinction entre « observation » et « interprétation » (Reidsma *et al.*, 2004) en est un exemple puisqu'il n'est pas possible d'automatiser une annotation du type interprétatif, liée à une conception sociale de l'utilisateur (Bakeman & Gottman, 1997). Plusieurs aspects des procédures d'observation viennent donc préciser ce deuxième temps, et par conséquent caractériser les logiciels (Ray, Ray, Eckerman, Milkovsky & Gillins, 2011) : 1) le type d'annotation, 2) le type d'élément observé, 3) le type de catégorie et 4) les accords inter-observateurs.

Le type d'annotation vient d'être évoqué et fait référence à la distinction entre « observation » et « interprétation », ce que Ray et ses collaborateurs (2011) distinguent comme description structurelle et description fonctionnelle : la première est une observation directe et « physique » du comportement tandis que la seconde donne une lecture indirecte du comportement qui requiert un jugement de la part de l'observateur. En ce qui concerne la construction de la typologie, cet aspect est davantage dépendant de l'utilisateur que du logiciel en tant que tel. Néanmoins, il semble important de le spécifier car, comme illustré précédemment, cet aspect a des conséquences sur le choix du logiciel au niveau de son automatisation mais également au niveau de la construction de la grille d'observation et du choix des éléments observés, des catégories et des accords inter-observateurs.

Le deuxième aspect dont il faut tenir compte réside dans le type d'élément observé : observe-t-on un événement ou un état ? « Un événement est une action brève, alors qu'un état se prolonge » (Coutu *et al.*, 2005, p. 334). Bien que tout comportement possède une durée, celle-ci est-elle une information à recueillir ? Un événement sera codé pour tout comportement ponctuel, lorsqu'un état décrira un comportement dont la durée a toute son importance. Au niveau de l'exploitation des observations, cela aura comme conséquence de travailler soit à partir d'occurrences d'un événement soit de la durée d'états.

Ce deuxième aspect est directement lié au suivant. La notion de catégorie « mutuellement exclusive et exhaustive » – « *this means that only one code can be associated with a particular event (mutually exclusive) but that there is some code for every event (exhaustive)* » (Bakeman & Gottman, 1997, p. 26) – vient ajouter un paramètre à la typologie, à savoir les types de catégories proposées par le logiciel. Un logiciel ne travaillant qu'avec des catégories mutuellement exclusives et exhaustives ne permet pas directement de repérer des événements ponctuels et isolés tels qu'un certain type de gestes par exemple. Selon les objectifs de recherche, l'utilisateur n'a pas la nécessité de coder l'entièreté du geste par un marquage en début et fin d'événement, la seule indication d'apparition suffisant, ou il n'a pas la nécessité de coder la gestuelle durant l'entièreté de la séquence. Dès lors, la caractéristique essentielle du logiciel est de savoir s'il permet de diversifier les types de catégories : 1) catégories mutuellement exclusives et exhaustives, 2) catégories « début-fin » et 3) catégories de pointage.

Le quatrième aspect retenu est celui relatif aux accords inter-juges. Bien que le sujet soit abondamment traité dans la littérature (Bergan, 1980 ; Bertrand & Leclerc, 1984 ; Jansen, Wiertz, Meyer & Noldus, 2003 ; Rogosa & Ghandour, 1991), en termes de potentialités, il est davantage intéressant de se centrer sur les fonctions proposées par les logiciels en ce qui concerne le calcul des accords entre les observateurs : est-il possible d'obtenir cette information via le logiciel ? Qu'il s'agisse d'un accord mesuré par un coefficient de corrélation de Pearson, un indice de concordance, un coefficient de Kappa de Cohen ou encore un coefficient de concordance de Kendall (Martin & Bateson, 2007), le logiciel intègre-t-il ses options ?

En plus de la définition de ces aspects, Ray et ses collaborateurs (2011) proposent une taxonomie de seize procédures utilisées dans l'observation. Construite sur la base de deux variables, la taxonomie distingue cinq types d'enregistrement des comportements et cinq types de temps d'enregistrement. Les types d'enregistrement des comportements vont 1) du repérage simple (oui/non) à 5) la totalité de la séquence, en passant alors progressivement par 2) le repérage du comportement dominant, 3) d'un séquençage complet et enfin 4) d'un repérage de la fréquence ou de la durée du comportement. Au niveau des types de temps enregistrés, la taxonomie évolue du 1) temps complet de la session, au 2) début et à la fin d'intervalles de temps, à 3) des intervalles complets de temps, en passant par 4) des intervalles de temps alternés et finalement par 5) un intervalle de temps défini. Cette taxonomie est intéressante à plusieurs égards et plus particulièrement par rapport à la question de l'échantillonnage dans les procédures d'observation et le recours à des logiciels. Une fois de plus, le choix du logiciel dépendra de la facilité ou non de mettre en place une technique d'échantillonnage et de l'assistance du logiciel dans la démarche (Altmann, 1974 ; Coutu *et al.*, 2005) : cibler l'objet d'observation et les intervalles de temps pour un échantillonnage par individu cible, focus sur un comportement particulier dans le cas d'un échantillonnage complet et continu, focus sur une séquence pour un échantillonnage de séquences comportementales, alternance de moments précis pour un échantillonnage par balayage… Ici, la fonctionnalité du logiciel, définie dans la typologie, ne sera pas liée directement aux techniques d'échantillonnage, mais plutôt aux fonctionnalités qui les facilitent ou permettent à l'utilisateur d'y recourir, les techniques d'échantillonnage étant pour une grande part du ressort de l'utilisateur et de son travail, et ce indépendamment d'un outil.

2.2.3 L'analyse

À ce troisième temps, consacré à l'analyse des données proprement dites, les logiciels peuvent varier selon les traitements statistiques qu'ils proposent (Reidsma *et al.*, 2004). Une première caractéristique est liée à l'introduction ou non de variables indépendantes en plus de la grille de codage. Cette caractéristique n'a pas été renseignée auparavant car c'est à ce stade du travail qu'elle intervient. Ces variables indépendantes peuvent être des informations sur les sujets observés selon plusieurs séquences. Dès lors, les données engendrées après codage peuvent être mises en perspective avec ces variables indépendantes.

Les possibilités des traitements statistiques étant larges, la typologie n'est pas construite sous la forme d'un répertoire mais plutôt selon un continuum dont la première extrémité est « options d'analyse descriptive » (statistiques descriptives, transitions et simultanéités entre les comportements…) et l'autre extrémité est « options de modélisation » : séquentielle (Bakeman & Gottman, 1997), t-patterns (Magnusson, 2000). À cela s'ajoute une autre caractéristique qui porte sur les options de visibilité des données (Garg, Martinovski, Robinson, Stephan, Tetreault & Traum, 2004) : graphes, lignes du temps, histogrammes…

2.2.4 Tableau synthétique des caractéristiques de la typologie

Ce tableau présente l'ensemble des caractéristiques retenues pour l'élaboration d'une typologie des logiciels d'annotation. Cette typologie est à employer selon une grille d'analyse, c'est-à-dire que tout logiciel peut être décrit en fonction de caractéristiques répertoriées.

Tableau 1. Typologie des logiciels d'annotation.

<table>
<tr><td></td><td colspan="5">Configuration</td></tr>
<tr><td>Forme de la configuration</td><td colspan="2">Transcription textuelle</td><td colspan="2">←→</td><td>Codage catégoriel</td></tr>
<tr><td>Élaboration de la grille de codage</td><td colspan="2">Libre</td><td colspan="2">Mixte</td><td>Fermé</td></tr>
<tr><td rowspan="2">Diversification</td><td colspan="3">Des sujets</td><td colspan="2">Des séquences observées</td></tr>
<tr><td>Oui</td><td colspan="2">Non</td><td>Oui</td><td>Non</td></tr>
<tr><td>Flexibilité</td><td colspan="2">Automatique</td><td colspan="2">Semi-automatique</td><td>Manuel</td></tr>
<tr><td></td><td colspan="5">Codage</td></tr>
<tr><td>Éléments observés</td><td colspan="3">Événement</td><td colspan="2">États</td></tr>
<tr><td>Catégories</td><td colspan="2">Mutuellement exclusives et exhaustives</td><td colspan="2">Début-fin</td><td>Pointage</td></tr>
<tr><td>Accords</td><td colspan="3">Oui</td><td colspan="2">Non</td></tr>
<tr><td>Aide aux techniques d'échantillonnage</td><td colspan="3">Oui</td><td colspan="2">Non</td></tr>
<tr><td></td><td colspan="5">Analyse</td></tr>
<tr><td>Variables indépendantes</td><td colspan="3">Oui</td><td colspan="2">Non</td></tr>
<tr><td>Statistiques</td><td colspan="5">Options d'analyses descriptives ←→ Options de modélisation</td></tr>
<tr><td>Visualisation des données</td><td colspan="3">Oui</td><td colspan="2">Non</td></tr>
</table>

2.3 Utilisation de la typologie

Dans cette partie, deux logiciels sont décrits en fonction des caractéristiques reprises dans la typologie : The Observer XT® et Captiv L2100. Ces logiciels ont été choisis car ils appartiennent tous deux à la catégorie des logiciels d'annotation et qu'ils ont été utilisés dans le cadre de recherches particulières. Le premier est davantage à destination des chercheurs tandis que le second, issu du domaine de l'ergonomie, peut être adapté pour une utilisation par des formateurs et des étudiants dans le but d'évaluer les pratiques de classes. Ces deux logiciels et leurs spécificités sont illustrés par deux recherches portant sur 1) l'analyse des pratiques de classe en formation d'enseignants et sur 2) l'analyse des comportements des enseignants du secondaire sur la base de leur variabilité didactique.

Bien que visant des objectifs différents, ces deux recherches sont complémentaires dans le sens où elles visent à appréhender la pratique enseignante dans deux contextes différents : en formation initiale dans le cadre de séances de micro-enseignement et en classe lors de pratiques quotidiennes. La première recherche tente de décrire et comprendre d'une part les interactions de « l'enseignant » et « des élèves » – dans une visée de compréhension de l'action (Rogalski, 2003) – et d'autre part le lien entre les pratiques déclarées et les pratiques effectives (Derobertmasure & Dehon, 2012). La seconde recherche vise à décrire les comportements des enseignants afin d'analyser les variabilités intra-maître et inter-maîtres, dans la lignée des travaux de Bru (1992). Des exemples d'utilisation du logiciel, tirés de ces deux recherches, sont présentés tout au long de la description qui suit.

2.3.1 The Observer XT®

The Observer XT® est un logiciel d'analyse des comportements humains et animaux produit par Noldus Information Technology[9]. Il permet la collecte, l'analyse et la présentation de données d'observation. Le logiciel est composé de trois rubriques principales : 1) « configuration » qui permet la construction de la grille et des variables d'observation, 2) « observation » et 3) « analyse ». Le logiciel a été utilisé dans deux recherches distinctes portant sur l'analyse de situations d'enseignement-apprentissage, nécessitant d'observer une information relativement conséquente (des séances complètes de cours allant d'environ trente à cinquante minutes et un nombre important d'éléments à observer). Dans ce cas de figure, l'observation directe *in situ* semblait moins adaptée qu'une observation différée à partir d'enregistrements vidéos (Emmer, 1972). De plus, bien que le recours à une grille d'observation « papier-crayon » aurait pu être envisagé, le choix s'est porté sur un système d'observation informatique « *to facilitate the task of observation by improving the reliability and accuracy of recording relative to traditional but cumbersome methods based on paper pencil, and to improve the efficiency of data calculation and graphing (Donát, 1991 ; Eiler, Nelson, Jensens & Johnson, 1989)* » (Kahng & Iwata, 1998, p. 253).

9 <http://www.noldus.com/human-behavior-research/products/the-observer-xt>.

Au préalable, et du fait que la procédure d'observation peut varier d'une situation à une autre selon les objectifs poursuivis, il est important pour le chercheur de déterminer certains paramètres (Altmann, 1974). Ainsi, on peut vouloir étudier les comportements selon qu'ils s'agissent d'événements – s'ils sont instantanés –, ou d'états – s'ils ont une certaine durée. À ce premier paramètre s'adjoint celui du choix de travailler avec les fréquences complètes ou partielles, ou encore selon une procédure d'échantillonnage : doit-on comptabiliser l'ensemble des apparitions d'un comportement ou seulement sa manifestation à un moment précis ? Aussi le but est-il de parler des comportements en termes de fréquences brutes ou de taux ? Ensuite, l'observation se réalise-t-elle sur un sujet particulier, sur plusieurs sujets ou sur une situation ? Ces paramètres, dont Altmann fait état, montrent bien les différentes orientations que peut prendre une méthode procédant par observation et les influences sur la conception initiale de la grille d'observation.

Le logiciel Observer XT® tient compte de cette multiplicité des choix en proposant un plan de codage permettant de multiplier les entités observées, et ce même simultanément, et de déterminer si les groupes de comportements sont des états ou des événements. Ainsi, avant le codage proprement dit des données, The Observer XT® demande de passer par une étape de caractérisation du projet. Tout d'abord, il faut choisir le type d'observation utilisée : soit en direct (c'est-à-dire que l'on observe un comportement qui se déroule directement devant les yeux de l'observateur), soit à l'aide d'une vidéo préenregistrée (l'observation s'est déjà déroulée et a été filmée). Ensuite, il faut définir la méthode d'observation utilisée : continue, par intervalles ou une combinaison de ces deux solutions. Il est également possible de définir la durée maximum des observations ou encore l'utilisation de programmes complémentaires à The Observer XT®. Les deux recherches citées précédemment illustrent bien ce choix puisque, dans la première, on procède à l'observation de l'enseignant et des élèves en considérant les comportements comme des états : les sujets sont assis, debout ou en mouvement par exemple. Dans la seconde recherche, c'est l'observation de l'enseignant qui prime sur celle des élèves, en considérant les comportements de ce premier également comme des états : l'enseignant parle, il se déplace, il interagit avec les élèves…

Après cette étape de caractérisation globale du projet, il faut définir le schéma de codage. Tout d'abord, on définit le ou les sujets qui seront observés. Par exemple, dans la figure ci-dessous tirée de la deuxième recherche, un seul sujet est pris en compte : l'enseignant. Ensuite, on crée un groupe de comportements en choisissant si celui-ci sera mutuellement exclusif (il est donc impossible, au sein de ce groupe, que les comportements se chevauchent) ou si l'on utilise des comportements qui peuvent se produire au même moment (cette option permet également d'utiliser des événements ponctuels, sans durée). Le logiciel permet donc de travailler avec des groupes de comportements soit « mutuellement exclusifs et exhaustifs », soit « début-fin » ou soit par « points ». Ensuite, en choisissant un groupe créé, on définit le ou les comportements appartenant à ce groupe en tant qu'événement d'état initial, qu'événement d'état ou qu'événement ponctuel. Dans l'exemple, le groupe de comportements définit les variables processuelles mises en jeu par l'enseignant. Les deux comportements choisis sont : 1) le type de consigne et 2) le registre de la communication utilisés par le sujet.

Pour chaque comportement, il est possible de définir des *modifiers*, c'est-à-dire les modifications qu'un comportement est susceptible de subir au cours de l'observation. Lors du codage des données, il est donc possible de coder à la fois un comportement, mais également les modifications survenues. The Observer XT® associe par défaut une touche du clavier à chaque sujet, chaque comportement et chaque *modifier*. Il est possible de configurer ces touches pour plus d'aisance personnelle. Dans notre exemple (figure 1) ont donc été définis plusieurs *modifiers* : trois pour le comportement « type de consigne » (consignes portant sur les procédures à mettre en place par les élèves, consignes de guidage permettant à l'apprenant d'ajuster son propre comportement et consignes portant sur les critères à atteindre) et quatre pour le registre de la communication (technique, scolaire, familier et abstrait).

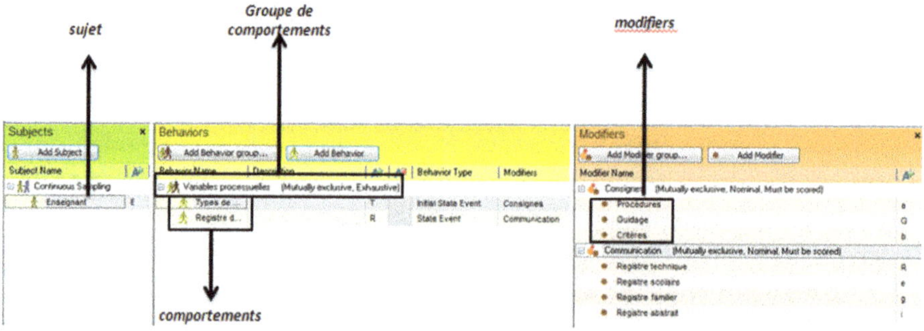

Figure 1. Détermination des variables au sein du logiciel The Observer XT®.

La particularité du logiciel The Observer XT® en termes de configuration et de détermination des variables d'observation réside donc principalement dans la possibilité d'ajouter des variables indépendantes ainsi que dans la précision des groupes de comportements. L'ajout de variables indépendantes va permettre de préciser des éléments comme le codeur, la faculté d'appartenance pour la première recherche... Bref des éléments qui peuvent distinguer les séances observées et qui pourraient influencer la situation en général. Ces variables pourraient alors être déterminantes dans le traitement ultérieur des séquences observées. Les précisions sur les groupes de comportements apportent un grain de précision aux observations en procédant par ajout de modalités. En effet, lors de la construction de la grille, il est nécessaire d'indiquer les sujets observés, les groupes de comportements et les comportements les composant mais également des groupes de modalités supplémentaires venant, sans restriction de nombre, davantage préciser ces comportements.

Un autre exemple est donné (figure 2) dans le cadre de la première recherche où l'enseignant et les élèves ont été identifiés comme sujets de l'observation. Pour le groupe de comportements « langage », quatorze comportements spécifiant le contenu des interventions verbales ont été identifiés : 1) contenu, 2) activité/démarche, 3) notes/préparation, 4) support/matériel, 5) affectivité, 6) gestion de la parole, 7) pôle, 8) implication/motivation, 9) gestion de l'espace/temps, 10) discipline, 11) feedback, 12) consignes, 13) inaudible et 14) silence. Dans la logique du logiciel, ces comportements ont pu être précisés par de nouvelles modalités qui ont ainsi permis d'adjoindre, notamment, « la forme » que prenait le discours : 1) présentation, 2) répétition/reformulation, 3) question ouverte, 4) question fermée, 5) réponse et 6) lecture/récitation. Cet ajout de modalités permet alors pour un comportement d'indiquer le sujet, le comportement proprement dit et certaines modalités complémentaires : l'enseignant aborde un contenu en posant une question ouverte ou encore l'enseignant présente un feedback assertif positif ; dans ce dernier exemple le comportement « feedback » du groupe « langage » est précisé par les groupes de modalités « type de feedback » (assertif ou évaluatif) et « valence du feedback » (positif, négatif ou neutre). Il faut noter également qu'un même groupe de *modifiers* peut être associé à un ou plusieurs comportements.

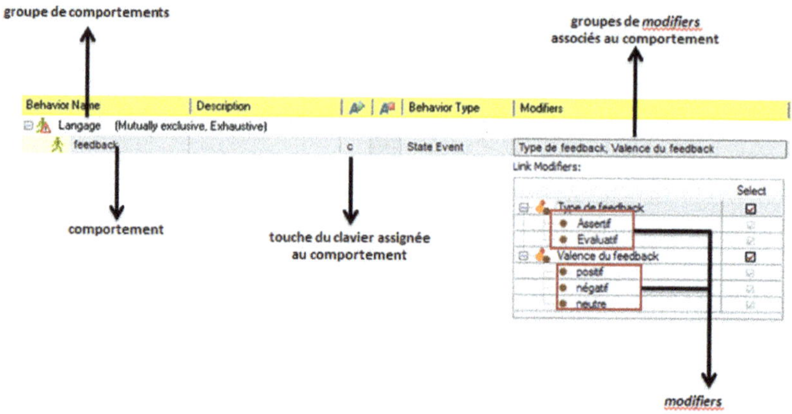

Figure 2. Détermination des comportements et des *modifiers* dans The Observer XT®.

En reprenant la typologie proposée ci-dessus, il apparaît que le logiciel The Observer XT® fonctionne principalement par codage catégoriel. Cependant, comme on le verra dans la suite de ce chapitre, le logiciel permet, lors du codage des données, d'ajouter des commentaires en regard de chaque variable pointée. L'utilisateur pourra donc adjoindre au codage catégoriel un texte, plus ou moins court, permettant d'ajouter de l'information. L'élaboration de la grille de codage est libre et la diversification des sujets et des séquences observées est possible. Enfin, The Observer XT® peut être qualifié de logiciel semi-automatique puisqu'il permet d'associer d'autres modules automatiques à son propre système de codage. Par exemple, Corbetta, Guan et Williams (2012) ont utilisé conjointement The Observer XT® et un logiciel d'eye-tracking.

Une fois l'observation et les variables définies, on crée une observation en la nommant et en lui associant une vidéo. On peut alors procéder à l'encodage de la séquence sur la base de la grille configurée préalablement, soit en procédant par raccourcis clavier – un code clavier étant spécifié pour chaque sujet, chaque comportement et chaque modalité – ou soit par clic de souris. La complexité de la grille et le nombre d'éléments à préciser pour chaque événement observé détermineront la voie la plus facile. Ici aussi, le choix du type de comportement influence la technique d'encodage : on ne spécifiera que les changements de comportements et/ou de modalités dans le cas de catégories mutuellement exclusives et exhaustives, on spécifiera uniquement les moments de début et de fin dans le cas de catégories « début-fin » et seulement les moments précis pour les catégories « points ». Par exemple, dans le cadre de la première recherche, comme déjà évoqué, l'encodage a porté sur les comportements de l'enseignant et des élèves selon des catégories mutuellement exclusives et exhaustives et des catégories « début-fin ». Le but n'est pas de tenter d'exprimer chacune des aires ou chacun des processus du cadre d'analyse par des indicateurs observables qui leur seraient propres, mais par des éléments observables généraux pouvant *a posteriori* être regroupés pour caractériser ces différentes aires. À titre d'exemple, le temps de paroles des élèves sur l'ensemble de la séquence d'enseignement-apprentissage peut caractériser l'implication des élèves et fournir des indications sur la proportion allouée au contenu ou aux activités réalisées. Dans la figure 3 ci-dessous est présenté un exemple de codage dans le logiciel : la vidéo est visualisable en haut de l'écran (il est possible de modifier sa taille). Juste en dessous, il est possible de parcourir la vidéo et de l'arrêter à n'importe quel moment, cela permettant donc de revenir sur son codage en ajoutant par exemple le pointage d'une variable qui n'était pas apparue lors d'un codage précédent. La vitesse de lecture est également ajustable (la vitesse peut être 16 fois plus rapide ou 16 fois moins rapide que la lecture normale). D'autres possibilités sont également offertes, telles que le fait de suspendre l'enregistrement du codage ou encore le fait de basculer au début ou à la fin de la vidéo.

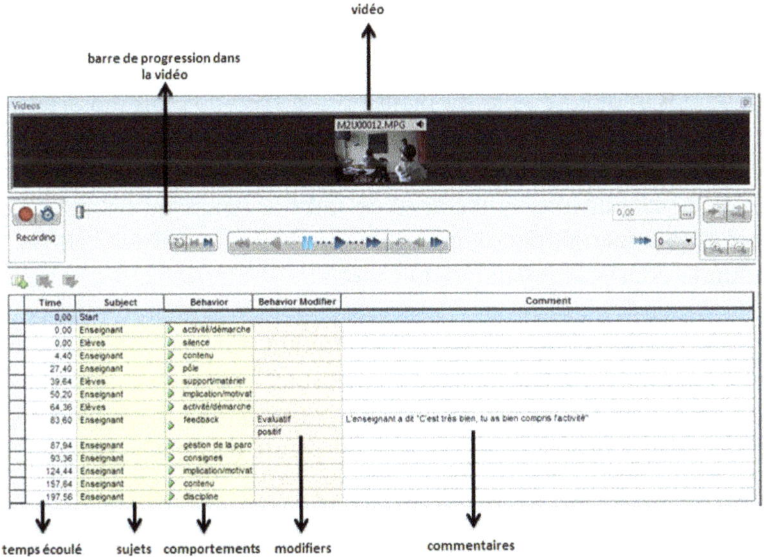

Figure 3. Encodage des données dans The Observer®.

En ce qui concerne l'analyse des données, The Observer XT® offre plusieurs possibilités de traitement : analyse d'épisodes, analyse des comportements, analyse numérique, analyse séquentielle et analyse de la fiabilité. Il est toutefois possible de transférer ces données dans d'autres logiciels, comme des programmes de traitement statistique (Noldus, 1991).

Dans la première recherche, un des objectifs fixés est de décrire les profils d'action des futurs enseignants. Dans le cas présenté à titre illustratif, une première analyse a porté sur la détermination des différentes étapes de la leçon. L'analyse par épisodes et visualisation de ceux-ci donne le graphique suivant :

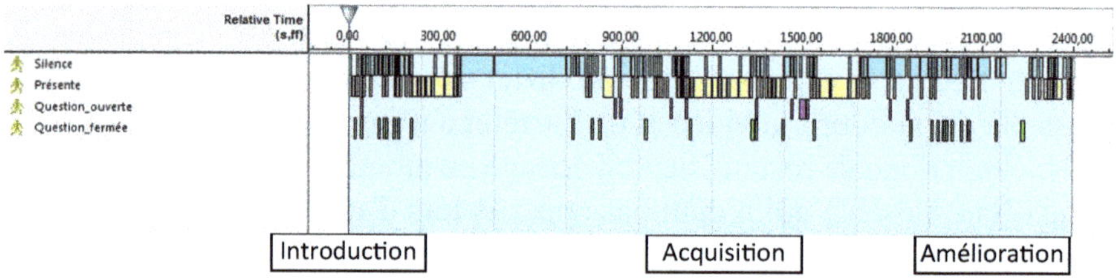

Figure 4. Visualisation chronologique des silences, des présentations et des questions.

On peut, à partir des silences, présentations et questionnements de l'enseignant, déterminer les moments durant lesquels ces comportements apparaissent lors de la séquence. Ces moments sont déterminés par l'alternance de questions et la présentation d'éléments principalement liés à un contenu. On distingue le moment où il a recours à un matériel didactique (entre environ 370" et 735") et le moment où il laisse davantage les étudiants s'exprimer (à partir d'environ 1690"). Ces bornes permettent d'inférer la structure de la leçon et de faire le lien avec les moments de l'acte d'apprentissage de Chamberland, Lavoie et Marquis (2009), donnés comme consigne préalable. On y repère l'« introduction » basée sur une alternance entre questions-réponses et une présentation d'un contenu, le moment « d'acquisition » qui est introduit par une vidéo à partir de laquelle le futur enseignant aborde à nouveau le contenu informationnel et, finalement, le moment « d'amélioration » qui s'oriente vers la prise de parole des élèves, avec une reprise de parole de l'enseignant en fin de séquence.

The Observer XT® permet donc de visualiser les données recueillies. Par exemple, dans la figure ci-dessous, pour chaque sujet (élèves ou enseignant), on trouve représentées les durées de manifestation des différentes variables encodées. À partir de cette représentation, il est possible de naviguer dans la vidéo afin de vérifier les différents comportements encodés.

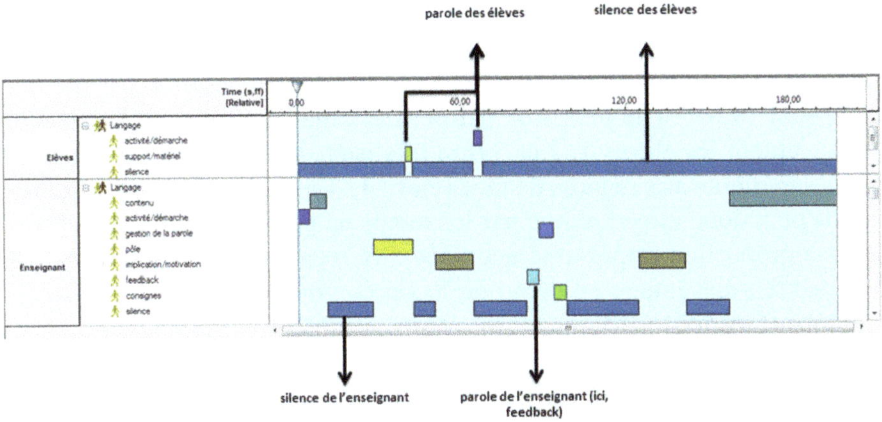

Figure 5. Représentation des durées des variables dans The Observer XT®.

Dans la première recherche, l'attitude non verbale de l'enseignant a été étudiée. Pour ce faire, ont été délimitées certaines variables liées à la gestuelle (McNeill & Duncan, 2000) et celles liées aux regards (à droite, à gauche, en face et vers les notes de cours). The Observer XT® permet de proposer différents résultats grâce à deux types d'analyse possibles : l'analyse d'épisodes et l'analyse des comportements. À titre d'exemple, les résultats obtenus aux analyses sont repris dans le tableau ci-dessous.

Tableau 2. Principaux résultats des comportements non verbaux de l'enseignant.

Gestuelle	*Regards*
Iconique : 1,53 % (f = 12)	Droite : 34,64 % (f = 98)
Rythme : 7,67 % (f = 46)	Gauche : 19,61 % (f = 64)
Rire : 1,26 % (f = 8)	Notes : 27,82 % (f = 121)
	Face : 13,30 % (f = 84)

Au niveau des aspects caractérisant l'aire psychopédagogique, celle-ci ne se manifeste que très peu via le langage verbal. L'observation des éléments non verbaux en premier et quelques éléments verbaux permettent néanmoins de donner certaines informations quant à la relation entre le futur enseignant et les élèves. Dans sa gestuelle[10], le futur enseignant appuie son discours de gestes iconiques[11] (1,53 %) ou de rythme[12] (7,67 %), ceux-ci rendant les propos plus dynamiques. Au niveau de l'attention, il se focalise principalement sur sa droite où se trouvent les élèves 5 et 6 qui totalisent 19,67 % de temps de parole. Les regards portés sur la gauche, où se situent les élèves 1, 2 et 3 (qui totalisent 15,61 %), sont moindres, mais supérieurs aux regards de face (élève 4). Ce déséquilibre entre les regards peut donc être expliqué par les temps de parole cumulés des élèves et une proportion importante accordée aux regards sur ses notes, qui se concentrent davantage en début de leçon comme le montre la figure ci-dessous (figure 6).

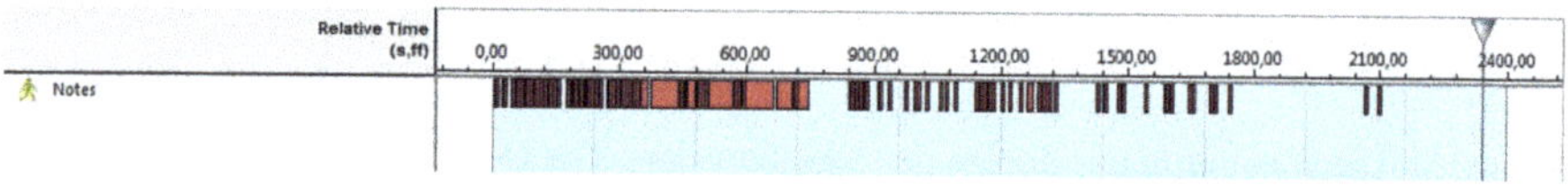

Figure 6. Visualisation chronologique des regards portés sur les notes de l'enseignant.

Dans cette recherche, l'analyse numérique n'est pas envisagée dans la mesure où aucune information numérique – par le choix de modalités numériques notamment – n'est codée lors de l'observation. Par contre, l'analyse de la fiabilité a été utilisée lors de la construction du cadre d'analyse et de son opérationnalisation en une grille d'observation adaptée au logiciel. Le but était de mettre la grille, initialement conçue théoriquement, à l'épreuve de la réalité et de vérifier si son utilisation n'était pas déterminée par l'observateur. Le logiciel fonctionne par calcul d'un Kappa de Cohen et d'une rho de Pearson, en déterminant au préalable un degré de tolérance (en seconde ou milliseconde), le type de synchronisation des séquences, la prise en compte ou non des modalités… pouvant

10 Se distinguent dans les comportements liés à la gestuelle plusieurs classifications ou présentations de classifications (Dubesset, 2005 ; Ekman & Friesen, 1969 ; McNeill & Duncan, 2000 ; Tellier, 2008). La distinction que nous opérons classe les gestes centrés vers le ou les interlocuteur(s) – qui appuient ou se substituent à la parole – et les gestes dits autocentrés (Dubesset, 2005 ; Ekman & Friesen, 1969).

11 Gestes qui représentent concrètement le discours, on pourrait les assimiler à une forme de mime.

12 Gestes de rythme de la parole.

aussi obtenir un indice précis sur les concordances et discordances entre les observateurs.

Enfin, l'analyse séquentielle (Bakeman & Gottman, 1997) et les T-patterns (Magnusson, 2000) n'ont pas encore été utilisés mais ils font l'objet de la suite de cette recherche. L'objectif est, au travers de ce type d'analyse et via le principe d'entropie conditionnelle empruntée à l'analyse de données textuelles, d'identifier des patterns afin de voir si les séquences et par là certains comportements ou associations de comportements sont prévisibles ou non, et de voir si certains comportements en induisent d'autres, directement ou ultérieurement.

En se référant aux deux derniers points de la typologie, on constate pour le logiciel The Observer XT® que 1) pour le codage, les éléments observés peuvent être des événements ou des états, que les trois catégories de variables peuvent être utilisées (mutuellement exclusives et exhaustives, début-fin et pointage), qu'il est possible d'opérer une analyse d'accord inter-juges et que plusieurs aides aux techniques d'échantillonnage sont présentes ; et 2), en ce qui concerne l'analyse, il est possible d'introduire des variables indépendantes, plusieurs traitements statistiques sont présents et la visualisation des données est également possible.

Par rapport à la typologie proposée, The Observer XT® apparaît comme un logiciel très complet puisqu'il rencontre tous les points mis en avant. Cependant, le logiciel demande un travail conséquent de préparation et, bien qu'intuitive, sa prise en main demande à l'utilisateur d'y consacrer un peu de temps au préalable.

2.3.2 Captiv-L2100

Captiv-L2100 (v.4.3) est un logiciel d'observation et d'analyse d'activités, développé par TEA (Technologie, Ergonomie, Application) en collaboration avec l'INRS (Institut national de recherche et de sécurité). Le logiciel permet l'encodage de données d'observation ainsi que l'intégration de données prises par des capteurs extérieurs et en propose le traitement statistique. Il faut noter que ce logiciel est téléchargeable gratuitement pour une durée de trente jours[13]. Captiv-L2100 permet de traiter des vidéos en direct ou des enregistrements.

13 Sur le site Internet <http://www.teaergo.com/>.

Le logiciel fonctionne à partir de deux grandes étapes. La première consiste à créer un projet d'observation. Une fois celui-ci nommé et enregistré, l'utilisateur doit entamer la deuxième étape consistant à créer une grille d'observation dans la section « protocole d'observation ». Afin d'étayer les propos tenus dans cette partie, nous prendrons comme exemples d'utilisation les relevés d'observation établis par les étudiants au grade d'agrégé de l'enseignement secondaire supérieur (AESS) lors des séances de micro-enseignement dispensées à l'Université de Mons. Dans ce cadre, un étudiant se met dans la peau d'un enseignant et, devant l'ensemble de ses pairs, propose une leçon avec un objectif préalablement défini. Deux étudiants codent la séquence d'enseignement, c'est-à-dire que le premier code le comportement de l'enseignant (parle ou ne parle pas) et le second celui des élèves (parlent ou ne parlent pas). La personne chargée du cours code également le comportement de l'enseignant. La figure 7 ci-dessous, en se référant à notre exemple, propose la configuration de la grille d'observation à partir du logiciel.

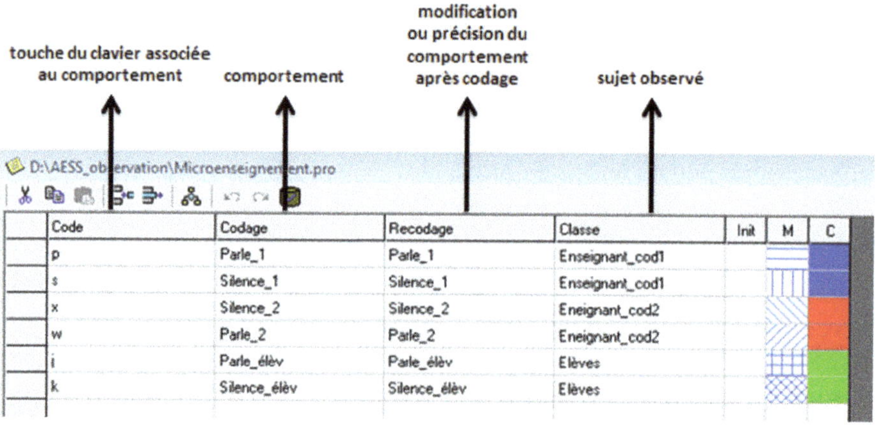

Figure 7. Grille d'analyse créée avec le logiciel Captiv-L2100.

La première colonne correspond au code associé à un comportement observé. L'utilisateur peut choisir n'importe quel code, qu'il soit alphabétique ou numérique, à partir des touches du clavier. La deuxième colonne a trait au codage, c'est-à-dire à la modalité correspondant au code introduit. La colonne recodage permet de modifier ou préciser certaines modalités après l'encodage. La colonne classe correspond à la catégorie liée à chaque modalité du codage. Ici, par exemple, est placé le code « p » correspondant au codage « Parle_1 » de la classe « Enseignant_cod1 ». Les grilles ainsi créées peuvent être enregistrées dans le but d'être réutilisées par la suite. La classe « Enseignant_cod1 » concerne l'encodage du chargé de cours, « Enseignant_cod2 » et « Élèves » sont encodés, respectivement, par un étudiant.

Le logiciel Captiv-L2100 a la particularité de ne fonctionner qu'avec des catégories mutuellement exclusives et exhaustives. Dès lors, la grille d'observation doit être adaptée. En effet, si l'on désire encoder des comportements qui se manifestent toujours et qui sont exclusifs (c'est-à-dire qu'ils ne peuvent avoir qu'un seul état à un moment donné), la grille ne demande pas d'adaptation particulière. Par exemple, si l'on désire coder l'état de l'enseignant, debout ou assis, il apparaît évident que ce dernier est toujours, à tous les moments T de la situation, soit assis, soit debout. Par contre, dans le cas de prise de parole des élèves, en considérant que deux comportements sont observés (« répond » et « prend la parole »), on constate qu'à certains moments l'élève ne parle pas. Or le logiciel, du fait qu'il ne traite que des catégories mutuellement exclusives et exhaustives, ne permet pas de ne rien coder entre les moments de parole. Ainsi, la grille devra être adaptée en ajoutant par exemple un comportement « silence » qui devra être codé entre les comportements de prise de parole de l'élève.

Une fois le protocole d'observation terminé, l'utilisateur peut associer une vidéo à son projet. Pour ce faire, il se rend dans la partie « Post codage » et choisit la vidéo. Dans notre exemple, nous ne travaillons qu'avec un seul enregistrement. Néanmoins, il est possible d'en insérer plusieurs et d'encoder ainsi en alternance. La fenêtre d'encodage, comme le représente la figure ci-dessous, est composée de deux parties. La partie de gauche propose la vidéo ainsi qu'un ensemble d'outils permettant la navigation (avancée dans la vidéo, pause, etc.). La partie de droite concerne l'encodage proprement dit. Les différents codes définis lors du protocole d'observation apparaissent sous forme de tableau. Ces codes peuvent être déplacés, interchangés ou effacés, selon les besoins de l'utilisateur. Celui-ci peut donc, soit encoder via les raccourcis clavier, soit utiliser sa souris en cliquant sur les codes correspondants.

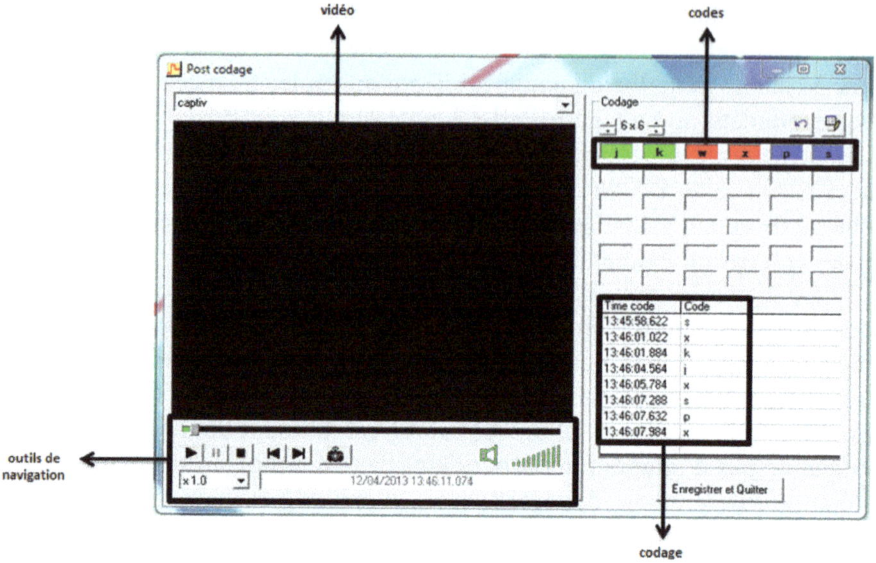

Figure 8. Affichage du codage dans le logiciel Captiv-L2100.

En ce qui concerne l'analyse de données, Captiv-L2100 permet plusieurs traitements. Il est possible de disposer d'un tableau concernant les durées d'états des différents comportements observés. Dans notre exemple, représenté à la figure ci-dessous, on se concentrera sur la première ligne, correspondant à la classe « Élèves ».

Tableau sur les durées d'états (global)

Classe	Recodage	N	% N	T Tot	% T To	T Min	T Max	T Moy	Médiane	Ecart type	Ecart interquartile
Elèves	Parle_élèv	112	50,00	00:15:12.089	38,02	00:00:00.209	00:03:13.257	00:00:08.144	00:00:02.458	00:00:21.062	00:00:05.574
	Silence_élèv	112	50,00	00:24:46.796	61,98	00:00:00.421	00:02:03.287	00:00:13.275	00:00:05.022	00:00:21.040	00:00:12.169
Eneignant_cod	Parle_2	67	50,00	00:22:53.645	57,26	00:00:00.837	00:03:08.185	00:00:20.502	00:00:08.272	00:00:29.939	00:00:19.522
	Silence_2	67	50,00	00:17:05.240	42,74	00:00:00.332	00:02:25.174	00:00:15.302	00:00:04.396	00:00:27.138	00:00:08.948
Enseignant_co	Parle_1	199	50,00	00:18:48.631	47,05	00:00:00.000	00:00:58.918	00:00:05.672	00:00:02.407	00:00:08.578	00:00:05.286
	Silence_1	199	50,00	00:21:10.254	52,95	00:00:00.312	00:02:20.442	00:00:06.383	00:00:01.778	00:00:16.855	00:00:03.558

Figure 9. Tableau sur les durées d'états (global) dans le logiciel Captiv-L2100.

On constate dans la colonne « Recodage », deux comportements observés : « parle » et « silence ». La colonne « N » nous renseigne sur le nombre de fois où le comportement est apparu (ici, 112 fois pour chaque comportement) et la colonne « % N » sur la proportion d'apparition du comportement au sein de sa classe (ici, 50 %). La colonne « T Tot » correspond à la durée totale d'apparition du comportement et la colonne « % T Tot » au pourcentage relatif à la durée d'apparition de ce comportement. Dans notre exemple, on voit que les élèves ont parlé environ 38 % du temps. Les trois colonnes suivantes nous renseignent quant à la durée minimale, la durée maximale et la durée moyenne d'apparition du comportement. Ici, les élèves ont parlé en moyenne huit secondes par intervention. Les trois dernières colonnes renvoient aux informations liées aux statistiques descriptives, telles que la médiane, l'écart-type et l'écart interquartile. Les informations fournies par le logiciel peuvent être copiées et introduites dans d'autres logiciels d'analyse statistique. Le logiciel offre également la possibilité de faire apparaître des représentations graphiques par classe (figure 10). Les différentes options permettent de personnaliser l'affichage des graphiques.

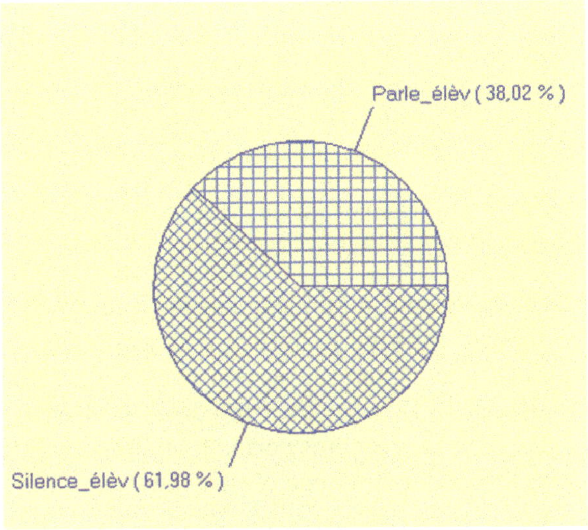

Figure 10. Représentation graphique par classe dans le logiciel Captiv-L2100.

Captiv-L2100 propose également la représentation des données sous forme d'histogrammes de durée d'état. Ceux-ci renseignent sur les durées de chaque codage en fonction de sa fréquence et de son pourcentage. Par exemple, dans la figure 11, sont représentés les histogrammes des durées d'états relatifs au comportement « parle » encodé par le premier observateur. On constate ici que, par exemple, l'enseignant a parlé 140 fois (correspondant à 70,35 % de la durée totale de l'observation de ce comportement) entre zéro et cinq secondes ou encore trois fois (1,51 % de la durée totale) entre quarante et quarante-cinq secondes. Dans les options, il est possible de choisir le comportement représenté, les couleurs arborées dans le graphique ou encore la durée de l'échantillon de temps pris en compte.

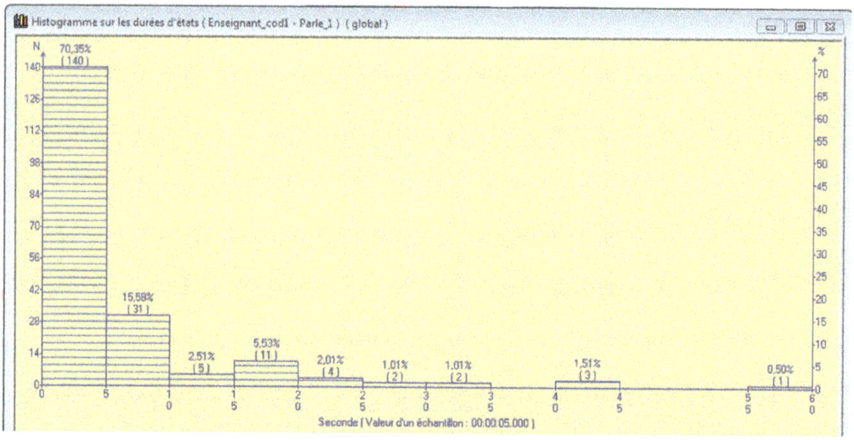

Figure 11. Représentation graphique des histogrammes de durées d'états relatifs au comportement « parle » de l'enseignant dans le logiciel Captiv-L2100.

Le logiciel fournit également un tableau sur les transitions apparues lors du codage. Ce tableau informe donc des codages qui se sont succédé. Dans notre exemple, à la figure 12, on voit par exemple que les silences de l'élève ont succédé à 12 reprises à la parole de l'enseignant (enseignant_cod2). Les différentes options permettent de changer les classes qui apparaissent dans le tableau et le type d'affichage.

Tableau sur les transitions (global)

Classe	Précedent	Elèves		Eneignant_cod2		Enseignant_cod1	
Suivant	Recodage	Parle_élèv	Silence_élèv	Parle_2	Silence_2	Parle_1	Silence_1
Elèves	Parle_élèv		45	3	16	23	25
	Silence_élèv	62		12	4	17	18
Eneignant_cod:	Parle_2	4	6		13	40	4
	Silence_2	5	6	3		4	48
Enseignant_co	Parle_1	25	23	19	28		104
	Silence_1	16	33	30	6	114	

Figure 12. Tableau sur les transitions de comportement dans le logiciel Captiv-L2100.

Captiv-L2100 propose également un tableau sur les simultanéités qui montre les codages apparaissant en même temps. On peut accéder à l'information en fonction du temps total, des fréquences, du temps moyen, etc. L'ensemble des informations, tableaux, histogrammes... peut être copié dans divers logiciels, tels que des traitements de texte ou des tableurs. Par contre, il sera impossible de les modifier.

Il faut noter également qu'il est possible de fusionner des relevés d'observation ou encore de coder plusieurs vidéos en même temps.

En se référant à la typologie proposée, on constate pour le logiciel Captiv-L2100 que, au niveau de la configuration, 1) le logiciel adopte une forme de codage catégoriel, 2) que l'élaboration de la grille est libre, 3) qu'il existe une possibilité de diversification des sujets et des séquences observées et 4) que la flexibilité peut être qualifiée de semi-automatique puisque des appareils ou logiciels peuvent fonctionner de pair avec Captiv-L2100 (par exemple, des capteurs de rythme cardiaque, de déplacement...). En ce qui concerne le codage, 1) le logiciel permet de relever des événements et des états ; 2) par contre, seule la catégorie de variables mutuellement exclusives et exhaustives est proposée, l'utilisateur devra donc adapter ses observations en fonction de cette caractéristique ; 3) Captiv-L2100 ne permet pas de traiter directement les accords inter-juges, mais cela peut néanmoins être approché via, notamment, les tableaux de simultanéités ; 4) des aides aux techniques d'échantillonnage sont présentes, bien que, en comparaison avec le logiciel The Observer XT®, celles-ci soient moins nombreuses et moins fournies. Pour l'analyse, 1) le logiciel ne permet pas de déterminer des variables indépendantes ; 2) plusieurs traitements statistiques sont disponibles ; 3) ainsi que la visualisation des données.

3. Discussion

Dans cette discussion, nous souhaitons interroger simultanément deux éléments : la typologie et l'utilisation des logiciels dans une optique d'évaluation des pratiques de classes.

Par rapport à la typologie proposée et en comparaison avec le logiciel The Observer XT®, Captiv-L2100 apparaît, sur plusieurs caractéristiques, moins complet. Pourtant, en ce qui concerne les étapes de création de projet, la démarche est moins longue avec Captiv-L2100. En effet, une fois le projet nommé, on peut accéder directement à la création de la grille de codage et, ensuite, introduire une vidéo ou réaliser une observation en direct. Ce gain de temps est, en partie, dû à la complexité moins marquée de ce logiciel en comparaison avec The Observer XT®.

Il est vrai que les deux recherches présentées dans ce chapitre demandent aux chercheurs une précision particulière dans le codage et une multiplication des variables de comportements observées. En effet, les comportements observés ont été systématiquement décomposés (cette décomposition des comportements est nommée *modifiers* dans le logiciel) et la nécessité de déterminer et de définir des variables indépendantes pour ces recherches a demandé de plutôt privilégier ce logiciel au détriment d'autres. Par contre, Captiv-L2100, du fait de sa relative rapide prise en main, a été utilisé avec des étudiants en agrégation de l'enseignement supérieur (AESS) et, dans le cadre d'autres cours, auprès d'étudiants en master en sciences de l'éducation. Il s'est avéré que dans ces situations Captiv-L2100 permet aux étudiants de se familiariser avec ce type d'outil et de commencer plus aisément et plus rapidement une réflexion scientifique en termes d'évaluation de comportements. Les observations et les résultats générés étant plus facilement accessibles, le logiciel Captiv-L2100 se prête mieux pour l'évaluation des pratiques de classes au niveau de variables générales ou globales, telles que les temps de parole, les postures… Si l'utilisateur souhaite obtenir une information précise, le recours à d'autres logiciels sera alors de mise.

Ces constats amènent à penser que la typologie proposée reste, de par la définition même du terme, un classement opéré en fonction de choix prédéterminés. L'utilisation de cette typologie est bien un premier pas dans l'analyse et l'évaluation de logiciels d'observation de comportements, que ceux-ci soient d'ordre humain ou animal. L'amélioration de cette typologie passe par un partage d'expériences d'utilisations et la confrontation de ces utilisations les unes par rapport aux autres.

Enfin, cela montre qu'outre la typologie il ne faut pas négliger le contexte dans lequel les outils sont utilisés et il faut également être attentif à certaines caractéristiques techniques – informatiques à proprement parler. Néanmoins, le chercheur, l'enseignant ou le simple utilisateur sera toujours le plus à même quant à la détermination de l'outil le plus adéquat en fonction des objectifs recherchés.

4. Conclusion

Dans ce chapitre, deux objectifs étaient poursuivis : 1) d'une part présenter une typologie offrant la possibilité aux utilisateurs de caractériser des logiciels permettant d'observer les pratiques de classes et 2) d'autre part illustrer, par deux recherches, deux logiciels d'observation des comportements. Le marché étant assez large, parmi l'ensemble des logiciels disponibles n'ont été retenus que les logiciels dits d'annotation, c'est-à-dire les logiciels qui contribuent au travail en observation directe. Une « exception » a néanmoins été ajoutée à la définition stricte d'observation directe : ont été sélectionnés les logiciels qui permettent un traitement direct ou différé des données d'observation et ce via également l'enregistrement de séquences sous forme audiovisuelle. Les logiciels se concentrant uniquement sur l'enregistrement, le montage ou encore le convertissement des fichiers audiovisuels ont donc été exclus.

La typologie a été construite en se basant sur les aspects techniques étroitement liés aux méthodes d'observation. De ce fait, trois catégories, qui correspondent à trois temps d'une démarche d'annotation, structurent cette typologie : la configuration, le codage et l'analyse.

Au niveau de la configuration, quatre caractéristiques ont été déterminées : 1) la forme de la configuration, 2) l'élaboration de la grille de codage, 3) la diversification et 4) la flexibilité. La forme fait référence au type d'annotations rencontrées. En effet, certains logiciels fonctionnent par annotations textuelles (mot, phrases…), tandis que d'autres permettent de travailler sur des codages catégoriels (« assis », « debout »…) selon des degrés de précisions variables. Il existe aussi des logiciels qui proposent les deux formes de configuration. Ensuite, le deuxième élément, l'élaboration de la grille de codage – déclinée selon trois options : libre, mixte ou fermé –, dépend du degré de liberté laissé à l'utilisateur lorsqu'il configure sa grille de codage. Peut-il entièrement réaliser celle-ci ou certaines catégories, voire toutes, sont-elles proposées ou imposées par le logiciel ? De plus, cette grille peut-elle se décliner pour plusieurs sujets observés et pour plusieurs séquences observées ? Cette dernière question fait, quant à elle, référence à la troisième caractéristique et met l'accent sur le caractère diversifié ou non des logiciels. Enfin, la quatrième caractéristique notée flexibilité appelle aux possibilités d'automatisation de l'observation. Certains logiciels, munis de capteurs, permettent d'enregistrer automatiquement des données sans codage de l'observateur. Ce dernier ne doit alors que paramétrer le logiciel pour que les prises de données se réalisent.

En termes de codage, la première caractéristique ajoutée à la typologie porte sur les éléments observés. Le logiciel permet-il d'observer et de coder des événements et/ou des états ? Les événements ont un temps très court quand les états ont une durée plus longue. Directement liée à cet aspect, la notion de catégories est essentielle : peut-on enregistrer des catégories mutuellement exclusives et exhaustives, c'est-à-dire des catégories dont les éléments permettent de coder toute la séquence et recouvrent tous les comportements de cette catégorie ? Peut-on se limiter à des pointages des éléments observés ou au repérage du début et de la fin d'un comportement sans se soucier que la catégorie soit mutuellement exclusive ? Les deux autres caractéristiques proposées pour le codage sont liées à la possibilité de mesurer des accords inter-codeurs et à l'aide fournie par le logiciel aux techniques d'échantillonnage.

Enfin, la troisième partie constituant la typologie – l'analyse – se décline selon la possibilité d'ajouter et de faire intervenir des variables indépendantes dans son analyse des données, la richesse des apports statistiques fournis et, finalement, les fonctionnalités liées à la présentation des données sous formes graphiques.

Si cette typologie est assez neuve puisqu'à notre connaissance il n'en existe pas d'autres de ce type, il n'en reste pas moins qu'il s'agit d'une proposition qui doit être mise à l'épreuve d'expériences. Ce n'est que par une adaptation continuelle et par son utilisation avec une diversité d'outils qu'elle pourra être améliorée et modifiée pour mieux correspondre aux besoins des utilisateurs. Le premier objectif était bien de proposer une typologie des logiciels d'annotation et de la mettre à l'épreuve dans le domaine plus spécifique de l'évaluation des pratiques de classes. La deuxième partie de ce chapitre portait d'ailleurs sur l'utilisation de deux logiciels, Observer XT® et Captiv-L2100, dans ce domaine précis.

La conclusion de cette deuxième partie nous amène, outre les traitements que les deux logiciels permettent, à nous interroger sur la place des logiciels dans la recherche, la formation et l'apprentissage. Comme nous avons pu le constater, un logiciel complet – tout au moins en regard des critères, tout relatifs qu'ils soient, de la typologie – peut correspondre à un chercheur dont les objectifs sont d'analyser très finement des situations de classes, mais être peu pertinent pour des étudiants en formation, ou même des formateurs. L'expérience a été menée auprès de futurs enseignants, dans le cadre de l'agrégation de l'enseignement secondaire supérieur, et d'étudiants en master en sciences de l'éducation et a montré que le recours à un logiciel, jugé moins complet, est une bonne entrée pour approcher l'évaluation des pratiques de classes notamment parce que la prise en main est facilitée et les résultats plus faciles à générer. Cela tout en conservant une grande pertinence comme l'illustration du logiciel Captiv-L2100 en atteste. On peut alors en conclure également qu'il est important d'ouvrir ses perspectives en allant consulter des logiciels issus d'autres domaines et surtout essentiel de déterminer au préalable l'usage dont l'utilisateur aura à faire du logiciel, la typologie en étant une pièce : la boucle est bouclée.

Références

Altmann, J. (1974). Observational study of behavior : Sampling methods. *Behavior, 49*, 227–265.

Bakeman, R. & Gottman, J. M. (1997). *Observing interaction : An introduction to sequential analysis.* Cambridge : Cambridge University Press.

Bergan, J. R. (1980). A quasi-equiprobability model for measuring observer agreement. *Journal of Educational and Behavioral Statistics, 5*(4), 363–376.

Bertrand, R. & Leclerc, M. (1984). La fiabilité des données d'un instrument d'observation des enseignants en classe de mathématiques. *Revue des Sciences de l'Éducation, 10*(2), 311–329.

Bissonnette, S., Richard, M. & Gauthier, C. (2005). Note de synthèse : interventions pédagogiques efficaces et réussite scolaire des élèves provenant de milieux défavorisés. *Revue française de pédagogie, 150*, 87–141.

Bressoux, P. (2002). Contribution à l'analyse de l'effet-maître et des pratiques de classe. Dans J. Fijalkow & T. Nault (dir.), *La gestion de la classe* (pp. 199–214). Bruxelles : De Boeck.

Bru, M. (1992). *Les variations didactiques dans l'organisation des conditions d'apprentissage.* Toulouse : Editions Universitaires du Sud.

Chamberland, G., Lavoie, L. & Marquis, D. (2009). *Vingt formules pédagogiques.* Québec : Presses de l'Université du Québec.

Corbetta, D., Guan, Y. & Williams, J. L. (2012). Infant eye-tracking in the context of goal-directed actions. *Infancy, 17*(1), 102–105.

Coutu, S., Provost, M. A. & Bowen, F. (2005). L'observation systématique des comportements. Dans S. Bouchard & C. Cyr (dir.), *Recherche psychosociale : pour harmoniser recherche et pratique* (pp. 321–359). Sainte-Foy : Presses de l'Université du Québec.

De Bruyne, P., Herman, J. & De Schoutheete, M. (1974). *Dynamique de la recherche en sciences sociales.* Paris : Presses universitaires de France.

Derobertmasure, A. & Demeuse, M. (2010). Utilisation conjointe de deux logiciels d'analyse de contenu dans le cadre de l'analyse de traces de réflexivité : éléments de comparaison. Dans J.-G. Blais (dir.), *Évaluation des apprentissages et technologies de l'information et de la communication* (pp. 163–187). Québec : Presses de l'Université Laval.

Derobertmasure, A. & Dehon, A. (2012). Développement de la réflexivité et décodage de l'action : questions de méthode. *Phronesis*, 1(2), 24–44.

Dipper, S., Götze, M. & Stede, M. (2004). Simple annotation tools for complex annotation tasks : An evaluation. Dans *Proceedings of the LREC Workshop on XML-based Richly Annotated Corpora* (pp. 54–62). Lisbonne, Portugal.

Donát, P. (1991). Measuring behaviour : The tools and the strategies. *Neuroscience & Biobehavioral Reviews, 15*, 447–454.

Dubesset, V. A. (2005). *La langue française parlée complétée (LPC) : production et perception.* Thèse de doctorat en Sciences cognitives, Institut national polytechnique de Grenoble.

Edyburn, D. L. & Basham, J. (2008). Collecting and coding observationnal data. *Journal of Special Education Technology, 23*(2), 56–60.

Ekman, P. & Friesen, W. V. (1969). The repertorie of nonverbal behavior : Categories, origins, usage, and coding. *Semiotica, 1*(1), 49–98.

Ellett, C. D. & Teddlie, C. (2003). Teacher evaluation, teacher effectiveness and school effectiveness : Perspectives from the USA. *Journal of Personnel Evaluation in Education, 17*(1), 101–128.

Emmer, E. T. (1972). Part three – Direct observation of classroom behavior. *International Review of Education, 18*(1), 473–490.

Garg, S., Martinovski, B., Robinson, S., Stephan, J., Tetreault, J. & Traum, D. R. (2004). Evaluation of transcription and annotation tools for a multi-modal, multi-party dialogue corpus. Dans *Proceedings of LREC*, 2004.

Gauthier, C. (2007). Quelle pédagogie au service de la réussite de tous les élèves. Réponses à L. Paquay et P. Jamotte. Dans M. Frenay & X. Dumay (dir.), *Un enseignement démocratique de masse. Une réalité qui reste à inventer* (pp. 403–412). Louvain-la-Neuve : Presses Universitaires de Louvain.

Good, T. L. & Brophy, J. (2008). *Looking in classrooms* (10e édition). New York : Pearson.

Hinze, A., Heese, R., Luczak-Rösch, M. & Paschke, A. (2012). Semantic enrichment by non-experts : Usability of manual annotation tools. Dans *11th international Semantic Web Conference, ISWC 2012, Boston, MA, USA, November 11–15, 2012, Proceedings, Part I. Lecture Notes in Computer Science, 2011, Volume 7649 2012* (pp. 161–181), Springer.

Jansen, R. G., Wiertz, L. F., Meyer, E. S. & Noldus, L. P. J. J. (2003). Reliability analysis of observational data : Problems, solutions, and software implementation. *Behavior Research Methods, Instruments, & Computers, 35*(3), 391–399.

Kahng, S. W. & Iwata, B. A. (1998). Computerized systems for collecting real-time observational data. *Journal of Applied Behavior Analysis, 31*(2), 253–261.

Klassen, R. M., Tze, V. M. C., Betts, S. M. & Gordon, K. A. (2010). Teacher efficacy research 1998–2009 : Signs of progress or unfulfilled promise ? *Educational Psychology Review*, en ligne (24 août 2010).

Kratochwill, Th. R., Doll, E. J. & Dickson, W. P. (1985). Microcomputers in behavioral assessment : Recent advances and remaining issues. *Computers in Human Behavior, 1*, 277–291.

Lardellier, P. (2008). Pour en finir avec la « synergologie ». Une analyse critique d'une pseudoscience du « décodage du non-verbal ». *Communication, 26*(2). <http://communication.revues.org/index858.html>.

Lehner, Ph. N. (1998). *Handbook of ethological methods*. Cambridge : Cambridge University Press.

MacLin, O. & MacLin, M. K. (2005). Coding observational data : A software solution. *Behavior Research Methods, 37*(2), 224–231.

Magnusson, M. S. (2000). Discovering hidden time patterns in behavior : T-patterns and their detection. *Behavior Research Methods, Instruments, & Computers, 32*(1) 93–110.

Martin, P. & Bateson, P. (2007). *Measuring behavior. An introductory guide.* Cambridge : Cambridge University Press.

McNeill, D. & Duncan, S. D. (2000). Growth points in thinking-for-speaking. Dans D. McNeill (dir.), *Language and gesture* (pp. 141–161). Cambridge : Cambridge University Press.

Noldus, L. P. J. J. (1991). The Observer : A software system for collection and analysis of observational data. *Behavior Research Methods, Instruments, & Computers, 23*(3), 415–429.

Peretz, H. (2004). *Les méthodes en sociologie : l'observation.* Paris : Éditions la Découverte.

Postic, M. & de Ketele, J.-M. (1988). *Observer les situations éducatives.* Paris : Presses universitaires de France.

Rasoulifar, R., Meillon, B., Thomann, G. & Villeneuve, F. (2009). Observation, annotation and analysis of design activities : How to find an appropriate tool ? Dans M. Norell Bergendahl, M. Grimheden, L. Leifer, P. Skogstad & U. Lindemann (dir.), *Proceedings of ICED'09, the 17th International Conference on Engineering Design,* vol. 5, *Design methods and tools,* 1re partie (pp. 193–204). Palo Alto, USA : the Design Society.

Ray, R. D., Ray, J. M., Eckerman, D. A., Milkovsky, L. M. & Gillins, L. J. (2011). Operations analysis of behavioral observation procedures : A taxonomy for modeling in an expert training system. *Behavior Research Methods, 43*(3), 616–634.

Reidsma, D., Jovanovic, N. & Hofs, D. (2004). *Designing annotation tools based on properties of annotation problems.* Retrieved from University of Twente, Centre for Telematics and Information Technology.

Rogalski, J. (2003). Y a-t-il un pilote dans la classe? Une analyse de l'activité de l'enseignement comme gestion d'un environnement dynamique ouvert. *Recherche en didactique des mathématiques, 23*(3/4), 243–388.

Rogosa, D. & Ghandour, G. (1991). Statistical models for behavioral observations. *Journal of Educational Statistics, 16*(3), 157–252.

Simon, A. & Boyer, E. G. (1974). Mirrors for behavior III. An anthology of observation instruments. Texte présenté au Communication Materials Center, Philadelphie.

Teddlie, C., Kirby, P. C. & Stringfield, S. (1989). Effective versus ineffective schools : Observable differences in the classroom. *American Journal of Education, 97*(3), 221–236.

Tellier, M. (2008). Dire avec des gestes. Dans F. Chnane-Davin & J.-P. Cuq (dir.), Du discours de l'enseignant aux pratiques de l'apprenant en classe de français langue étrangère, seconde et maternelle. *Le Français dans le monde, recherche et application, 44.*

Thompson, T., Felce, D. & Symons, F. J. (2000). *Behavioral observation : Technology and application in developmental disabilities.* Baltimore : Paul H. Brookes Publishing Co.

Wayne, A. J. & Youngs, P. (2003). Teacher characteristics and student achievement gains : A review. *Review of Educational Research, 73*(1), 89–122.

Zimmerman, P. H., Bolhuis, J. E., Willemsen, A., Meyer, E. S. & Noldus, L. P. J. J. (2009). The Observer XT : A tool for the integration and synchronization of multimodal signals. *Behavior Research Methods, 41*(3), 731–735.

Section 4 :
La modélisation au service de l'analyse des données pour l'évaluation

Stéphanie Malaise

Utilisation de l'analyse statistique implicative dans le cadre de la classification hiérarchique de compétences dans une visée diagnostique

1. Introduction

Bien que l'enseignement selon une approche par les compétences soit aujourd'hui prescrit dans la majorité des pays industrialisés dans lesquels l'enseignement a été réformé (Lempereur, Demeuse & Straeten, 2000), la question de l'évaluation de la maîtrise de compétences fait encore débat. La compétence ne correspondant pas à la simple addition des procédures à mettre en œuvre (Gérard, 2007 ; Perrenoud, 1997) mais à l'intégration de celles-ci suite au décodage d'une situation complexe, l'évaluation de sa maîtrise doit intégrer ces différentes composantes, ce qui engendre des difficultés, tant dans l'élaboration de tests standardisés que dans le cadre du diagnostic des difficultés d'apprentissage.

Au niveau des tests standardisés, les évaluations basées sur la théorie classique des tests, créées dans une approche centrée sur les objectifs (Laurier, Tousignant & Morissette, 2005), s'avèrent être difficilement transposables à l'évaluation de compétences (De Ketele & Gérard, 2005 ; Laurier *et al.*, 2005 ; Scallon, 2007). De plus, dans les tests reposant sur des questions à correction objective, l'appréciation des démarches mobilisées est difficile puisque les élèves ne sont pas amenés à élaborer des réponses complexes mais à choisir une réponse parmi celles qui leur sont proposées (Scallon, 2007).

Au niveau du diagnostic, le problème réside dans l'identification précise de l'origine des difficultés rencontrées par l'élève lorsqu'il est amené à décoder une situation complexe et à combiner la mise en œuvre de diverses procédures en vue de la résoudre (Crahay & Detheux, 2005).

Bien que différents modèles d'évaluation de la maîtrise de compétences aient été élaborés (Carette, 2007 ; De Ketele & Gérard, 2005 ; Scallon, 2007), aucun ne s'avère être entièrement satisfaisant et, à ce jour, « on sait peu de choses sur la façon de graduer la progression des élèves dans le développement ou la construction de compétences » (Scallon, 2007, p. 121). L'élaboration de nouveaux outils d'évaluations (De Ketele & Gérard, 2005 ; Carette, 2007 ; Grégoire, 2008), portant sur la résolution de problèmes complexes tout en permettant d'identifier si les difficultés rencontrées sont liées au décodage de la situation ou à l'application des procédures à mettre en œuvre, est donc nécessaire.

Dans ce cadre, l'utilisation de deux fonctions proposées par le logiciel CHIC[1], développé par Gras et ses collègues et dont les fondements reposent sur l'analyse statistique implicative (Couturier, Bodin & Gras, 2010 ; Gras & Régnier, 2009 ; Gras, 1996), s'avère être utile. La première, l'analyse implicative, permet de mettre en évidence les liens existant entre la maîtrise de différentes compétences. La seconde, l'arbre des similarités, permet de déterminer, parmi un ensemble de situations, lesquelles peuvent être considérées comme étant d'un même niveau de complexité.

À partir de la présentation des résultats d'une recherche pluriannuelle commanditée par le gouvernement de la Communauté française de Belgique (Dehon, Demeuse, Demierbe, Derobertmasure & Malaise, 2008 ; Malaise, Dehon & Franquet, 2009 ; Malaise, 2010) et portant sur le diagnostic de la maîtrise de compétences relatives au traitement de données, l'auteur expose l'utilisation de ces deux fonctions du logiciel.

2. L'évaluation des compétences

Une compétence, définie comme « l'aptitude à mettre en œuvre un ensemble organisé de savoirs, de savoir-faire et d'attitudes permettant d'accomplir un certain nombre de tâches » (Décret « Missions », 1997, art. 5, 1°), est mobilisée en vue de faire face à une situation complexe. Sa mise

1 Classification hiérarchique implicative et cohésitive.

en œuvre nécessite donc la mobilisation et la mise en relation de connaissances de natures différentes (Letor, 2004 ; Rey, Carette, Defrance & Kahn, 2006 ; Carette, 2007 ; Gérard, 2007). Aussi, pour permettre de déterminer si un élève est compétent, les tâches proposées lors de l'évaluation doivent être complexes : elles doivent nécessiter la mobilisation de diverses ressources, être inédites (Carette, 2007 ; Gérard, 2007) et exiger, de la part de l'apprenant, une réponse elle-même complexe (De Ketele & Gérard, 2005). À défaut, l'opération demandée aux apprenants ne peut pas être considérée comme une compétence mais comme une application (Carette, 2007).

Toutefois, ne proposer que des situations complexes pour évaluer la maîtrise de compétences par les élèves pose problème en termes de diagnostic des difficultés d'apprentissage. En effet, il est possible que « des élèves échouent à résoudre certains problèmes non parce qu'ils ne maîtrisent pas les procédures requises, mais parce que leur décodage de la situation n'évoque pas la ou les procédure(s) idoine(s) » (Crahay & Detheux, 2005, p. 62). Or, un bon diagnostic des difficultés rencontrées par les élèves – étape indispensable dans la mise en place d'une remédiation efficace (Brown & Burton, cités par Retschitzki, 2008 ; Marcel, 2005 ; Scriven, cité par Gierl, Leighton & Hunka, 2007) – vise à la fois l'observation des performances et la compréhension de la démarche adoptée par l'élève dans l'accomplissement de la tâche (Grégoire, 1999 et 2008 ; Rey *et al.*, 2006).

En vue de combiner l'évaluation de compétences et l'identification précise de l'origine des difficultés rencontrées par les élèves dans le cadre de la résolution de situations complexes, Rey et ses collègues (2006) proposent un modèle dans lequel les compétences sont décomposées en trois catégories, en fonction de leur degré de complexité. Au premier degré de complexité, les auteurs identifient les « procédures ou compétences élémentaires » qu'ils définissent comme un savoir d'exécution ou une suite d'opérations préalablement déterminées. Les « compétences élémentaires avec cadrage » sont les compétences du deuxième degré de complexité. Elles renvoient à la mobilisation de compétences élémentaires dans des situations inédites. Enfin, les compétences du troisième degré sont les « compétences complexes » et reposent sur la combinaison de plusieurs compétences élémentaires dans une situation nouvelle et complexe.

Dans une première phase d'évaluation du modèle élaboré par Rey et ses collègues, l'élève est amené à résoudre une situation du troisième degré de complexité. La même situation est ensuite proposée au deuxième, puis au premier degré de complexité.

Suite à une phase de test auprès d'élèves, Rey et son équipe mettent en évidence une hiérarchie entre les trois degrés de complexité : les élèves réussissant à résoudre la situation complexe proposée en phase 1 réussissent à résoudre les situations proposées en phase 2 et 3.

Dans une visée diagnostique, le modèle d'évaluation élaboré par Rey et ses collègues s'avère être un outil intéressant puisqu'il permet à l'enseignant de distinguer les erreurs liées à une mauvaise compréhension de la situation des erreurs liées à l'application de procédures. Toutefois, il ne permet pas de statuer sur une stricte hiérarchie entre les différents niveaux de compétence (Dierendonck & Fagnant, 2010). En effet, bien que les compétences du premier degré soient globalement mieux réussies par les élèves que celles du deuxième degré, elles-mêmes mieux réussies que les compétences du troisième degré, le contexte d'une situation complexe peut aider l'élève à distinguer certaines notions qu'il confondrait dans une situation du premier degré de complexité, dénuée de contexte (Dierendonck & Fagnant, 2010). De plus, les analyses reposant sur la comparaison de fréquences de réussite ne permettent pas d'identifier l'incidence que l'apparition d'un événement a sur l'apparition d'un autre événement (Gras, 1996).

3. Utilisation de l'analyse statistique implicative dans le cadre de la hiérarchisation de compétences

La recherche intitulée *Mieux diagnostiquer pour mieux enseigner : développement d'outils de diagnostic de la maîtrise par les élèves de compétences ciblées à l'issue de l'enseignement primaire* (Dehon *et al.*, 2008 ; Malaise *et al.*, 2009 ; Malaise, 2010) avait pour objectif de développer un outil permettant à l'enseignant de diagnostiquer le type d'erreurs commises par les élèves dans des situations d'apprentissage complexes relatives au traitement de données en mathématiques, en vue de faciliter la mise en place d'une remédiation efficace.

Le traitement des données, domaine envisagé en formation mathématique dans les Socles de compétences[2], est décliné en six items dont quatre

2 « Référentiel présentant de manière structurée les compétences de base à exercer jusqu'au terme des huit premières années de l'enseignement obligatoire et celles

sont des compétences (Malaise, 2010) : 1) Lire un graphique, un tableau, un diagramme ; 2) Interpréter un tableau de nombres, un graphique, un diagramme ; 3) Organiser selon un critère ; 4) Représenter des données, par un graphique, un diagramme[3].

Avant d'entamer les expérimentations, les compétences ont tout d'abord été définies selon des critères précis, en fonction des tâches réalisées par les élèves lors de leur mise en œuvre. La compétence « lire » renvoie à la recherche et au décodage de données organisées ou présentées de manière spécifique (graphique, tableau, diagramme). La compétence « interpréter » correspond à la mise en relation de différentes données lues. En plus de rechercher des données, un sens leur est donné. Dans le cadre de la compétence « organiser », l'élève structure des données de façon à en faciliter la lecture. Il les classe, les ordonne, les trie, les range… mais ne les code pas. Enfin, lorsqu'un apprenant est amené à « représenter », il transforme les données et les présente à l'aide d'un code facilitant non seulement la lecture, mais également l'interprétation.

Dans un second temps, en s'inspirant de la catégorisation proposée par Rey et ses collègues, trois niveaux de complexité de chacune des quatre compétences investiguées ont été définis selon le cadrage apporté à l'élève, permettant ainsi de classer chaque situation problème relative au traitement de données en fonction de son niveau de complexité. Au final, douze combinaisons (quatre compétences x trois niveaux) ont donc été définies.

3.1 Étapes de la recherche

L'objectif poursuivi durant la première phase de la recherche était de statuer sur l'existence d'une hiérarchie entre les compétences liées au traitement des données pour construire, ensuite, une grille de diagnostic. À partir de la passation d'un test « papier/crayon » auprès de 121 élèves de grade 6 (dernière année de l'enseignement primaire belge), une grille de

---

qui sont à maîtriser à la fin de chacune des étapes de celles-ci parce qu'elles sont considérées comme nécessaires à l'insertion sociale et à la poursuite des études » (Communauté française de Belgique, 1997, art. 5, 2°).

3 Dans le but d'alléger le texte, dans la suite de cet article, ces quatre compétences seront respectivement nommées « lire », « interpréter », « organiser » et « représenter ».

diagnostic partielle basée sur la hiérarchisation de six des douze combinaisons (compétence x niveau) étudiées a été élaborée.

En vue de compléter cette présentation hiérarchique, 217 élèves de grades 5 et 6 ont été évalués par l'intermédiaire de deux outils d'évaluation composés d'exercices relatifs au traitement de données. L'analyse des résultats des élèves à ces tests a abouti à l'élaboration de deux modèles complexes mettant en évidence la nécessité de préciser les critères d'identification des différents degrés de complexité des situations. Une analyse descriptive des réponses a permis de préciser ces critères, validés ensuite par l'intermédiaire d'une analyse des similarités effectuée à partir des résultats obtenus par 619 des élèves de grades 5 et 6 ayant passé le troisième test conçu par les chercheurs.

Au final, ces trois années de recherche ont permis de hiérarchiser les douze combinaisons « compétence x niveau » relatives au traitement de données, en fonction de la difficulté qu'elles représentent pour les élèves, et de déterminer quels sont les liens entre la maîtrise de ces différentes compétences. Autrement dit, dans quelle mesure une compétence donnée favorise l'acquisition de la maîtrise d'une autre compétence.

En vue de montrer les possibilités offertes par le logiciel CHIC en matière de hiérarchisation de compétences, les analyses effectuées suite à la première et de la troisième vague de tests sont exposées dans les sections suivantes.

Dans un premier temps, l'auteur montre comment, grâce à l'analyse implicative, le logiciel permet de mettre en évidence les hiérarchies existant entre les différentes combinaisons. En vue de montrer la plus-value apportée par le logiciel, les résultats sont comparés à ceux obtenus par l'intermédiaire d'analyses effectuées « manuellement », les premières analyses s'inspirant du scalogramme de Guttman (Mucchielli, 1993) et les suivantes reposant sur le principe des probabilités conditionnelles.

Dans un deuxième temps, c'est l'utilisation des arbres de similarité, dans le but de valider des critères permettant de déterminer le niveau de complexité d'une situation, qui est abordée.

3.2 Hiérarchisation de compétences

Dans la première phase de recherche, 121 élèves de grade 6 ont été évalués à l'aide d'un test composé d'exercices issus de manuels scolaires. Si ce choix a permis aux chercheurs de rester proche de la réalité de terrain (utilisation d'outils couramment employés par les enseignants), il n'a pas permis d'évaluer les quatre compétences investiguées selon les trois niveaux. En effet, les manuels scolaires utilisés ne proposent pas des situations problèmes relatives aux trois niveaux de compétence. Sur les douze combinaisons investiguées (quatre compétences x trois niveaux), seules six ont été incluses dans le questionnaire.

3.2.1 Analyse « manuelle » des données

Les scores de chaque élève à chaque combinaison (niveau x compétence) ont été dichotomisés en échec (0) ou réussite (1). Chaque combinaison a été considérée comme réussie lorsqu'au moins la moitié des items relatifs à cette combinaison ont été réussis par les élèves. Les combinaisons ont ensuite été triées dans une matrice, en fonction des fréquences de réussite. Ainsi la combinaison réussie par un plus grand nombre d'individus est placée en premier (à gauche dans le tableau de données), la seconde en deuxième (directement à droite) et ainsi de suite. Enfin, à l'intérieur de chaque combinaison, les scores sont triés de façon à présenter d'abord les réussites et ensuite les échecs tout en respectant, sans mélanger, les scores attribués aux élèves, comme le montre l'exemple de la figure 1.

Élèves	**Combinaisons**						***Total***
	C1	**C2**	**C3**	**C4**	**C5**	**C6**	
1	1	1	1	1	1	1	*6*
2	1	1	1	1	0	0	*4*
3	1	1	1	1	0	0	*4*
4	1	1	1	0	1	1	*5*
5	1	1	1	0	1	0	*4*
6	1	1	1	0	0	1	*4*
7	1	1	0	1	1	0	*4*
8	1	1	0	1	0	1	*4*
9	1	0	1	0	1	0	*3*
10	0	0	0	1	1	0	*2*
11	0	0	0	0	0	0	*0*
Total	*9*	*8*	*7*	*6*	*6*	*4*	

Figure 1. Illustration de la technique d'analyse par l'intermédiaire du scalogramme (données fictives).

L'analyse des données par l'intermédiaire du scalogramme met en évidence une hiérarchie valable pour plus de 94 % des élèves. De la combinaison la plus simple, c'est-à-dire la plus réussie par les élèves, à la plus complexe, cette hiérarchie prend la forme suivante : « organiser 1 », « lire 1 », « lire 2 », « organiser 2 », « représenter 2 » et « interpréter 3 ».

Afin de compléter l'analyse, les taux de réussite pour chacune des combinaisons ont été comparés. Les nombres de réussites et d'échecs à chaque combinaison ont été croisés deux à deux au sein de tableaux, dans le but de déterminer la fréquence des élèves n'ayant réussi que l'une des deux combinaisons. De la sorte, il est possible de déterminer, parmi les paires testées, laquelle est la plus « facile ».

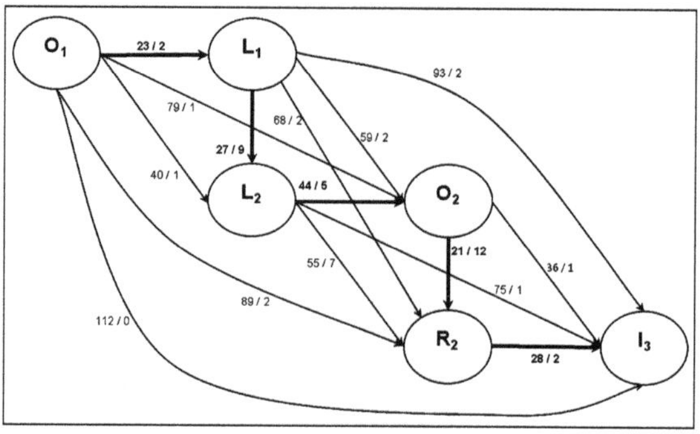

Figure 2. Hiérarchie des combinaisons (niveau/compétence) par tableaux croisés.

Dans la figure 2, la relation entre deux combinaisons est exprimée sous la forme « x / y », le « x » désignant le nombre de sujets ayant réussi la première combinaison (dans le sens de la flèche) mais ayant échoué la seconde et le « y » signifiant le nombre de sujets ayant réussi la seconde combinaison mais ayant raté la première. Cette hiérarchie permet d'identifier des précurseurs, c'est-à-dire des combinaisons moins complexes, dont la maîtrise semble favoriser l'acquisition de la maîtrise d'autres combinaisons.

3.2.2 Analyse des données par l'intermédiaire du logiciel CHIC

L'analyse statistique implicative est un outil d'analyse de données capable de mettre en évidence des relations de quasi-implication du type « si *a* alors presque *b* » (Gras, 1996). Dans le cadre de la recherche, la relation se traduit comme suit : si la combinaison *a* est maîtrisée, alors il y a de fortes chances que la combinaison *b* soit également maîtrisée.

Ce type d'analyse permet de rendre compte de l'intensité de la relation existant entre l'apparition de *a* et de *b* dans les situations où « l'implication est non stricte, c'est-à-dire lorsque l'ensemble *A* des individus qui vérifient *a* n'est pas inclus dans l'ensemble *B* des individus qui vérifient *b* » (Ottaviani & Zannoni, 2001, p. 62). La qualité confirmatoire d'une relation implicative *a* => *b* est déterminée « à partir de l'invraisemblance de l'apparition, dans les données, du nombre de cas qui l'infirment, c'est-à-dire pour lesquels *a* est vérifié sans que *b* ne le soit » (Gras & Régnier, 2009, p. 19). « Le nombre *k* de contre-exemples est considéré comme la réalisation d'une variable aléatoire d'un modèle de Poisson ou d'un modèle binomial, l'un et l'autre approximés par une loi de Gauss lorsqu'elle est légitimée par les paramètres. [...] L'implication est admissible au seuil α si la probabilité que cette variable aléatoire soit supérieure à k est elle-même supérieure à 1 - α » (Couturier *et al.*, 2010), c'est-à-dire à l'intensité d'implication. Lorsque *n*, *a* et *b* dépassent plusieurs dizaines d'unités, une intensité de 0,95 constitue une bonne valeur d'admissibilité.

L'analyse implicative permet de créer un graphe implicatif destiné à mettre en évidence, de manière synthétique, l'ensemble des relations de quasi-implication existant entre les couples de variables étudiés (Gras, 1996).

Dans un premier temps, l'analyse des résultats des élèves au test a été effectuée en ne faisant apparaître que les liens ayant une intensité d'implication suffisamment forte pour pouvoir en dégager des règles.

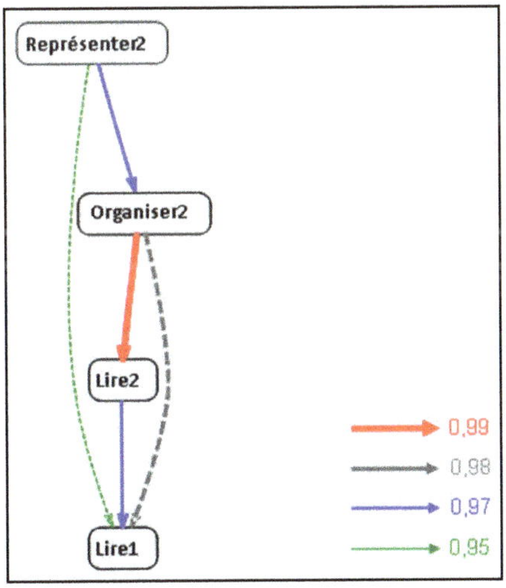

Figure 3. Graphe implicatif au seuil 0,95.

Le graphe implicatif présenté dans la figure 3 permet de visualiser les liens existant entre quatre des six combinaisons investiguées. La maîtrise de la combinaison « représenter 2 » implique la maîtrise de la combinaison « organiser 2 », qui implique elle-même la maîtrise de la combinaison « lire 2 ». À son tour, la combinaison « lire 2 » implique la maîtrise de la combinaison « lire 1 ». Notons encore que la maîtrise de la compétence « représenter » de niveau 2 ainsi que la maîtrise de la compétence « organiser » de niveau 2 impliquent toutes les deux la maîtrise de la compétence « lire » de niveau 1.

De cette structure implicative, il ressort que la maîtrise de la compétence « lire » au premier niveau de complexité est un précurseur des trois autres compétences investiguées. Aussi, il semble que le premier niveau de la compétence « lire » devra être maîtrisé par l'élève pour qu'il puisse accéder à la maîtrise des trois autres combinaisons. Le graphe indique également que la combinaison « lire 2 » est un précurseur de la combinaison « organiser 2 », qui elle-même est nécessaire à la maîtrise de la compétence « représenter » de niveau 2.

Le logiciel CHIC permet de baisser le seuil de recherche de liens et de mettre ainsi en évidence l'ensemble des liens de quasi-implication existant entre les différentes combinaisons investiguées, aussi faibles soient-il.

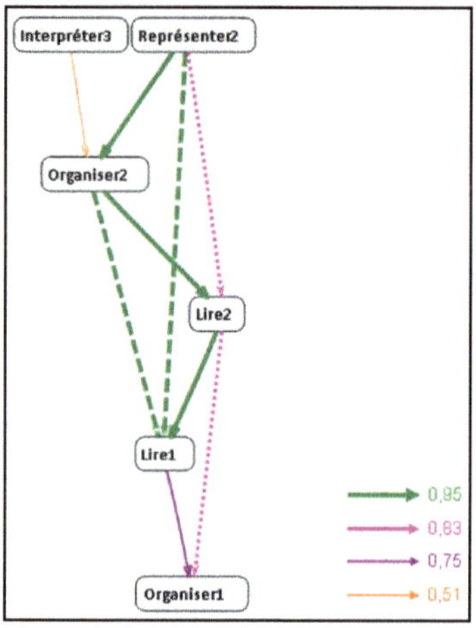

Figure 4. Graphe implicatif au seuil 0,51.

La figure 4 reprend l'ensemble des combinaisons testées. Les deux combinaisons n'apparaissant pas dans la figure 3 (« interpréter 3 » et « organiser 1 ») y sont donc représentées. Bien que l'intensité de l'implication soit faible (0,75), il semble que la maîtrise de la compétence « organiser 1 » est nécessaire à la maîtrise de la compétence « lire » au même niveau.

En amont du graphe implicatif, on observe que la réussite à la compétence « interpréter » de niveau 3 implique la réussite à la combinaison « organiser 2 ». Toutefois, ces résultats doivent être interprétés avec prudence en raison de la faible intensité de cette implication (0,51).

Enfin, ce graphe dévoile de nouveaux arcs associés aux fermetures transitives[4], c'est-à-dire des arcs reliant directement deux variables, l'une étant l'origine et l'autre l'aboutissement d'un chemin constitué d'au moins trois variables (en pointillé sur le graphe). Le premier arc part de la combinaison « représenter 2 » vers la combinaison « lire 2 » via la combinaison « organiser 2 ». Le second a pour origine la combinaison « lire 2 » et se dirige vers « organiser 1 » via « lire 1 ». Ces liens ont un indice d'implication de 0,83, ce qui est suffisant pour en dégager des règles car, si *a* => *b* et *b* => *c*, la fermeture transitive *a* => *c* est acceptée lorsque l'intensité d'implication de *a* sur *c* est plus élevée que la neutralité (≥ 0,5) (Gras, 1996).

À partir de ces différentes analyses, on peut construire un graphe implicatif « épuré » (*cf.* figure 5) où les seules fermetures transitives retenues sont celles ayant une intensité supérieure à l'un des liens qu'elles « court-circuitent ».

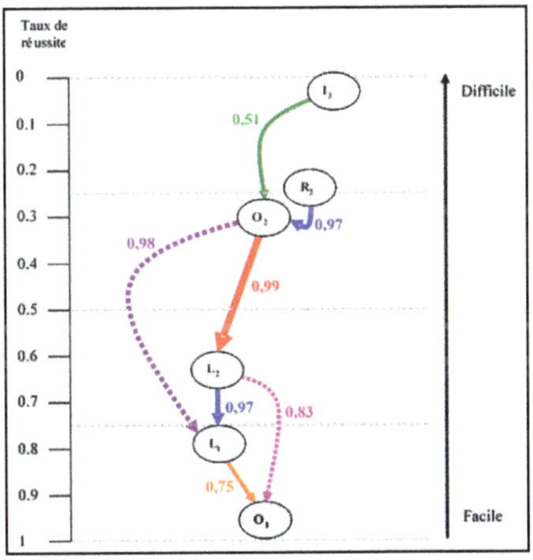

Figure 5. Graphe implicatif relatif au traitement de données.

4 Relation définie dans un ensemble E telle que, si les couples (*x*, *y*) et (*y*, *z*) appartiennent à la relation, alors le couple (*x*, *z*) appartient aussi à la relation.

Au moins deux usages de ce type de graphe peuvent être envisagés. Il peut tout d'abord servir de guide pour la structuration des apprentissages : il permet à l'enseignant de planifier les différentes activités visant le développement de la compétence de traitement de données (les activités visant le développement de la compétence « organiser » de niveau 2 ne seront mises en place que lorsque la compétence « lire » de niveau 2 sera elle-même maîtrisée). En outre, ce graphe peut être utilisé en tant que grille de diagnostic. Il est, par exemple, probable qu'une difficulté rencontrée par un élève lors de la mise en œuvre d'une tâche relative à la combinaison « représenter 2 » soit liée à un manque de maîtrise de la compétence « organiser » au deuxième niveau. La remédiation portera donc aussi sur cette combinaison.

3.2.3 Comparaison des deux méthodes

La grille de diagnostic créée à l'aide du logiciel est proche de celle créée grâce à la méthode « manuelle ». Seules deux différences sont observées :

- Dans la méthode « manuelle », l'échec à la combinaison « interpréter 3 » est expliqué par la non-maîtrise de la combinaison « représenter 2 ». Le modèle créé grâce aux statistiques implicatives ne fait pas apparaître ce lien. Dans ce second modèle, la combinaison « interpréter 3 » semble impliquer la maîtrise de la combinaison « organiser 2 ». Néanmoins, ce lien possède une intensité d'implication très faible.
- Si les deux techniques mettent en évidence le lien entre la combinaison « organiser 2 » et la combinaison « lire 2 », ainsi que le lien entre la combinaison « lire 2 » et les combinaisons « lire 1 » et « organiser 1 », le graphe implicatif signale également un lien très fort (0,98) entre la combinaison « organiser 2 » et la combinaison « lire 1 ».

L'analyse menée grâce au logiciel CHIC montre que la grille de diagnostic élaborée de manière manuelle est une bonne base sur laquelle les enseignants peuvent s'appuyer. Néanmoins, l'analyse statistique implicative permet de quantifier l'intensité des relations. Ainsi, l'importance de certains liens peut être confirmée ou, au contraire, nuancée. Cette technique permet également de faire apparaître des liens faibles ou des fermetures transitives n'étant pas apparus auparavant.

Dans le cadre de la hiérarchisation de compétences, cette approche probabiliste est plus appropriée que les analyses fondées sur des échelles de mesure telles que l'échelle de Guttman (Mucchielli, 1993 ; Loubet Del Baye, 2000) puisque la mesure de la relation implicative « ne relève pas uniquement de la comparaison des seules fréquences de réussite aux questions posées aux élèves, ni même de l'examen des coefficients de corrélation entre deux réussites » (Gras, 1996, p. 13), ces derniers ne pouvant pas « restituer l'information recherchée à travers la relation d'implication » (*ibid.*, p. 14).

3.3 Validation de critères permettant de définir le niveau de complexité d'une situation

Alors que la première phase d'expérimentation a permis de dégager un modèle hiérarchique simple de six combinaisons « compétence x niveau », le traitement des données récoltées par l'intermédiaire du test évaluant les douze combinaisons a abouti à l'élaboration d'un modèle complexe – présentant un nombre important de relations d'implication entre la maîtrise de chacun des trois niveaux des quatre compétences – difficilement exploitable. Aussi, un travail de précision des critères influençant la complexité des situations a été réalisé.

L'analyse des similarités effectuée sur les résultats obtenus dans le cadre d'une troisième expérimentation, effectuée auprès de 619 élèves de grades 5 et 6 par l'intermédiaire de quatre cahiers de tests semblables, a permis de valider les nouvelles définitions des niveaux de complexité et de proposer, ensuite, un graphe implicatif reprenant les douze combinaisons étudiées.

À travers la création d'arbres de similarité, le logiciel CHIC permet d'identifier les variables comportant les mêmes caractéristiques. Dans notre cas, il s'agit des items réussis de manière semblable par les élèves. Au premier niveau, l'arbre réunit les deux variables les plus similaires en une classe. Ensuite, au niveau 2, il réunit deux autres variables ou une variable et la classe du premier niveau. Au niveau 3, soit deux nouvelles variables sont réunies, soit une variable est associée à une classe, soit encore les deux premières classes sont réunies (Gras & Régnier, 2009).

Dans la situation suivante (*cf.* figure 6), empruntée à Couturier (2001), *b* et *d* sont les variables qui sont les plus semblables. Elles forment donc la première classe de l'arbre hiérarchique. La variable *a* est ensuite agrégée à cette première classe. Au troisième niveau, ce sont les variables *e* et *f* qui sont réunies car elles sont plus similaires que toute extension de (*a*, *b*, *d*). Au quatrième niveau, la variable *c* est groupée à la classe (*a*, (*b*, *d*)). Elle est donc meilleure que toute extension de la classe (*e*, *f*). Finalement, la classe (*a*, *b*, *d*, *c*) et la classe (*e*, *f*) sont regroupées en une classe. Les niveaux représentés par un trait gras ont « plus de signification classifiante que les autres niveaux » (Coututier, 2001, p. 35).

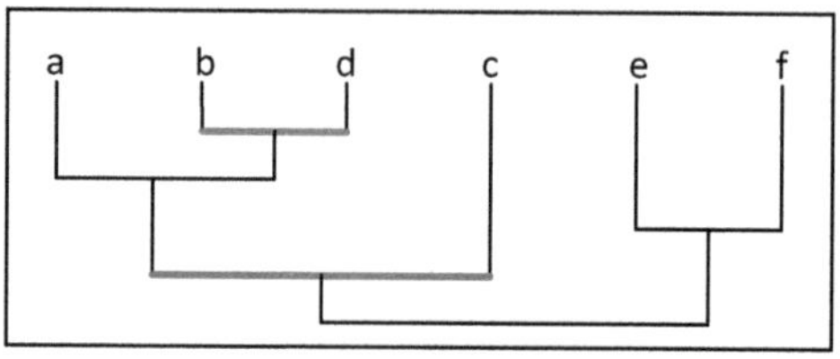

Figure 6. Exemple d'arbre des similarités (Couturier, 2001, p. 35).

3.3.1 Analyses

Pour chacun des quatre cahiers de tests et pour chaque compétence, un arbre des similarités a été construit. La figure 7 présente l'arbre de similarités relatif aux items destinés à évaluer la compétence « lire » pour l'un des quatre cahiers. Le graphe se divise en trois parties. La première, à gauche, est séparée des deux suivantes et reprend l'ensemble des items jugés comme étant du premier niveau de complexité ainsi qu'un item jugé comme étant du deuxième niveau de complexité. La deuxième partie du graphe comprend trois des quatre items ayant été définis comme étant du deuxième niveau de complexité. Enfin, la troisième partie du graphe présente l'ensemble des items du troisième niveau de complexité. Bien que les deux dernières parties du graphe se rejoignent en une seule classe, celle-ci est créée à un niveau inférieur, on peut donc les considérer comme étant distinctes.

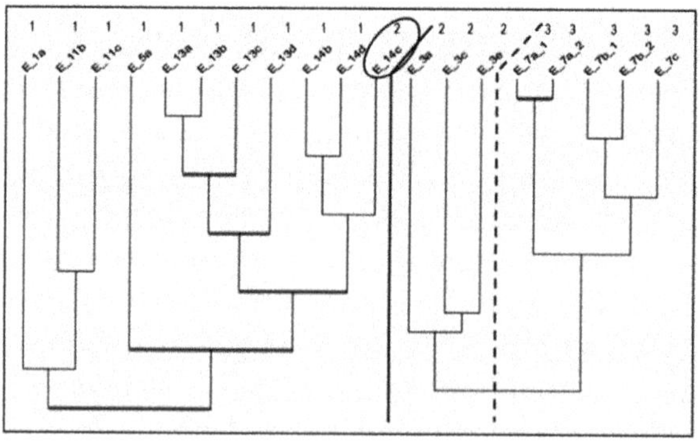

Figure 7. Arbre de similarités relatif à la compétence « lire » d'un des quatre cahiers de test.

De l'analyse de cet arbre de similarités, il apparaît que parmi les items relatifs à la compétence « lire » un seul a été mal jugé : l'item 14.c, identifié préalablement comme étant relatif à la combinaison « lire 2 », est associé à des items de niveau 1. Une analyse fine de l'exercice a ensuite permis d'expliquer ce glissement d'une classe à l'autre et ainsi de préciser les critères influençant la complexité d'une situation faisant appel aux combinaisons « lire 1 » et « lire 2 ».

Une fois la vérification du niveau de complexité de chaque item effectuée, une deuxième phase d'analyse a consisté à créer les graphes implicatifs relatifs à chacun des cahiers de test. Ceux-ci ont ensuite été synthétisés au sein d'un seul et même graphe destiné, d'une part, à aider les enseignants à planifier leurs séquences d'apprentissage et, d'autre part, à déterminer, lorsqu'un élève rencontre une difficulté, quelles sont les compétences sur lesquelles il pourrait être nécessaire d'intervenir.

4. Conclusion

L'entrée dans le curriculum par les compétences – en vigueur depuis 1997 en Belgique francophone – plutôt que par les objectifs pédagogiques impose la création de nouveaux outils d'évaluation capables à la fois de rendre compte de la complexité d'une compétence et de pointer précisément les difficultés rencontrées par les élèves.

Dans cette optique, l'utilisation de l'analyse statistique implicative – prise en charge par le logiciel CHIC – ouvre de nouvelles pistes puisqu'elle permet de dégager la structure hiérarchique empirique de compétences issues des référentiels légaux. En l'appliquant au domaine du traitement de données en mathématiques, les chercheurs de l'Institut d'administration scolaire ont pu identifier les liens existant entre trois niveaux de complexité de quatre compétences et aboutir, ensuite, à l'élaboration d'une grille de diagnostic.

La comparaison de l'utilisation du logiciel avec une méthode davantage « classique » reposant, d'une part, sur l'échelle de mesure de Guttman et, d'autre part, sur les probabilités conditionnelles met en évidence que les analyses implicatives permettent d'approcher les liens existant entre la maîtrise de différentes compétences de manière plus précise et plus fiable.

En plus de la mise en évidence les liens entre différentes variables étudiées, le logiciel CHIC permet d'effectuer des analyses de similarité. Utilisée lors de l'étude des résultats d'un test, l'analyse des similarités révèle dans quelle mesure différents items sont ou non semblables et permet ainsi de vérifier que les différents exercices d'un test correspondent bien au niveau de complexité identifié *a priori*.

Références

Carette, V. (2007). Les implications de la notion de compétence sur l'évaluation. *Éducation-Formation, 286,* 51–61.

Couturier, R. (2001). Traitement de l'analyse statistique implicative dans CHIC. *Actes des Journées « Fouille des données par l'analyse statistique implicative »* (pp. 33–50).

Couturier, R., Bodin, A. & Gras, R. (2010). *CHIC v5.0 Classification hiérarchique implicative et cohésitive : notice d'utilisation.* École polytechnique : Nantes.

Crahay, M. & Detheux, M. (2005). L'évaluation des compétences, une entreprise possible ? *Mesure et évaluation en éducation, 28*(1), 57–58.

Dehon, A., Demeuse, M., Demierbe, C., Derobertmasure, A. & Malaise, S. (2008). *Mieux diagnostiquer pour mieux enseigner : développement d'outils de diagnostic de la maîtrise par les élèves de compétences ciblées à l'issue de l'enseignement primaire.* Rapport final 1re année. Mons : Université Mons, Institut d'administration scolaire, service de Méthodologie et Formation, non publié.

De Ketele, J.-M. & Gérard, F.-M. (2005). La validation des épreuves d'évaluation selon l'approche par compétence. *Mesure et évaluation en éducation, 28*(3), 1–26.

Demeuse, M. (2010). Mieux diagnostiquer pour mieux enseigner. *Évaluation du travail des élèves : Actes du colloque organisé par l'Iréa* (pp. 81–95).

Dierendonck, C. & Fagnant, A. (2010). Quelques réflexions autour des épreuves d'évaluation développées dans le cadre de l'approche par compétence. *Le Bulletin de l'ADMEE-Europe, 2010*(1), 5–20.

Gérard, F.-M. (2007). La complexité d'une évaluation des compétences à travers des situations complexes : nécessités théoriques et exigences du terrain, Actes du Colloque international « Logique de compétences et développement curriculaire : débats, perspectives et alternative pour les systèmes éducatifs », Montréal : ORE, 26 et 27 avril 2007.

Gierl, M. J., Leighton, J. P. & Hunka, S. M. (2007). Using the attribute hierarchy method to make diagnostic inferences about examinees'cognitive skills. Dans J. P. Leighton & M. J. Gierl (dir.), *Cognitive diagnostic assessment for education* (pp. 119–145). Cambridge : Cambridge University Press.

Gras, R. (1996). *L'implication statistique : nouvelle méthode exploratoire de données.* France : La Pensée sauvage éditions.

Gras, R. & Régnier, J.-C. (2009). Fondements de l'analyse statistique implicative – ASI. Dans R. Gras (dir.), *Analyse statistique implicative – Une méthode d'analyse de données pour la recherche de causalité* (pp. 17–41). Toulouse : Cépaduès.

Grégoire, J. (1999). Que peut apporter la psychologie cognitive à l'évaluation formative et à l'évaluation diagnostique ? Dans C. Depover & B. Noël (dir.), *L'évaluation des compétences et des processus cognitifs : modèles, pratiques et contextes.* Bruxelles : De Boeck Université.

Grégoire, J. (2008). Quelle démarche d'évaluation diagnostique des troubles d'apprentissage en mathématique. Dans J. Grégoire (dir.), *Évaluer les apprentissages : les apports de la psychologie cognitive* (pp. 19–37). Bruxelles : De Boeck Université.

Laurier, M., Tousignant, R. & Morissette, D. (2005). *Les principes de la mesure et de l'évaluation des apprentissages.* Montréal : Gaëtan Morin.

Lempereur, A., Demeuse, M. & Straeten, M.-H. (2000). *Évaluer des compétences à l'école.* Liège : Service de pédagogie expérimentale de l'Université.

Letor, C. (2004). *L'évaluation des compétences – Depuis la diversité des définitions et des procédures d'évaluation à leur standardisation : quelques pistes de réflexion sur la mise en place d'une évaluation centralisée et ses implications.* 3e Congrès des chercheurs en éducation, Bruxelles, 16 et 17 mars 2004.

Loubet Del Baye, J.-L. (2000). *Initiation aux méthodes des sciences sociales.* Paris : L'Harmattan.

Malaise, S., Dehon, A. & Franquet, A. (2009). *Mieux diagnostiquer pour mieux enseigner : développement d'outils de diagnostic de la maîtrise par les élèves de compétences ciblées à l'issue de l'enseignement primaire.* Rapport final 2e année. Mons : Université Mons, Institut d'administration scolaire, service de Méthodologie et Formation, non publié.

Malaise, S. (2010). *Mieux diagnostiquer pour mieux enseigner : développement d'outils de diagnostic de la maîtrise par les élèves de compétences ciblées à l'issue de l'enseignement primaire.* Rapport final 3e année. Mons : Université Mons, Institut d'administration scolaire, service de Méthodologie et Formation, non publié.

Marcel, J.-F. (2005). Pratiques de prise en charge des difficultés des élèves dans la classe et dans le cycle. Dans L. Talbot (dir.), *Pratiques d'enseignement et difficultés d'apprentissage* (pp. 19–33). Ramonville Saint-Agne : Érès.

Mucchielli, R. (1993). *Le questionnaire dans l'enquête psycho-sociale : partie connaissance du problème.* Paris : ESF éditeur.

Ottaviani, M.-G. & Zannoni, S. (2001). Implication statistique et recherche en didactique : utilisation d'un outil non symétrique d'analyse de données pour l'interprétation des résultats d'un test d'évaluation. *Mathématiques et Sciences humaines, 154–155,* 61–79.

Perrenoud, P. (1997). *Construire des compétences dès l'école.* Paris : ESF.

Retschitzki, J. (2008). Apport et limites de la psychologie cognitive à l'analyse des procédures de calcul et de résolution de problème par les élèves. Dans J. Grégoire (dir.), *Évaluer les apprentissages : les apports de la psychologie cognitive* (pp. 63–80). Bruxelles : De Boeck Université.

Rey, B., Carette, V., Defrance, A. & Kahn, S. (2006). *Les compétences à l'école : apprentissage et évaluation.* Bruxelles : De Boeck.

Scallon, G. (2007). *L'évaluation des apprentissages dans une approche par compétences.* Bruxelles : De Boeck & Larcier.

Sébastien Béland
David Magis
Gilles Raîche

Analyse du fonctionnement différentiel des items des versions papier et informatisée d'un test de classement en anglais, langue seconde, en présence de patrons de réponses inappropriés

1. Introduction

Traditionnellement et pour des raisons en lien avec le développement des technologies de passation des épreuves, c'est le format papier-crayon qui a été utilisé pour récolter des données en vue d'évaluer les apprentissages en éducation. Ce format de passation simple, et peu dispendieux, a ainsi été favorisé au sein des établissements de tous les cycles d'étude. Plus récemment, les administrateurs de ces épreuves ont aussi commencé à produire des versions qui peuvent être passées à l'aide des outils informatiques grand public comme les ordinateurs de table, les ordinateurs portables ou les tablettes numériques. Meunier, Raîche, Leduc et Talbot (2010) ont d'ailleurs utilisé des iPods pour obtenir des données portant sur la perception du rôle de l'évaluation des apprentissages en salle de classe.

Les avantages du format de passation informatisé sont multiples et un argument en sa faveur a trait à la compilation automatique des résultats permettant la disponibilité immédiate du score du candidat à la fin de l'épreuve. De plus, il est aussi possible de présenter les items dans un ordre différent et adapté aux capacités de chaque candidat (Magis & Raîche, 2012 ; van der Linden & Glas, 2009 ; Weiss, 1983 et 1985), une approche qui permet l'administration d'items dont le niveau de difficulté correspond au niveau d'habileté du candidat. Finalement, plusieurs informations supplémentaires pertinentes peuvent être recueillies à l'aide d'un ordinateur, telle, par exemple, la compilation du temps de réponse des candidats (à cet effet, voir van der Linden, 2007).

La possibilité d'utiliser les technologies de l'information et de la communication (TIC) au sein des établissements d'enseignement pour la passation d'épreuves destinées à l'évaluation des apprentissages amène cependant les responsables de l'évaluation à se demander d'une part si le format papier-crayon doit progressivement être mis de côté et, d'autre part, si le niveau de difficulté des items des épreuves est équivalent pour les deux formats ? Dans ce contexte, il est important de s'assurer de l'équivalence des résultats obtenus pour les épreuves administrées sous forme papier-crayon et informatisée pour se prononcer sur cette question. L'objectif général de ce chapitre est ainsi de comparer les valeurs estimées des paramètres d'item d'un test de classement en anglais, langue seconde, selon que le format de passation est papier-crayon ou informatisé.

2. Équivalence des modes de passation papier-crayon et par ordinateur

La comparaison d'épreuves papier-crayon et informatisée pour l'évaluation des apprentissages a fait l'objet de nombreuses études ces trente dernières années et elles se regroupent en deux grandes catégories : celles qui ne confirment pas de différences entre ces deux modes de passation et celles qui démontrent qu'il existe une différence.

Plusieurs études ont ainsi démontré que la version papier-crayon et la version informatisée sont équivalentes lorsque l'outil d'évaluation est constitué d'items à choix de réponses multiples (Burton, Reichert & Martin, 2009 ; Houssemand, Meyers & Martin, 2009 ; Kim & Huynh, 2007 ; Paek, 2005 ; Wang, Jiao, Young, Brooks & Olson, 2007 et 2008). Les auteurs de ces études proposent donc de procéder au choix d'un mode de passation en favorisant plutôt certains avantages liés au coût, à la possibilité d'obtenir le résultat final du candidat à la fin de la passation ou à un besoin d'informations spécifiques tributaire du contexte de passation ou encore à la clientèle visée.

D'autres études ont démontré qu'il existe, au contraire, des différences entre ces deux modes de passation. Ainsi, Leeson (2006) a illustré que ces différences seraient liées aux caractéristiques du candidat (comme son genre ou son âge) et aux caractéristiques de l'outil informatique utilisé (la taille de l'écran ou l'interface sélectionnée pour l'épreuve). Par exemple, les jeunes, qui sont généralement plus habitués à l'utilisation d'outils informatiques, seraient plus susceptibles de réussir les épreuves informatisées que les personnes plus âgées. De leur côté, Pomplun, Ritchie et Custer (2006) abondent dans le même sens en déclarant qu'il existe effectivement une différence entre ces deux modes de passation et qu'elle est surtout liée aux caractéristiques des répondants plutôt qu'à celles des épreuves. Par contre, Bennett, Braswell, Oranje, Sandene, Kaplan et Yan (2008) et Clariana et Wallace (2002) ont montré qu'il n'y a pas de différences lorsque les résultats sont contrôlés statistiquement en fonction de l'origine ethnique et du genre des candidats.

Un autre thème d'intérêt des chercheurs a été l'équivalence de ces modes de passation selon le temps mis pour passer l'épreuve. Dans une méta-analyse, Mead et Drasgow (1993) ont soulevé que les épreuves assistées par ordinateurs sont généralement terminées plus rapidement que leur équivalent papier-crayon.

Enfin, certaines différences peuvent être observées selon le domaine visé par l'épreuve. Un exemple de ce constat est l'étude de Russell (1999) où les candidats ont eu de meilleurs résultats lors de la passation par ordinateur pour le domaine des sciences. Par contre, aucune différence n'a été observée quant au mode de passation pour les mathématiques et la langue.

3. Objectif spécifique de cette étude

L'objectif spécifique de cette recherche est de vérifier l'équivalence des paramètres d'item entre la version papier-crayon et la version informatisée d'un test de classement en anglais, langue seconde (TCALS-II). Pour ce faire, nous procéderons en utilisant les paramètres d'item estimés selon l'un des modèles issus de la théorie de la réponse aux items : le modèle à trois paramètres.

4. Méthodologie

4.1 Le test de classement

Le test de classement en anglais, langue seconde, est une épreuve obligatoire dans tous les Cegep (collèges d'enseignement général et professionnels) francophones du Québec. L'épreuve comporte 85 items à choix multiples portant sur la compréhension orale l'écrit et la compréhension de courts textes. Raîche (2002) a déjà démontré qu'il est possible de postuler l'unidimensionnalité du test et que la fidélité des scores au test telle qu'estimée avec le coefficient alpha de Cronbach est de 0,96. Notons, de plus, que cette épreuve présente surtout des items relativement faciles et, donc, peu d'items difficiles.

Dans le cadre de cette étude seront analysées les réponses des 1709 étudiants qui ont répondu aux items de ce test en format papier-crayon en 2009 et celles des 13 278 étudiants qui ont répondu en mode informatisé en 2011. Il est à noter que les mêmes 85 items se retrouvent dans les deux versions du test.

4.2 Informations préliminaires sur les données

Deux éléments doivent être précisés au sujet du traitement des données. Premièrement, les réponses aux deux versions du test ont été recodées en bonnes et mauvaises réponses. Deuxièmement, il y a eu 0,4 % de non-réponses pour la version papier-crayon et 6 % de non-réponses pour la version informatisée. À l'instar d'autres auteurs, tels que Béland, Magis et Raîche (2011) et Raîche (2002), les non-réponses ont été considérées comme des mauvaises réponses. Cette stratégie est acceptable car le nombre de données manquantes est relativement peu élevé.

4.3 L'analyse des données

Les analyses comportent quatre grandes étapes. Avant de réaliser ces analyses, la consistance interne des données est illustrée en présentant les valeurs du coefficient alpha (Cronbach, 1951). Ces dernières sont calculées à l'aide de la librairie `CTT` (Willse & Shu, 2008), disponible via le logiciel `R`.

La figure 1 synthétise la démarche présentée dans le cadre de cette étude. Chacune de ces étapes sera ensuite décrite en détail.

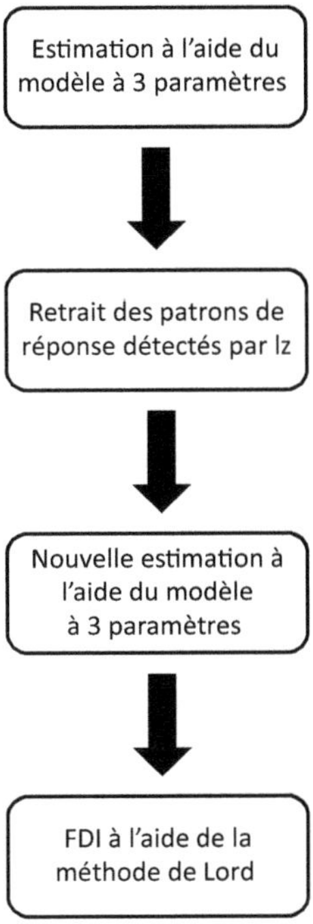

Figure 1. Schématisation des quatre étapes de cette étude.

4.4 Étape 1 : estimation des paramètres à l'aide du modèle à trois paramètres

Le modèle logistique à trois paramètres est utilisé pour estimer les paramètres d'item (Birnbaum, 1968). Dans cette modélisation, la probabilité $P_i(\theta)$ qu'un candidat de niveau d'habileté θ obtienne une bonne réponse à l'item i peut être représentée comme suit :

$$P_i(\theta) = C_i + \frac{1 - c_i}{1 + e^{-a_i(\theta - b_i)}} \tag{1}$$

où θ est un paramètre de personne correspondant au niveau d'habileté de celle-ci, *ai* est un paramètre de discrimination de l'item, *bi* est un paramètre de difficulté de l'item, tandis que *ci* est un paramètre de pseudo-chance de l'item. D'autres modélisations ont été proposées où le paramètre de pseudo-chance est fixé à zéro (modélisation à deux paramètres) et où le paramètre de discrimination est de plus fixé à l'unité (modélisation à un paramètre). Le lecteur intéressé à avoir plus de détails sur la modélisation logistique à trois paramètres pourra consulter Bertrand et Blais (2004) ou encore Lord (1980).

Les paramètres d'item sont estimés par maximum de vraisemblance marginal et les paramètres d'habileté sont estimés par maximum de vraisemblance. De plus, la proportion d'items qui présentent une bonne adéquation au modèle à trois paramètres sera présentée selon la méthode du chi-carré.

Pour procéder à ces calculs, c'est la librairie `ltm` (Rizopoulos, 2006), disponible via le logiciel R, qui est mise à profit. Il est à souligner que Béland, Magis et Raîche (2013) ont démontré que cette librairie permet d'obtenir des estimations similaires à `BILOG-MG`, un logiciel commercial très utilisé dans l'industrie des tests psychométriques.

4.5 Étape 2 : retrait des patrons de réponses inappropriés à l'aide de l_z

L'indice l_z (Drasgow, Levine & Williams, 1985) est appliqué pour détecter les patrons de réponses inappropriés. Mathématiquement, cet indice est une mise en score *z* des résultats obtenus par l'approche de Levine et Rubin (1979) :

$$l_z = \frac{l_0 - E(l_0)}{V(l_0)^{1/2}} \tag{2}$$

où $E(l_0)$ et $V(l_0)$sont respectivement la moyenne et la variance de l_0 :

$$E(l_0) = \sum_{i=1}^{I} \{P_i(\theta) \log P_i(\theta) + Q_i(\theta) \log Q_i(\theta)\} \tag{3}$$

et

$$V(l_0) = \sum_{i=1}^{I} P_i(\theta)\, Q_i(\theta) \left(\log \frac{P_i(\theta)}{Q_i(\theta)} \right)^2 \quad , \tag{4}$$

avec I correspondant à la longueur du test et $Q_i(\theta) = 1 - P_i(\theta)$.

L'interprétation de l_z est relativement aisée puisque cet indice devrait se distribuer en suivant les quantiles d'une loi de probabilité normale. Par exemple, à un seuil de signification α fixé à 0,01, une valeur de l_z inférieure au point de coupure –2,33 permettra de considérer que le patron de réponses d'un candidat aux items d'une épreuve est inapproprié. À l'opposé, les valeurs supérieures à –2,33 indiquent que le patron de réponses est approprié.

L'indice l_z sera calculé à l'aide de la fonction `api` de la librairie `irtoys` sous `R` (Partchev, 2011). Pour ce faire, nous utiliserons un seuil de signification α fixé à 0,05. Le pourcentage de patrons de réponses retirés sera analysé avant de procéder à l'étape suivante.

Rappelons que Raîche (2002) a déjà démontré que certains candidats souhaitent se sous-classer intentionnellement à cette épreuve. Évidemment, il peut exister d'autres sources de comportements de réponses inappropriés tels que la réponse au hasard, la tricherie ou le fait que le candidat soit tout simplement inattentif (Johnson, 1998 ; Ro, 2001).

4.6 Étape 3 : nouvelle estimation des paramètres à l'aide du modèle à trois paramètres

Une fois les patrons de réponses inappropriés détectés et enlevés de la matrice de données à analyser, une nouvelle estimation des paramètres est réalisée à l'aide du modèle à trois paramètres (équation 1). Cette étape permet aussi de vérifier si les réponses inappropriées affectent les paramètres estimés à la première étape. Pour effectuer cette vérification, les coefficients de corrélation de Pearson entre les différentes versions du test sont utilisés.

4.7 Étape 4 : détection du fonctionnement différentiel d'item (FDI) à l'aide de la méthode de Lord

Il existe un *fonctionnement différentiel d'item* (FDI) lorsque des étudiants de même niveau d'habileté et provenant de deux (ou plusieurs) groupes n'ont pas la même probabilité de répondre correctement à cet item. Concrètement, cela se traduit par des différences inter-groupes des valeurs des paramètres d'items (ici, *ai*, *bi* et *ci*) qui ne sont pas imputables à des différences de niveaux d'habileté entre les candidats. Magis, Béland, Tuerlinckx et De Boeck (2010) ont décrit plusieurs méthodes pour procéder à la détection d'items qui affichent un fonctionnement différentiel dans le contexte de données dichotomiques. Dans le cadre de cette étude, c'est uniquement la méthode de Lord (1980) qui est retenue, car elle permet l'étude du FDI en utilisant directement les paramètres d'item estimés.

Cette approche, dite paramétrique, permet de déterminer si des vecteurs de paramètres d'item de deux groupes proviennent de la même population. La statistique de Lord se présente sous la forme suivante :

$$X^2 = VS^{-1}V \quad (5)$$

où V est un vecteur de différences entre les paramètres d'item = $\alpha_{iR} - \alpha_{iF}$, $b_{iR} - b_{iF}$, $c_{iR} - c_{iF}$, b_{iR} et b_{iF}, respectivement les paramètres de discrimination, de difficulté et de preudo-chance pour le groupe de référence R (le test papier-crayon) et le groupe focal F (le test informatisé), et S est la matrice de variance-covariance entre ces paramètres d'item.

La statistique de Lord est asymptotiquement distribuée selon une loi de probabilité du chi-carré à un seul degré de liberté. Cela revient à poser le test d'hypothèse avec H_0 : il existe une égalité entre les valeurs des paramètres, et H_1 : il existe une différence entre les valeurs des paramètres. Il est à noter que c'est la librairie `difR` (Magis, Béland & Raîche, 2012) qui est utilisée pour procéder aux calculs de cette statistique. Enfin, une approche graphique permet d'identifier les items détectés et le seuil de signification statistique est fixé à 0,05.

5. Résultats

Les valeurs du coefficient α de Cronbach pour la version papier-crayon et la version informatisée du TCALS-II sont respectivement de 0,96 et de 0,95, ce qui confirme la bonne consistance interne pour les deux modes de passation du test.

5.1 Étape 1 : estimation des paramètres à l'aide du modèle à trois paramètres

Le tableau 1 ci-dessous présente la proportion d'items qui obtiennent une bonne adéquation au modèle à trois paramètres selon la méthode du chi-carré. On observe que l'adéquation au modèle est acceptable pour le test papier-crayon (2009) puisque nous obtenons une proportion de 0,72 au seuil $\alpha = 0,05$ et de 0,85 au seuil $\alpha = 0,01$.

Tableau 1. Proportion d'items qui présente une bonne adéquation au modèle à trois paramètres (M3P) selon la méthode du chi-carré (avant l'utilisation de l_z).

	$\alpha = 0,05$		$\alpha = 0,01$	
	2009	2011	2009	2011
M3P	0,72	0,00	0,85	0,01

Par contre, l'adéquation des données pour le test informatisé (2011) est très mauvaise : la quasi-totalité des items présente une mauvaise adéquation au modèle logistique à trois paramètres. Ce constat remet d'ailleurs en question l'utilisation de ce modèle pour représenter ces données avec la version informatisée et laisse croire que nous retrouverons un fonctionnement différentiel des items à la quatrième étape[1].

Le tableau 2 ci-dessous présente des statistiques descriptives pour les différents paramètres d'item estimés. On peut observer que les niveaux de discrimination estimés sont légèrement plus élevés pour 2009. Cependant, l'écart-type est plus grand pour l'épreuve informatisée (2011).

Tableau 2. Statistiques descriptives des paramètres estimés avant l'utilisation de l_z.

Para mètre	*Mode*	*Mini mum*	*1er quartile*	*Médiane*	*Moyenne*	*3e quartile*	*Maxi mum*	*Écart-type*
a_i	P-C (2009)	0,32	1,26	1,75	1,74	2,06	3,78	0,70
a_i	Inf (2011)	–0,60	1,12	1,45	1,50	1,98	3,75	0,82
b_i	P-C (2009)	–3,39	–1,64	–1,14	–1,09	–0,46	1,12	0,94
b_i	Inf (2011)	–6,54	–1,23	–0,69	–0,50	0,13	15,54	2,24
c_i	P-C (2009)	0,00	0,00	0,14	0,15	0,24	0,48	0,14
c_i	Inf (2011)	0,00	0,00	0,00	0,06	0,15	0,39	0,10

P-C : papier et crayon
Inf : informatique

1 Il est à noter que des analyses exploratoires ont aussi été conduites à l'aide du modèle de Rasch et du modèle à deux paramètres. C'est le modèle à trois paramètres qui s'ajustait le mieux aux données du test papier-crayon (2009). Par contre, l'adéquation des données s'est révélée être sensiblement la même pour le test informatisé (2011).

De leur côté, les niveaux de difficulté estimés au test informatisé (2011) sont plus élevés que ceux obtenus au test papier-crayon (2009). Il y a aussi une différence notable entre les deux écarts-types : la version informatisée affiche des valeurs plus importantes au regard des paramètres de difficulté. Enfin, la valeur moyenne et l'écart-type du paramètre de pseudo-chance sont légèrement plus élevées pour le test papier-crayon.

La figure 2 ci-dessous démontre que les paramètres de discrimination et de difficulté estimés sont surtout différents pour les items 79 à 85 (une section qui porte sur la lecture) et qui sont à la toute fin du TCALS-II. Nous remarquons aussi que ces items sont plus difficiles dans la version papier-crayon. Enfin, cette figure démontre que les paramètres de pseudo-chance estimés sont très différents d'un test à l'autre.

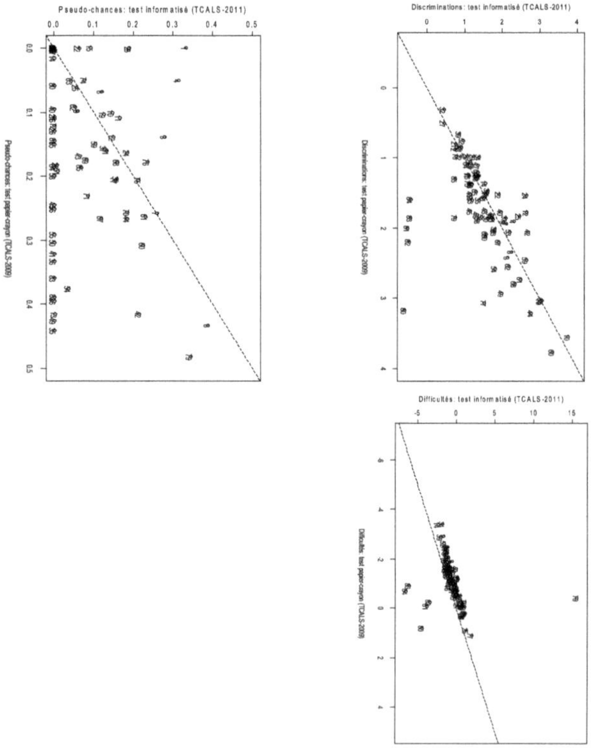

Figure 2. Comparaison des paramètres estimés pour la version papier-crayon et la version informatisée (avant l'utilisation de l_z).

5.2 Étape 2 : détection des patrons de réponses inappropriés à l'aide de l_z

L'utilisation de l'indice l_z a permis de détecter 1,93 % de patrons de réponses inappropriés pour le test papier-crayon et 6,24 % pour le test informatisé. Ces patrons de réponses ont été retirés afin de procéder à une nouvelle estimation à l'aide du modèle à trois paramètres.

5.3 Étape 3 : nouvelle estimation des paramètres b_i

Cette deuxième estimation des paramètres présente de grandes similitudes avec celle effectuée à la première étape (soit, avant l'utilisation de l'indice l_z). Encore une fois, nous remarquons que l'adéquation au modèle à trois paramètres est meilleure pour le test papier-crayon.

Tableau 3. Proportion d'items qui présente une bonne adéquation au modèle à trois paramètres (M3P) selon la méthode du chi-carré (après l'utilisation de l_z).

	$\alpha = 0{,}05$		$\alpha = 0{,}01$	
	2009	2011	2009	2011
M3P	0,69	0,00	0,81	0,03

Le tableau 4 ci-dessous rapporte les mêmes tendances que celles présentées au tableau 2. Par exemple, les paramètres de discrimination et de pseudo-chance sont systématiquement plus élevés pour le test papier-crayon. À l'opposé, on remarque que les niveaux de difficulté estimés étaient plus élevés en 2011.

Tableau 4. Statistiques descriptives des paramètres estimés après l'utilisation de l_z.

Para mètre	*Mode*	*Mini mum*	*1er quartile*	*Médiane*	*Moyenne*	*3e quartile*	*Maxi mum*	*Écart-type*
ai	P-C (2009)	0,32	1,27	1,67	1,77	2,08	3,83	0,72
ai	Inf (2011)	–0,57	1,15	1,50	1,54	2,04	3,85	0,84
bi	P-C (2009)	–3,49	–1,65	–1,13	–1,11	–0,50	1,09	0,96
bi	Inf (2011)	–6,85	–1,26	–0,70	–0,62	0,12	8,31	1,73
ci	P-C (2009)	0,00	0,03	0,13	0,15	0,25	0,50	0,14
ci	Inf (2011)	0,00	0,00	0,01	0,07	0,13	0,39	0,10

Comme on peut le constater à la lecture de la figure 3 ci-dessous, ce sont encore les items 79 à 84 qui attirent l'attention ; les discriminations et les difficultés estimées pour ces items se détachent du lot. De leur côté, les paramètres de pseudo-chance estimés démontrent qu'il existe peu de liens entre les tests de 2009 et de 2011.

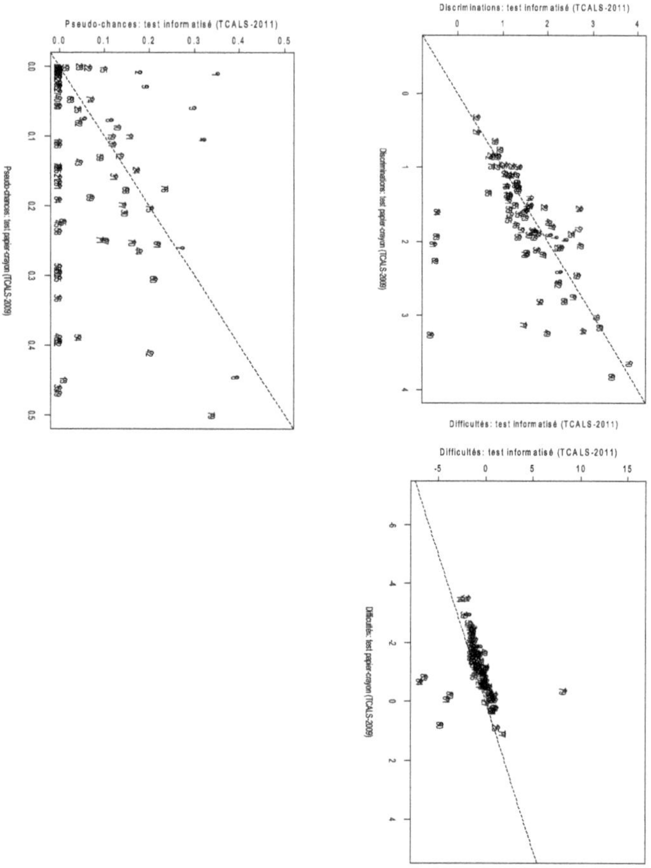

Figure 3. Nouvelle comparaison des paramètres estimés selon le modèle à trois paramètres (après l'utilisation de l_z), pour la version papier-crayon et la version informatisée.

Ensuite, le tableau 5 présente les coefficients de corrélation existant entre les paramètres estimés pour les versions papier-crayon et informatisée, avant et après le retrait des patrons de réponses inappropriés à l'aide de l'indice l_z.

Tableau 5. Coefficients de corrélations des paramètres de difficultés estimés pour les versions papier-crayon (2009) et informatisée (2011), avant et après l'utilisation de l_z.

		2009 avant l_z	2011 avant l_z	2009 après l_z	2011 après l_z
a_i	2009 avant l_z	1,00			
a_i	2011 avant l_z	0,54	1,00		
a_i	2009 après l_z	1,00	0,53	1,00	
a_i	2011 après l_z	0,56	0,99	0,55	1,00
b_i	2009 avant l_z	1,00			
b_i	2011 avant l_z	0,30	1,00		
b_i	2009 après l_z	1,00	0,30	1,00	
b_i	2011 après l_z	0,35	0,95	0,35	1,00
c_i	2009 avant l_z	1,00			
c_i	2011 avant l_z	0,24	1,00		
c_i	2009 après l_z	0,99	0,22	1,00	
c_i	2011 après l_z	0,23	0,99	0,21	1,00

Un premier commentaire doit être fait sur l'impact de certaines données aberrantes. En effet, on peut remarquer des corrélations étrangement faibles entre les paramètres de difficulté pour 2009 et 2011 avant le retrait des patrons de réponses inappropriés ($r = 30$) et après le retrait des patrons de réponses inappropriés ($r = 0{,}35$). En enlevant la dernière section du test (soit, les items 79 à 85), les valeurs de ces corrélations entre les mêmes paramètres augmentent à $r = 0{,}93$ avant le retrait des patrons de réponses inappropriés et à $r = 0{,}93$ après.

L'étude des coefficients de corrélation permet donc de dégager deux constats généraux. Premièrement, le retrait des patrons de réponses inappropriés n'a pas apporté une différence importante entre les valeurs des paramètres estimés pour la version papier-crayon (2009) et pour la version informatisée (2011). Pour une même année, nous obtenons un r se bornant entre 0,95 et 1,00 lorsque nous analysons les différents paramètres des versions informatisées avant et après le retrait des patrons de réponses inappropriées à l'aide de l_z. Deuxièmement, les corrélations sont beaucoup moins élevées lorsqu'on compare les versions informatisées et papier-crayon entre elles. Par exemple, la corrélation de Pearson est de 0,35 entre les difficultés estimées de la version papier-crayon et de la version informatisée après l'utilisation de l_z.

5.4 *Étape 4 : détection du fonctionnement différentiel d'item à l'aide de la méthode de Lord*

Les items au-dessus de la droite sur la figure 4 ci-dessous sont ceux qui ont été détectés comme fonctionnant différemment selon la méthode de Lord.

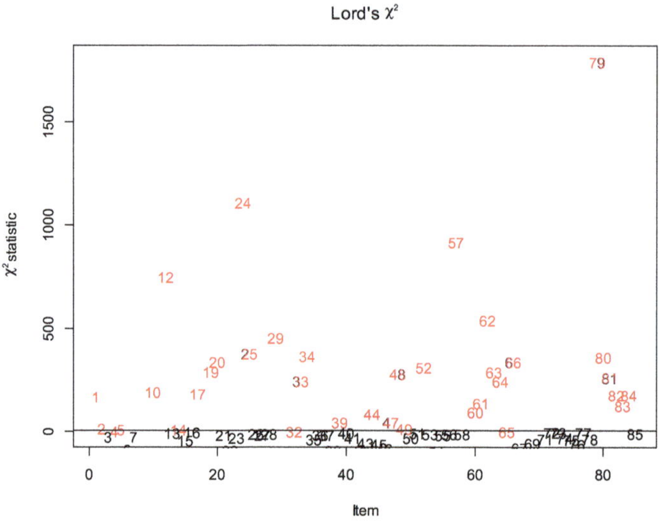

Figure 4. Analyse du fonctionnement différentiel d'item à l'aide de la méthode de Lord (après l'utilisation de l_z).

Un grand nombre d'items (36 sur 85) présente un fonctionnement différentiel. Sans surprise, les derniers items du TCALS-II sont tous détectés. De plus, ce sont les items 12, 24, 57 et 79 qui présentent le plus haut degré de détection.

6. Discussion

Contrairement à Burton *et al.* (2009), Houssemand *et al.* (2009), Kim et Huynh (2007), Paek (2005) et Wang *et al.* (2007 et 2008), on a observé des différences notables entre les paramètres des items contenus dans les deux versions du TCALS-II. En effet, le coefficient de corrélation est élevé entre les versions papier-crayon (avant et après avoir enlevé les patrons de réponses inappropriés) et les versions informatisées (avant et après avoir enlevé les patrons de réponses inappropriés). Par contre, il n'y a pas assez de données descriptives au regard des répondants pour expliquer clairement la nature de ces différences. S'agit-il d'une différence de genre ou de lassitude devant l'ordinateur, tel que l'a déjà suggéré Leeson (2006) ?

Il est pertinent de discuter les résultats obtenus avec l'indice de détection de patrons de réponses inappropriés l_z. Bien que cet indice soit le plus utilisé et le plus étudié, son interprétation n'est pas sans problèmes. En effet, Molenaar et Hoijtink (1990 et 1996) et Nering (1995 et 1997) ont déjà démontré que la distribution de cet indice ne suivrait pas exactement les quantiles d'une loi normale lorsque l'habileté θ des candidats est estimée. Ainsi, il y a des risques que lors de la détection des patrons de réponses inappropriés des erreurs de type I (des répondants ayant bien répondu à l'épreuve seraient classés comme ayant présenté des patrons de réponses inappropriés) ou des erreurs de type II (des répondants ayant répondu de façon inappropriée à une évaluation auraient été classés comme ayant un patron de réponse normal) se retrouvent en plus grand nombre que ce qui est théoriquement attendu étant donné l'hypothèse d'une distribution normale pour l'habileté estimée.

Enfin, les résultats présentés à la figure 4 permettent de faire émerger un constat général : l'existence d'une différence notable entre les deux modes de passation du test de classement en anglais, langue seconde. Par contre, il manque des informations pour bien expliquer la nature de ces différences.

7. Conclusion

Les résultats présentés ont permis de faire trois grands constats. Premièrement, l'étude des corrélations de Pearson et l'analyse du fonctionnement différentiel d'item ont démontré qu'il existe des différences importantes entre les versions papier-crayon et informatisées du TCALS-II. Deuxièmement, on retrouve essentiellement les mêmes paramètres suite à la détection des patrons de réponses à l'aide de l_z. L'utilisation d'un indice de détection de patrons de réponses inappropriés n'a donc pas apporté une grande valeur ajoutée à cette analyse. Troisièmement, l'ensemble des analyses effectuées ont démontré que les derniers items du test (la section portant sur la lecture) ne s'ajustent pas de la même façon pour la version papier-crayon et pour la version informatisée.

Il sera important de faire d'autres études pour mettre en exergue la capacité de généraliser les résultats présentés dans le cadre de cette étude. À cet effet, quatre voies pourraient être investiguées. Premièrement, il serait pertinent d'étudier plus en détail les éléments qui pourraient expliquer les taux de détection de patrons de réponses inappropriés fort différents entre les deux versions du test. Deuxièmement, il serait intéressant d'étendre l'analyse à des épreuves d'autres disciplines. Troisièmement, il subsiste des difficultés pour procéder à une bonne interprétation de l_z lorsque les habiletés sont estimées, comme c'est le cas ici. Snijders (2001) a proposé une correction de cet indice de détection et il serait pertinent de sélectionner les patrons de réponses inappropriés à l'aide de cet indice corrigé. Quatrièmement, la méthode de Lord n'est pas la seule méthode de détection du fonctionnement différentiel d'item d'intérêt. Par exemple, on aurait pu considérer la méthode de Raju ou l'approche développée par Mantel et Haenszel (voir Magis *et al.*, 2010). Il serait important de comparer les résultats en utilisant d'autres méthodes dans un projet ultérieur. De plus, il serait pertinent d'utiliser les tailles de l'effet pour mesurer l'ampleur de la détection.

Références

Béland, S., Magis, D. & Raîche, G. (2011). Étude de l'habileté des sujets et de la détection du fonctionnement différentiel d'items dans le cadre du test de classement en anglais, langue seconde (TCALS-II). Dans J.-G. Blais & J.-L. Gilles (dir.) : *Évaluation des apprentissages et TIC* (pp. 297–321). Québec : Presses de l'Université Laval.

Béland, S., Magis, D. & Raîche, G. (2013). Estimation des paramètres du modèle de Rasch à l'aide des logiciels R, ICL et BILOG : une étude comparative. *Mesure et évaluation en éducation, 36*, 83–110.

Bennett, R. E., Braswell, J., Oranje, A., Sandene, B., Kaplan, B. & Yan, F. (2008). Does it matter if I take my mathematics test on computer ? A second empirical study of mode effects in NAEP. *Journal of Technology, Learning, and Assessment, 6*. <http://www.jtla.org>.

Bertrand, R. & Blais, J.-G. (2004). *Modèles de mesure : l'apport de la théorie de la réponse aux items*. Sainte-Foy, QC : Presses de l'Université du Québec.

Birnbaum, A. (1968). Some latent trait models and their use in inferring an examinee's ability. Dans F. M. Lord & M. R. Novick, *Statistical theories of mental test scores*. Reading, MA : Addison-Wesley.

Burton, R., Reichert, M. & Martin, R. (2009). L'évaluation des compétences langagières. Dans J.-G. Blais (dir.), *Évaluation des apprentissages et technologies de l'information et de la communication. Enjeux, applications et modèles de mesure* (pp. 57–76). Québec, Les Presses de l'Université Laval.

Clariana, R. & Wallace, P. (2002). Paperbased versus computer-based assessment : Key factors associated with the test mode effect. *British Journal of Educational Technology, 33*, 593–602.

Conseil supérieur de l'éducation (2000). *Éducation et nouvelles technologies. Pour une intégration réussie dans l'enseignement et l'apprentissage. Rapport annuel 1999–2000 sur l'état et les besoins de l'éducation*. Québec : Gouvernement du Québec.

Cronbach, L. J. (1951). Coefficient alpha and the internal structure of tests. *Psychometrika, 16*, 297–334.

Drasgow, F., Levine, M. V. & Williams, E. A. (1985). Appropriateness measurement with polytomous item response models and standardized indices. *British Journal of Mathematical and Statistical Psychology, 38*, 67–86.

Houssemand, C., Meyers, R. & Martin, R. (2009). L'évaluation du profil psychosocial de demandeurs d'emploi, une population peu familiarisée à la technologie informatique. Dans J.-G. Blais (dir.), *Évaluation des apprentissages et technologies de l'information et de la communication : enjeux, applications et modèles de mesure* (pp. 137–158). Québec : Les Presses de l'Université Laval.

Johnson, E. M. (1998). *A taxonomy of person misfit on affective measures*, thèse de doctorat non publiée, University of Denver.

Kim, D.-H. & Huynh, H. (2007). Comparability of computer and paper-and-pencil versions of algebra and biology assessments. *Journal of Technology, Learning, and Assessment, 6*. <http://www.jtla.org>.

Laurier, M., Froio, L., Pearo, C. & Fournier, M. (1998). *Test de classement d'anglais langue seconde au collégial. Rapport technique*, Collège de Maisonneuve, Montréal.

Leeson, H. V. (2006). The mode effect : A literature review of human and technological issues in computerized testing. *International Journal of Testing, 6*, 1–24.

Levine, M. V. & Rubin, D. B. (1979). Measuring the appropriateness of multiple choice test scores. *Journal of Educational Statistics, 4*, 269–290.

Lord, F. M. (1980). *Applications of item response theory to practical testing problems*. New York, NJ : Lawrence Erlbaum.

Magis, D., Béland, S. & Raîche, G. (2012). difR : *Collection of methods to detect dichotomous differential item functioning (DIF) in psychometrics. R package version 4.2.* <http://CRAN.R-project.org/package=difR>.

Magis, D., Béland, S., Tuerlinckx, F. & De Boeck, P. (2010). A general framework and an R package for the detection of dichotomous differential item functioning. *Behavior Research Methods, 42*, 847–862.

Magis, D. & Raîche, G. (2012). Random generation of response patterns under computerized adaptive testing with the R *package catR. Journal of Statistical Software, 48*, 1–31.

Mead, A. D. & Drasgow, F. (1993). Equivalence of computerized and paper-and-pencil cognitive ability tests : A meta-analysis, *Psychological Bulletin, 114*, 449–458.

Meunier, H., Raîche, G., Leduc, D. & Talbot, N. (2010). *A new search tool for collecting quantitative data*. Communication par affiche présentée au ED-MEDIA 2010-World Conference on Educational Multimedia, Hypermedia and Telecommunications. Toronto, Ontario.

Molenaar, I. W. & Hoijtink, H. (1990). The many null distributions of person fit indices. *Psychometrika*, 55, 75–106.

Molenaar, I. W. & Hoijtink, H. (1996). Person-fit and the Rasch model, with an application to knowledge of logical quantors. Applied Measurement in Education, *9*, 27–45.

Nering, M. L. (1995). The distribution of person fit using true and estimated person parameters. *Applied Psychological Measurement, 19*, 121–129.

Nering, M. L. (1997). The distribution of indexes of person-fit within the computerized adaptive testing environment. *Applied Psychological Measurement, 21*, 115–127.

Paek, P. (2005). *Recent trends in comparability studies* (PEM Research Report 05–05). <http://www.pearsonedmeasurement.com/downloads/research/RR_05_05.pdf>.

Partchev, I. (2011). *Irtoys : Simple interface to the estimation and plotting of IRT models. R package version* 0.1.4. <http://CRAN.R-project.org/package=irtoys>.

Peugh, J. L. & Enders, C. K. (2004). Missing data in educational research : A review of reporting practices and suggestions for improvement. *Review of Educational Research, 74*, 525–556.

Pomplun, M., Ritchie, T. & Custer, M. (2006). Factors in paper-and-pencil and computer reading score differences at the primary grades. *Educational Assessment, 11*, 127–143.

R Development Core Team (2012). R : *A language and environment for statistical computing*. Vienne, Autriche : R Foundation for Statistical Computing.

Raîche, G. (2002). *Le dépistage du sous-classement aux tests de classement en anglais, langue seconde, au collégial*. Gatineau, QC : Collège de l'Outaouais.

Rasch, G. (1960). *Probabilistic models for some intelligence and attainment tests*. Chicago, IL : The University of Chicago Press.

Ressources humaines et développement des compétences Canada (2009). *Apprentissage – Accès aux ordinateurs à l'école.* <http://www4.hrsdc.gc.ca/.3ndic.1t.4r@-fra.jsp?iid=28#M_2> [consulté le 2 janvier 2013].

Rizopoulos, D. (2006). ltm: An R package for latent variable modelling and item response theory analyses. *Journal of Statistical Software,* 17, 1–25. URL <http://www.jstatsoft.org/v17/i05/>.

Ro, S. (2001). *Characteristics of a likelihood-based person-fit index under the graded response model,* thèse de doctorat non publiée, University of Minnesota, Minnesota.

Russell, M. (1999). Testing on computers : A follow-up study comparing performance on computer and on paper. *Education Policy Analysis Archives, 7*. <http://www.jtla.org>.

Snijders, T.A.B. (2001). Asymptotic null distribution of person fit statistics with estimated person parameter. *Psychometrika, 66*, 331–342.

van der Linden, W. J. (2007). A hierarchical framework for modeling speed and accuracy on test items. *Psychometrika, 73*, 287–308.

van der Linden, W. J. & Glas, C. A. W. (2009). *Elements of adaptive testing*. New York : Springer.

Wang, S., Jiao, H., Young, M. J., Brooks, T. E. & Olson, J. (2007). A meta-analysis of testing mode effects in Grade K-12 mathematics tests. *Educational and Psychological Measurement, 67*, 219–238.

Wang, S., Jiao, H., Young, M. J., Brooks, T. E. & Olson, J. (2008). Comparability of computer-based and paper-and-pencil testing in K-12 assessment : A meta-analysis of testing mode effects. *Educational and Psychological Measurement, 68*, 5–24.

Weiss, D. J. (1983). *New horizons in testing : Latent trait test theory and computerized adaptive testing*. New York : Academic Press.

Weiss, D. J. (1985). Adaptive testing by computer. *Journal of consulting and clinical psychology, 53*, 774–789.

Willse, J. T. & Shu, Z. (2008). CTT : Classical Test Theory Functions. R package version 1.0. <http://cran.r-project.org/web/packages/CTT/index.html>.

Oliver Prosperi
Jean-Luc Gilles
Jean-Guy Blais

L'indice de difficulté subjective *DS90* : un instrument de calibration combinant la qualité spectrale des tests standardisés avec les principes sous-jacents à la théorie des réponses aux items

1. Introduction

La technique des degrés de certitude associée aux questions à choix multiple (QCM) offre une série d'avantages dont celui de dépasser le caractère « dichotomique » de la codification des performances des candidats (la proposition choisie est soit correcte, soit incorrecte) à condition de veiller à respecter une série de règles méthodologiques que Shuford, Albert et Massengill (1966) appellent *admissible probability measurement procedures*. En invitant le candidat à accompagner son choix d'une proposition du pourcentage de chances qu'il lui attribue d'être correcte, nous permettons plus de nuances dans l'analyse de ses performances. À un extrême, le choix d'un distracteur accompagné du pourcentage de certitude maximale (100 %) présente la pire des situations, celle où le candidat fournit une réponse erronée en estimant qu'elle a un maximum de chances d'être correcte. À l'opposé, le candidat qui répond correctement avec une certitude maximale fait preuve d'une connaissance assurée. Entre ces deux extrêmes s'ouvre tout l'espace d'un regard « spectral » (et non plus « dichotomique ») sur les performances, espace invisible lorsque les pourcentages de certitude ne sont pas utilisés.

Gilles (1998 et 2010) propose une démarche novatrice qui consiste à exploiter les certitudes fournies par les candidats pour livrer cette fois des informations spectrales sur la qualité des questions (différentes des informations sur la qualité des performances des candidats). Ses travaux ont ainsi débouché sur l'élaboration d'une série d'indices originaux d'analyse de la qualité spectrale des épreuves. À l'origine, ces indices étaient destinés à être utilisés lors de la phase de correction d'un test standardisé, lorsqu'il s'agit de mettre en évidence les QCM problématiques et, au sein de celles-ci, les propositions qui contiennent des anomalies.

L'intuition de départ est la suivante : logiquement les candidats qui répondent correctement à une question devraient fournir des pourcentages de certitude plus élevés que les candidats qui répondent incorrectement. Ainsi, pour une QCM qui fonctionne normalement du point de vue de l'utilisation des certitudes, nous devrions observer chez les candidats qui ont choisi la proposition correcte une tendance à fournir des pourcentages de certitude en moyenne plus élevés que les pourcentages de certitude utilisés par les candidats qui se sont trompés. Parallèlement, pour chacune des propositions incorrectes, nous devrions aussi observer une tendance à choisir des pourcentages de certitude moins élevés que les pourcentages de certitude qui ont accompagné la réponse correcte. Nous dirons alors qu'il y a « cohérence spectrale ». Dès lors que cette situation ne se présente pas, par exemple lorsque les candidats ont tendance à fournir des certitudes plus élevées pour une des propositions incorrectes que pour la réponse correcte, nous nous trouvons face à un problème d'incohérence dans l'utilisation des pourcentages de certitude, nous parlerons alors « d'incohérence spectrale ».

Parmi les nouveaux indices développés par Gilles (2010, pp. 178–193), le coefficient de corrélation point-bisérial spectral contrasté calculé après une analyse « turbo » (*rpbis SCT*) a été conçu en vue de mesurer le niveau de cohérence spectrale des questions d'un test standardisé en mettant en œuvre un traitement contrasté pour les propositions incorrectes. Le traitement contrasté consiste à faire intervenir dans le calcul de la cohérence spectrale d'une proposition incorrecte les données sur les certitudes des candidats qui ont choisi cette proposition en contraste avec les seules données des candidats qui ont choisi la proposition correcte. L'avantage réside dans l'élimination des données des candidats ayant opté pour les autres propositions incorrectes de la question. Cela évite d'introduire, dans la mesure de la cohérence spectrale du leurre examiné, un parasitage qu'engendreraient les données des autres propositions incorrectes.

En ce qui concerne le principe de l'analyse « turbo », il s'agit d'opérer une sélection dans les données utilisées pour les calculs sur la base du critère du niveau de réalisme atteint par les candidats (moins ils commettent d'erreurs de surestimation ou de sous-estimation, plus ils sont réalistes). Nous pouvons ainsi accroître la confiance dans les informations liées aux indices spectraux en ne prenant en compte que les données des candidats qui commettent le moins d'erreurs dans leurs auto-estimations. Nous mesurons la quantité d'erreurs d'auto-estimations commises par les candidats à l'aide d'un indice de réalisme qui varie de 0 à 100 (Leclercq, Jans, Georges & Gilles, 2000 ; Gilles, 2010, pp. 272–273). Ainsi, le mot « turbo » fait référence à la montée en puissance de l'instrument en termes de qualité d'information fournie au fur et à mesure que l'on prend en compte les données des candidats qui commettent de moins en moins d'erreurs dans leurs auto-estimations.

Grâce aux degrés de certitude récoltés lors d'un test standardisé avec QCM, il est aussi possible de mesurer la difficulté de la question avec une approche fondamentalement nouvelle dans le panorama des indicateurs de difficulté : elle prend en compte la perception que les candidats ont de la question (Prosperi, 2012). Avec les questions qui possèdent cette indication de leur difficulté, il est possible de créer de nouveaux instruments qui estiment, en plus de la difficulté en termes de taux de réussite, la façon dont le test sera perçu par les candidats, ce qui constitue en quelque sorte sa difficulté subjective. Ce dernier point fut crucial lors de la première utilisation d'un test de maîtrise du français (Defays & Maréchal, 2010) à la Haute école pédagogique du canton de Vaud à Lausanne en Suisse en mars 2012. L'avancée principale réside dans le fait que c'est le candidat qui donne l'indication de sa compétence via son auto-estimation. Ainsi, la position du candidat sur le continuum de l'habileté visée n'est plus estimée sur la base des résultats de tous les candidats, mais sur la base de l'auto-évaluation que le candidat fait de ses propres compétences. De plus, avec le principe de l'analyse turbo, nous sommes en mesure d'augmenter la fiabilité des données issues des auto-évaluations des candidats en sélectionnant celles qui contiennent le moins d'erreurs de sur ou de sous-estimations.

2. L'utilisation des degrés de certitude au sein du test d'Évaluation du français pour l'enseignement supérieur (EFES)

Nous recommandons l'usage de la technique des degrés de certitude dans l'enseignement supérieur pour une série de raisons expliquées ailleurs sur une page Web dédiée à l'usage des degrés de certitude (<http://sites.google.com/site/dchepl/principes/enjeux>) qu'il serait trop long d'aborder ici en détail : 1) la connaissance n'est pas affaire de tout ou rien ; 2) le doute est le moteur même de la réussite ; 3) l'incompétence reconnue n'est pas dangereuse ; 4) l'ignorance dissimulée est dangereuse ; 5) l'auto-évaluation s'apprend par l'expérience personnelle ; 6) ne pas utiliser les degrés de certitude entraîne l'usage de la « *correction for guessing* » qui fait l'objet de nombreuses critiques. Suivant ces recommandations, l'Institut supérieur des langues vivantes (ISLV) de l'Université de Liège utilise depuis 2006 les degrés de certitude dans le cadre de son test d'Évaluation du français pour l'enseignement supérieur (EFES).

2.1 Contexte et objectifs du test EFES

Le test EFES a été développé dans la mouvance des opérations d'évaluation de la langue maternelle qui se généralisent dans l'enseignement supérieur européen, en réponse à une prise de conscience des écarts qui peuvent exister entre le langage quotidien des adolescents et le langage pratiqué dans l'enseignement supérieur ainsi que de l'importance de la maîtrise instrumentale et conceptuelle de la langue dans l'acquisition de connaissances nouvelles. Defays et Maréchal (2010) nous renseignent sur les objectifs de ce test créé en collaboration avec cinq hautes écoles de la Communauté française de Belgique :

- rendre service aux candidats ;
- leur faire prendre conscience de l'importance de la maîtrise du français pour leurs études, quelles qu'elles soient ;
- leur permettre de dresser un diagnostic de leur maîtrise du français et d'apprécier leurs progrès ;
- prévenir les difficultés qu'une maîtrise déficiente risque de provoquer dans leurs études ;
- les encourager et les aider à remédier à leurs faiblesses ;
- renseigner les enseignants et les responsables éducatifs sur le niveau et les besoins des candidats en matière de maîtrise du français ;
- constituer des banques de données fiables pour étudier la maîtrise de la langue, et son évolution, chez les candidats de l'enseignement supérieur.

Le test EFES est un outil qui répond aux besoins de la Haute école pédagogique du canton de Vaud (HEP Vaud) où la maîtrise langagière est considérée, d'une part, comme une composante de la reconnaissance professionnelle dont les enseignants font l'objet et, d'autre part, comme indispensable au développement par les élèves de leur langue de scolarisation, facteur avéré de la réussite scolaire. C'est pourquoi la HEP Vaud exige de ses candidats qu'ils fassent la preuve de leur maîtrise de la langue française en tant que langue d'enseignement. Dans ce contexte, une collaboration a été mise en place depuis 2012 entre l'ISLV et la HEP Vaud en vue d'utiliser le test EFES dans le cadre d'une évaluation de la maîtrise du français des candidats lausannois.

2.2 L'usage des degrés de certitude dans le cadre du test EFES

Le test EFES est conçu pour une application à de grands groupes de candidats, tels que ceux qu'on rencontre dans les premières années de l'enseignement supérieur dans le contexte actuel de massification des études supérieures. Le test est composé de 60 questions à choix multiple réparties dans quatre domaines : vocabulaire, orthographe, grammaire et articulation logique, compréhension de texte. Les degrés de certitude sont utilisés ainsi que deux solutions générales qui sont ajoutées aux propositions de toutes les QCM : « Aucune des solutions proposées est correcte » et « Toutes les solutions proposées sont correctes ».

Dans le cadre de ce test EFES, les candidats sont amenés à accompagner leur choix d'un degré de certitude qui correspond à la probabilité qu'ils accordent à leur réponse d'être correcte. Cette probabilité est exprimée à l'aide d'un code numérique de 0 à 5, correspondant à un intervalle de pourcentage prédéfini indiquant dans quelle mesure ils sont sûrs de leur réponse. L'intervalle ci-dessous a été proposé par Leclercq (1986) et c'est celui qui a été utilisé pour cette recherche.

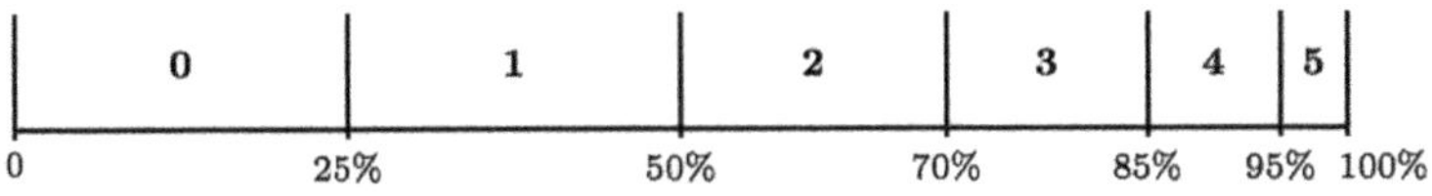

Figure 1. Répartition des intervalles de confiance définissant les six degrés de certitude.

Par exemple, si le candidat indique une certitude de 1, cela signifie qu'il estime avoir entre 25 et 50 % de chance de répondre correctement à la question. Pour le degré de certitude 3, cette chance se trouve entre 70 et 85 %.

L'échelle de probabilité est couplée à une échelle à deux entrées proposant un score en cas de réponse correcte et un autre en cas de réponse incorrecte. Cette échelle des scores a été conçue de telle manière que, pour chaque intervalle de certitude (0 à 25 %, 25 à 50 %, etc.), le candidat reçoive le maximum de points possible si son taux de réponses correctes est compris dans l'intervalle.

Lors du test, le candidat donne un couple [réponse, degré de certitude] pour chaque question. À chacun de ces couples est attribué un score qui dépend de l'exactitude de la réponse et du degré de certitude choisi. L'attribution a lieu sur la base du tarif suivant (tableau 1) :

Tableau 1. Score attribué à un étudiant en fonction de l'exactitude de la réponse et du degré de certitude choisi.

		Degrés de certitude					
		0	1	2	3	4	5
Réponse	Correcte	+13	+16	+17	+18	+19	+20
	Incorrecte	+4	+3	+2	0	–6	–20

Ce tarif a été conçu pour être conforme à la théorie des décisions selon laquelle la seule stratégie possible pour maximiser le score est de répondre le plus honnêtement possible. Ainsi le candidat qui veut réussir a tout intérêt à exprimer le plus fidèlement possible quelle est sa chance de répondre correctement à la question.

La *spin off* Assess Group[1] de l'Université de Liège, spécialisée en évaluation standardisée de compétences, est associée à la conception et aux opérations de gestion et de correction des tests EFES. Pour ce faire, Assess Group utilise sa plateforme en ligne DOCIMO en vue de gérer et

1 Créée en 2006, la société Assess Group (Assessment Systems and e-Solutions Group) est une *spin off* de l'Université de Liège spécialisée en évaluation des compétences. Elle développe des approches théoriques, des savoir-faire et des logiciels originaux en lien avec une approche qualité en construction et gestion des évaluations (www.assess-group.be).

d'administrer les tests à l'aide d'un système d'acquisition automatique de données couplé à un lecteur optique de marques. Après traitement des réponses, le système permet l'envoi de feedbacks individualisés en ligne. Le travail collaboratif à distance des concepteurs des questions est également facilité par cette plateforme. Au fil des ans, une banque de questions EFES s'est constituée avec un système de traçage qui permet de mémoriser les statistiques des questions en lien avec les passations successives. Parmi ces statistiques figurent les indices de la difficulté des questions qui peut aussi bénéficier des données issues de l'utilisation des degrés de certitude.

En vue de familiariser les candidats aux modalités du test de maîtrise du français, la HEP Vaud a mis à disposition sur le portail du futur candidat une page Web[2] qui reprend divers éléments d'information et d'entraînement liés à cette technique des degrés de certitude. Les candidats ont notamment l'occasion d'obtenir des informations spécifiques sur les degrés de certitude (principes théoriques, fonctionnement, idées reçues et entraînement) et de passer un examen blanc en ligne. Parmi ces éléments, l'entraînement en ligne à l'utilisation des degrés de certitude *Guess* constitue un outil particulièrement utile en vue d'une familiarisation à la technique des degrés de certitude.

3. La mesure de la difficulté des questions d'un test

Le test EFES n'ayant jusqu'alors été soumis qu'aux candidats de la Communauté française de Belgique, la question de la difficulté du test qui serait proposé aux candidats de la HEP Vaud fut mise à l'ordre du jour. Les organisateurs du test réclamant des garanties sur la facilité *a priori* du test, en vue notamment d'éviter un rejet massif de l'évaluation de la maîtrise du français si le test proposé pour la première fois s'avérait d'un niveau de difficulté trop élevé.

2 <http://futur-etudiant.hepl.ch/cms/accueil/admission-et-immatriculation/programmes-de-formations-de-base/master-enseignement-secondaire-1/apres-ladmission/exigences-particulieres/examen-francais-langue-profess.html>.

Rappelons que Leclercq (1987) distingue trois grandes approches pour évaluer la difficulté des questions : 1) l'approche théorique où la facilité des questions est déterminée par un groupe d'experts ; 2) l'approche introspective où les évalués sont amenés à exprimer les chances de succès qu'ils accordent à leurs réponses (par exemple, à l'aide des degrés de certitude) ; et 3) l'approche expérimentale où la facilité des questions est observée à partir des réponses fournies par le groupe testé.

Concernant l'approche théorique, l'idée est de faire appel à un groupe d'experts du contenu et de leur demander de se prononcer sur la difficulté des questions. Notons que cette approche implique qu'on ait au préalable une idée de la compétence des candidats dans la matière évaluée. Gilles (2010, p. 118) signale qu'un des avantages de cette approche théorique se situe dans la chronologie des étapes de réalisation d'un test : cette approche se situant en amont de la passation, elle permet une évaluation *a priori* de la difficulté des questions.

Pour ce qui est de l'approche introspective, il s'agit de faire appel aux impressions des candidats en leur demandant dans quelle mesure chaque question leur paraît facile/difficile. Cette approche peut se concrétiser et se systématiser par l'intermédiaire des pourcentages de certitude associés aux réponses (degrés de certitude).

Enfin, concernant l'approche expérimentale, l'indice de facilité ou de difficulté d'une question est généralement calculé à l'aide de la formule suivante :

$$p = \frac{\sum_{s=1}^{ns} X_{qs}}{ns} \qquad (1)$$

avec :
s = l'indice des sujets
x_{qs} = la note à la question *q* obtenue par le sujet *s*
ns = le nombre total de sujets ayant répondu à la question *q*

Laveault et Grégoire (1997) proposent de diviser cette moyenne par l'étendue de la note lorsque les questions d'un test sont notées sur des échelles différentes, ce qui produit un indice comparable variant entre 0 et 1 pour chaque question.

Dans le cas d'une QCM, le pourcentage des candidats ayant choisi la réponse correcte offre un indice de la facilité de la question, son taux d'exactitude.

3.1 Facilité objective mesurée à l'aide du modèle de Rasch

Prosperi (2012, p. 15) rappelle que le modèle de Rasch utilise en entrée les résultats (réussi/pas réussi) de tous les candidats, pour les questions d'un test. En se basant sur ces données, pour chaque question il produit une courbe caractéristique en vue d'estimer la chance de réussite à celle-ci (sur l'axe des y) en fonction d'un trait latent (sur l'axe des x). Celle-ci a généralement une forme en S, comme présenté à la figure 2.

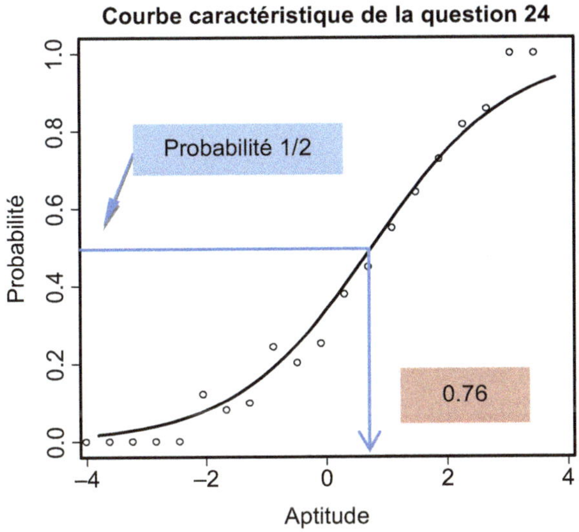

Figure 2. Courbe caractéristique d'une question et interprétation graphique de la difficulté de Rasch.

La difficulté de la question peut ensuite se déduire du graphique comme étant la valeur de la variable latente (X) nécessaire pour avoir une probabilité de 0,5 (Y) de répondre correctement à la question. Par construction, le modèle distribue généralement les valeurs d'habileté entre –3 et +3, avec une moyenne de 0 et un écart-type de 1. Pour l'exemple de la courbe ci-dessus, en reportant sur l'axe des x la valeur observée à 0,5 sur l'axe des y la difficulté de la question est estimée à 0,76. Le modèle de Rasch peut être considéré comme fournissant une mesure objective de la facilité/difficulté des questions dans la mesure où il ne prend en considération que les données dichotomiques (réussite/non-réussite).

3.2 L'indice de facilité introspective d'une question (piq) pour mesurer la facilité subjective à l'aide des données liées aux degrés de certitude

Gilles (2010, p. 252) propose un indice de facilité introspective, ou subjective, d'une question (*piq*) qu'il propose de calculer à l'aide de la formule suivante :

$$piq = \frac{\sum_{j=1}^{nj} (CM_j \bullet nup_j)}{NR}$$

avec :

j = indice des propositions pour une question donnée

nup_j = nombre d'utilisations de la proposition j

CMp_j = valeur de la certitude moyenne de la proposition j

NR = nombre total de réponses à la question $\left(=\sum_j nup_j\right)$

Plus la valeur de l'indice *piq* est élevée, plus la question récolte des pourcentages de certitude élevés, plus les candidats sont sûrs des réponses qu'ils fournissent, et donc plus la question leur paraît facile. À l'inverse, lorsque la question récolte des pourcentages de certitude faibles, l'indice *piq* est peu élevé. Les candidats sont alors peu confiants en ce qui concerne leurs réponses, la question leur paraît plus difficile.

3.3 Principe de l'analyse turbo

Le procédé de l'analyse turbo proposé par Gilles (2010, pp. 186–188) dans le cadre des traitements liés à l'utilisation des degrés de certitude permet de calculer des indices spectraux à partir des données des candidats dont le score en réalisme est élevé. Autrement dit, en utilisant uniquement les données de ceux qui s'auto-évaluent avec le plus de précision, sans trop de surestimations ou sous-estimations. Dans ce type de traitement, la mesure du réalisme des candidats joue un rôle central. Gilles (2010, p. 184) propose à la suite des travaux de Leclercq *et al.* (2000) de calculer un indice de réalisme des candidats (*Rs*) à l'aide de la formule suivante :

$$Rs = 100 - EMAC$$

avec :

$$EMAC = \frac{\sum_i (|C_i - TE_i|) \bullet NU_i}{NR_i}$$ = l'erreur moyenne absolue de certitude

i = indice des degrés de certitude
C_i = valeur de la certitude i (en pourcent)
NC_i = nombre de réponses correctes pour la certitude i
NU_i = nombre d'utilisations de la certitude i (si $NU_i = 0$ alors l'indice i est ignoré)
TE_i = taux d'exactitude de la certitude i (en pourcent) = 100 x NCi / NUi
NR_t = nombre total de réponses par test ($\sum_i NU_i$)
NC = nombre total de réponses correctes ($\sum_i NC_i$)

L'appellation analyse « turbo » est ainsi à mettre en relation avec la possibilité d'enchaîner successivement des traitements d'indices spectraux tels que le *piq* en exigeant à chaque fois un seuil de réalisme plus élevé pour la sélection des données. Au fur et à mesure des sélections des données des candidats de plus en plus réalistes, nous obtenons des indices spectraux de plus en plus fiables.

Appliquée aux données sélectionnées lors d'une analyse turbo, la facilité subjective d'une question devient (Gilles, 2010, p. 252) :

$$piqT_t = \frac{\sum_{j=1}^{nj} (CMp_j T_t \bullet nup_j T_t)}{NRT_t}$$

avec :

j = indice des propositions pour une question donnée
nj = nombre de propositions pour une question donnée
$nup_j\,T_t$ = nombre d'utilisations de la proposition j au palier t de l'analyse turbo
$CMp_j\,T_t$ = valeur de la certitude moyenne de la proposition j au palier t de l'analyse turbo
NR = nombre total de réponses à la question au palier t de l'analyse turbo ($= \sum_j nup_j\,T_t$)

En sélectionnant les données des candidats les plus réalistes (ceux dont les données sont les plus fiables du point de vue de la gestion des degrés de certitude) à l'aide du procédé de l'analyse turbo nous améliorons la fiabilité de l'indice *piq* de facilité subjective des QCM. Ce procédé peut être appliqué à tous les indices spectraux qui utilisent les données issues de l'utilisation des degrés de certitude dans les conditions exposées dans l'introduction. L'indice *Rs* variant de 0 à 100, Gilles (2010, p. 187) recommande d'indiquer, à côté de l'indice spectral calculé, le niveau de réalisme utilisé dans le cadre de l'application d'une analyse turbo. Ainsi, un indice *piq* calculé à partir des données des candidats dont le réalisme est supérieur ou égal à 80 sera noté *piq80*.

3.4 *Intégration des données liées aux degrés de certitude à la théorie des réponses aux items en vue de mesurer la difficulté d'une question*

Le nouvel indice de difficulté subjective (*DS*) proposé par Prosperi (2012) fait appel aux principes sous-jacents à la théorie des réponses aux items et y intègre la dimension des degrés de certitude en prenant en considération la perception que les candidats ont de la difficulté de la question. L'indice *DS* peut également faire l'objet de traitements ayant recours au principe de l'analyse turbo tel qu'expliqué ci-dessus. L'indice *DS* fut mis à l'essai dans le cadre du calibrage du test EFES utilisé à la HEP Vaud. La partie qui suit expose en détail l'indice *DS*.

4. L'indice de difficulté subjective DS

L'indice *DS* de Prosperi (2012) reprend les trois composantes fondamentales du modèle de Rasch :

- une variable latente représentant l'habileté ;
- une probabilité de réussite en fonction de la valeur sur le continuum de la variable latente ;
- l'adaptation d'une courbe S logistique à l'ensemble des couples aptitude-probabilité.

Prosperi propose pour les deux premières composantes d'adopter une approche nouvelle et pour la troisième de procéder, comme dans le cadre du modèle de Rasch, à l'adaptation d'une courbe logistique en S en vue d'en déterminer les paramètres, dont la difficulté subjective *DS* de la question.

Selon le principe de la cohérence spectrale (Gilles, 2010), rappelé dans l'introduction, les candidats qui répondent correctement à une question l'accompagnent généralement d'une certitude plus élevée que les candidats qui répondent incorrectement. À partir de ce principe confirmé par les données expérimentales de Gilles (2010) et de Prosperi (2012), il est possible d'appuyer les traitements sur l'existence d'une relation entre la certitude moyenne du candidat et son taux de réussite.

En vue d'éliminer les données des candidats qui s'auto-évaluent avec peu de précision et qui parasitent les valeurs de certitudes moyennes, un traitement avec l'analyse turbo est appliqué. Les données de ceux qui ont un réalisme (*Rs*) inférieur à 90 ont été éliminées (ce qui diminue les effectifs).

La figure 3 reprend les données de la question 16 du test EFES de 2009. Elle montre les taux de réussite de la question en fonction de la certitude moyenne des candidats : à gauche sans analyse turbo et à droite en ne prenant que les données des candidats qui ont une valeur de $Rs \geq 90$.

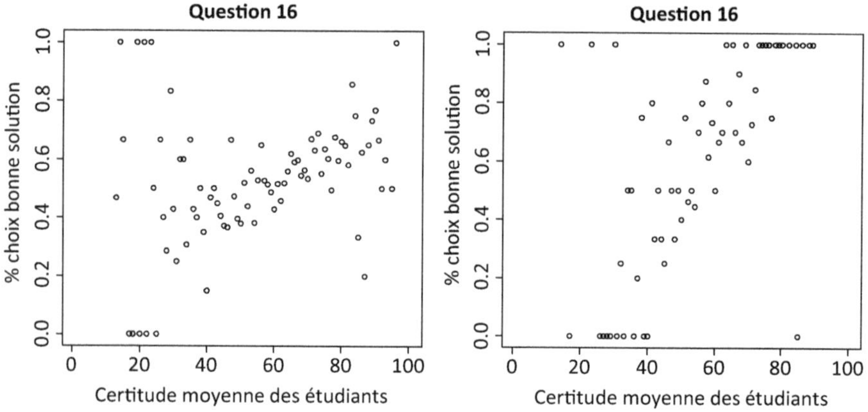

Sans analyse turbo (N = 3 308) Avec analyse turbo 90 (N = 358)

Figure 3. Comparaison des taux de réussite en fonction de la certitude moyenne, sans et avec analyse turbo.

Dans la figure de droite, la possibilité d'une courbe en S se dessine. On y observe aussi une concentration de points en haut du graphique. Notons une différence forte avec la théorie des réponses aux items : la certitude moyenne d'un candidat ne dépend plus du reste de la population, mais est calculée uniquement sur la base des informations fournies par le candidat lui-même – ses degrés de certitude. À partir de cette propriété des indices spectraux, Gilles (2010) propose de gérer les banques de questions à l'aide d'indices spectraux indépendants des données des autres questions. En effet, les indices spectraux sont *test-free*, contrairement aux indices classiques dont la dépendance au contexte des autres questions rend difficile l'exploitation pour renseigner le constructeur d'un test sur la qualité d'une question qu'il compte insérer dans un nouveau test qui contiendra d'autres questions que celles qui ont permis le calcul des indices classiques. Gilles signale également à ce propos qu'une analyse turbo enlève cette propriété « *test-free* » des indices spectraux dans la mesure où une sélection de données est alors opérée sur base du niveau de réalisme des candidats (*Rs*) exigé à un palier turbo donné. « Or, le réalisme est calculé au départ des réponses et certitudes provenant de toutes les questions d'une épreuve et, dès lors, on retombe dans la problématique de la dépendance au contexte des autres questions dont la qualité spectrale peut influencer le réalisme des candidats » (Gilles, 2010, p. 446).

À propos des concentrations de points en haut des graphiques de la figure 3, Prosperi (2012, p. 32) indique :

> [...] certains points sont très éloignés du groupe central sur le graphique ; c'est le cas notamment du coin supérieur gauche. Pour ces points, le graphique indique qu'une certaine quantité d'étudiants ont une valeur de certitude moyenne basse mais ont une forte chance de répondre correctement à la question. Il faut rappeler que chaque point correspond à un intervalle de valeurs de certitude rassemblant un certain nombre d'étudiants. Ceux-ci définissent un taux de réussite moyen pour l'intervalle donné. Or, parfois le hasard fait qu'un intervalle ne contient que des étudiants ayant réussi la question mais ayant une certitude moyenne basse. Ceci donne lieu à ces points extrêmes et non cohérents. Pour éviter ce phénomène, il est utile de mieux choisir les césures des intervalles de certitude moyenne. Plusieurs essais avec des intervalles réguliers ont d'abord convergé vers 16. Une réflexion plus approfondie sur l'origine de la valeur de certitude moyenne a orienté le choix vers des césures qui correspondent aux valeurs centrales (VC) des degrés de certitude [...].

À partir des éléments décrits ci-dessus, on obtient deux informations par question : l'une graphique sous forme d'une courbe en S de la question, l'autre numérique exprimant la difficulté, et qui peut se lire à partir du graphique. La courbe en S permet ainsi de lire la probabilité de réussite d'un candidat à partir de la valeur du trait latent lié à la certitude moyenne.

4.1 Construction de l'indice DS

La paramétrisation de la probabilité de réussite $P(Cmoy_e)$ pour les valeurs de la certitude moyenne $Cmoy_e$ est donnée par la formule de Prosperi (2012, p. 35) :

$$P(Cmoy_e) = \frac{1}{1 + e^{-c(Cmoy_e - d)}}$$

avec :
c = coefficient de *discrimination*
d = coefficient de *difficulté spectrale*
e = fonction exponentielle

La difficulté subjective (*DS*) de la question correspond à l'abscisse $Cmoy_e$ de la valeur de probabilité $P(Cmoy_e) = 0{,}5$. Il s'agit de la certitude moyenne minimale $Cmoy_e$ nécessaire pour avoir une probabilité de 0,5 de répondre correctement à la question. Cette équation étant paramétrique, il est possible de déterminer la difficulté subjective de la question par calcul : la valeur de *DS* correspond au paramètre *d* de la formule.

Il est aussi possible d'obtenir la valeur *DS* à l'aide du graphique (figure 4) :

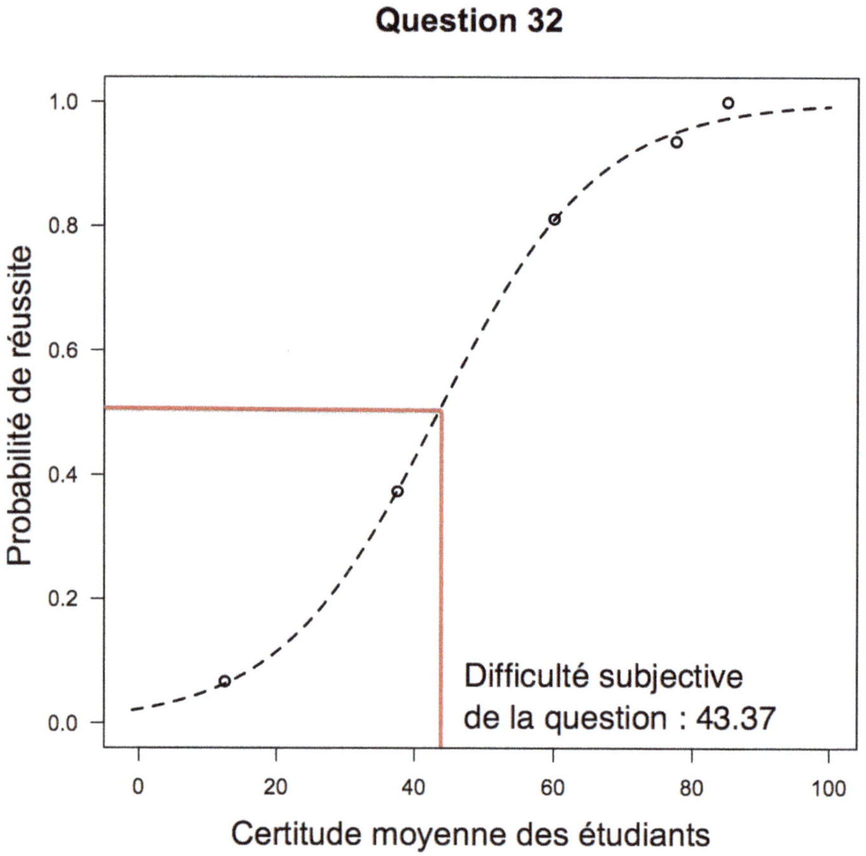

Figure 4. Interprétation graphique de la difficulté DS.

Notons également qu'il est possible pour une même question de comparer la courbe en S liée à la difficulté objective et issue du modèle de Rasch avec la courbe en S de la difficulté subjective issue de l'intégration des données des degrés de certitude.

4.2 L'indice DS90

L'indice de difficulté subjective *DS90* est calculé à partir des données des candidats réalistes (*Rs* ≥ 90) à l'aide du principe de l'analyse turbo décrit plus haut. La figure 5 montre les courbes d'une même question avec les indices *DS* (à gauche) et *DS90* (à droite). On observe pour cette question une courbe en S marquée dans le cas de *DS90*.

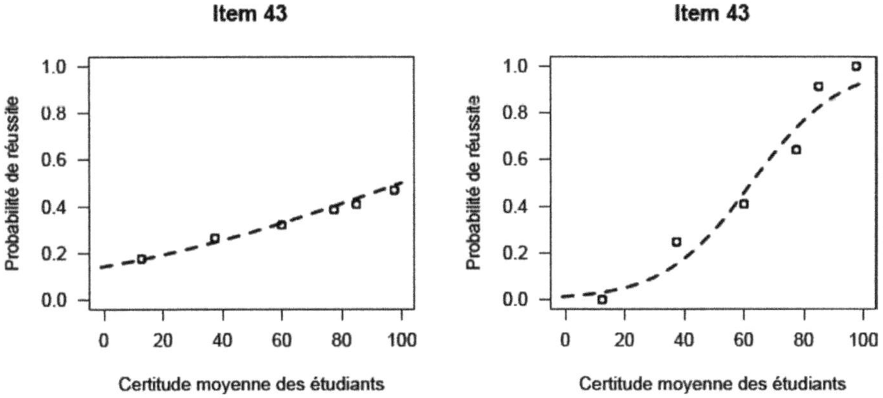

Figure 5. Amélioration du modèle avec le traitement turbo.

5. Comparaison des valeurs de difficulté objective calculées à l'aide du modèle de Rasch et des valeurs de difficulté subjective obtenues avec indice DS90 dans le cadre du test EFES

Les données des 180 questions des trois tests EFES passés en 2009 (N = 3 308), 2010 (N = 3 450) et 2011 (N = 2 531) ont permis de comparer les valeurs de difficulté objective calculées à l'aide du modèle de Rasch avec les valeurs de difficulté subjective *DS90*. Pour faciliter la comparaison des indices, la difficulté objective selon le modèle de Rasch a été reportée sur une échelle de 0 à 100. Le graphique suivant (figure 6) illustre la relation entre les deux indices de difficulté.

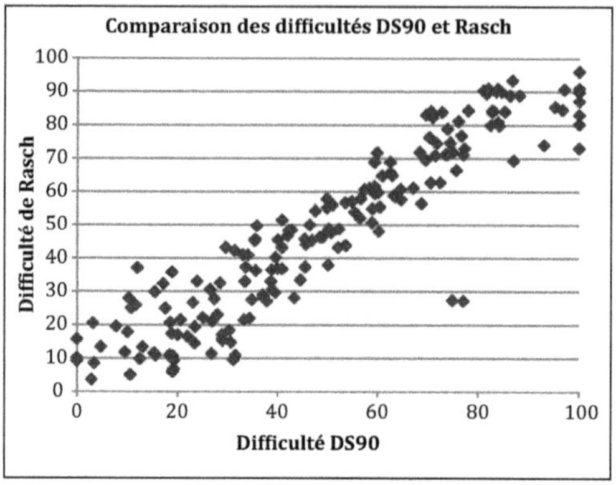

Figure 6. Diagramme de dispersion montrant la relation entre les difficultés DS90 et Rasch pour les 180 questions prises en compte.

On observe que globalement *DS90* et « Rasch » se comportent de la même façon, on note cependant une plus grande dispersion du nuage pour les questions présentant des indices faibles.

Deux questions apparaissent clairement en dehors du nuage de points. Celles-ci montrent une difficulté DS90 nettement supérieure à la difficulté de Rasch. Cela peut suggérer que, nonobstant un taux de réussite assez élevé, les étudiants aient perçu ces questions comme difficiles. Elles méritent donc d'être soumises à un contrôle ultérieur. Parmi ces deux questions on trouve la question 14 de 2010. La figure 7 montre les deux courbes de cette question : l'une issue du modèle de Rasch (à gauche) et l'autre du modèle *DS90* (à droite).

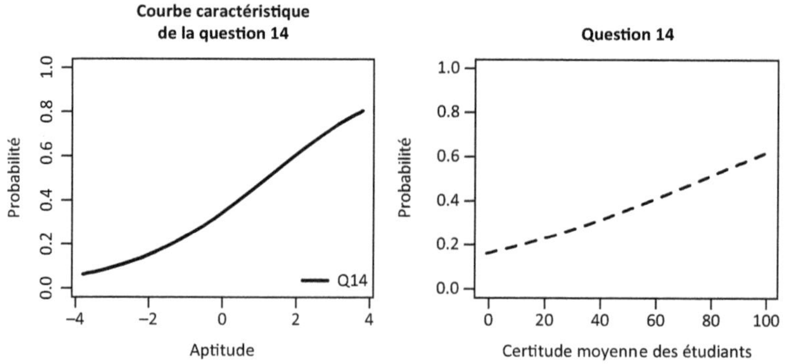

Figure 7. Comparaison des courbes de difficulté pour la question 14 de 2010.

La courbe de Rasch ne montre pas d'anomalies. Néanmoins, on observe que la courbe de l'indice *DS90* ne dessine pas un S et ne monte pas beaucoup lorsque la certitude moyenne du candidat augmente. Ainsi, des candidats qui sont globalement sûrs de leur réponse auront une probabilité de répondre correctement à la question peu supérieure à celle de ceux qui sont globalement peu sûrs. Cette différence semble indiquer que la question présente un problème et nécessite donc d'approfondir davantage les observations.

6. Conclusions

Après une introduction à l'utilisation des degrés de certitude, au principe de cohérence spectrale et aux fondamentaux de l'analyse spectrale de la qualité des épreuves, nous avons brièvement décrit le contexte et les objectifs du test EFES de maîtrise du français qui utilise la technique des degrés de certitude et qui a fourni les données utilisées dans le cadre de cette recherche.

Nous avons ensuite présenté les trois grandes approches pour évaluer la difficulté des questions et rappelé comment la facilité objective peut être mesurée à l'aide du modèle de Rasch et comment la facilité subjective peut être estimée à l'aide d'un indice de facilité introspective d'une question (*piq*).

Après cela, nous avons exposé le principe de l'analyse turbo qui permet de calculer des indices spectraux à partir des données des candidats dont le score en réalisme est élevé, ce qui offre l'avantage de calculer des indices spectraux à partir de données très fiables comportant peu d'erreurs de surestimation ou de sous-estimation.

Outre l'utilisation du principe de l'analyse turbo, l'approche innovante et originale de l'indice *DS90* est d'intégrer les informations issues des degrés de certitude aux principes de base du modèle de Rasch, ce qui a permis de créer un indicateur original de difficulté subjective.

Par construction, l'indice *DS90* souffre de la forte réduction des effectifs lorsqu'on sélectionne uniquement les candidats avec un taux de réalisme élevé (≥ 90) à l'aide de l'indice de réalisme des candidats (*Rs*). D'une part, le passage à des populations dix fois plus petites affecte la précision de l'indice, et d'autre part la nécessité d'une capacité d'auto-évaluation élevée de la part des candidats pour permettre ensuite une sélection des données à un niveau $Rs \geq 90$ constituent des contraintes à signaler.

L'indice de difficulté subjective *DS90* a été présenté à plusieurs experts en édumétrie lors du XVIIe congrès international de l'Association mondiale des sciences de l'éducation (AMSE). Ces experts du modèle de Rasch ont accueilli avec un fort intérêt la nouvelle approche *DS90* qui intègre la composante subjective donnée par les degrés de certitude. L'une des suggestions a porté sur la nécessité d'effectuer des simulations à l'ordinateur afin de mieux mettre en évidence le comportement de l'indice *DS90* dans différents cas de figure.

Références

Defays & Maréchal (2010). Evaluation du français dans l'enseignement supérieur : exposé de Mme Marielle Maréchal. *Actes de la «Journée d'études EFES (Evaluation du Français pour le Supérieur)»* (pp. 19–23). Liège : Université de Liège.

Gilles, J.-L. (1998). Apports des mesures métacognitives lors d'un test de compréhension d'un article scientifique. Dans C. Depover & B. Noël (dir.), *Approches plurielles de l'évaluation des processus cognitifs* (pp. 19–30). Mons : Université de Mons-Hainaut.

Gilles, J.-L. (2010). *Qualité spectrale des tests standardisés universitaires.* Sarrebruck : Éditions universitaires européennes.

Laveault, D. & Grégoire, J. (1997). *Introduction aux théories des tests en sciences humaines.* Bruxelles : De Boeck.

Leclercq, D. (1986). *La conception des questions à choix multiple.* Bruxelles : Labor.

Leclercq, D. (1987). *Qualité des questions et signification des scores avec application aux QCM.* Bruxelles : Labor.

Leclercq, D., Jans, V., Georges, F. & Gilles, J.-L. (2000). *Objective assessment of subjectivity : applying confidence marking to partial knowledge*, Communication présentée à la conférence EARLI SIG Assessment, Maastricht, septembre.

Prosperi, O. (2012). Développement d'un indice de difficulté subjective pour la calibration de tests standardisés. Mémoire de maîtrise non publié. Haute école pédagogique du canton de Vaud.
Shuford, A., Albert, A. & Massengill, N. E. (1966). Admissible probability measurement procedures. *Psychometrika, 31*, 125–145.

www.ingramcontent.com/pod-product-compliance
Ingram Content Group UK Ltd.
Pitfield, Milton Keynes, MK11 3LW, UK
UKHW021920290926
8980IPUK00015B/1373

9 783034 316132